国家出版基金项目
NATIONAL PUBLICATION FOUNDATION

| 李顿调查团档案文献集 |

主编 张 生

日方函电与国联调查团工作文件

编者 屈胜飞 金 楠 杨文秀

南京大学出版社

本书由

国家社会科学基金"抗日战争研究"专项工程
"国外有关中国抗日战争史料整理与研究之一：李顿调查团档案翻译与研究"(16KZD017)

教育部人文社会科学重点研究基地"南京大学中华民国史研究中心"
重大项目"战时中国社会"(19JJD770006)

国家社会科学基金项目"国联调查团档案中
关于中国共产党资料的整理、翻译与研究"(19BDJ066)

江苏省优势学科基金

资助

《李顿调查团档案文献集》编译者名单

主　编　张　生

副主编　郭昭昭　陈海懿　宋书强　屈胜飞　陈志刚　叶美兰

编译者　张　生　南京大学中华民国史研究中心教授

　　　　叶美兰　南京邮电大学教授

　　　　王希亮　黑龙江省社会科学院历史研究所研究员

　　　　郭昭昭　江苏科技大学马克思主义学院研究员

　　　　陈海懿　南京大学中华民国史研究中心副教授

　　　　陈志刚　西南大学历史文化学院副教授

　　　　宋书强　中国药科大学马克思主义学院讲师

　　　　屈胜飞　浙江工业大学马克思主义学院讲师

　　　　王　静　南京大学大学外语部副研究员

　　　　翟意安　南京大学历史学院讲师

　　　　徐一鸣　南京大学历史学院助理研究员

　　　　向　明　江苏科技大学马克思主义学院副教授

　　　　常国栋　南京邮电大学马克思主义学院讲师

　　　　鄢海亮　华南师范大学马克思主义学院讲师

　　　　万秋阳　南京晓庄学院外国语学院日语系讲师

　　　　菅先锋　南京大学历史学院博士研究生

　　　　吴佳佳　南京大学历史学院博士研究生

　　　　马海天　南京大学历史学院博士研究生

　　　　米惠华　南京大学历史学院博士研究生

　　　　顾小伟　南京大学历史学院博士研究生

　　　　林　坤　南京大学历史学院博士研究生

　　　　夏黎明　南京大学历史学院博士研究生

王益华　南京大学历史学院博士研究生

孟祥斐　南京大学历史学院博士研究生

崇　哲　南京大学历史学院博士研究生

刘思燚　南京大学历史学院硕士研究生

肖钧哲　南京大学历史学院硕士研究生

刘涵之　南京大学历史学院硕士研究生

桂语琪　南京大学历史学院硕士研究生

黄家丽　南京大学历史学院硕士研究生

胡芊珣　南京大学历史学院本科生

刘俊甫　南京大学历史学院本科生

陈梦玲　内蒙古师范大学科学技术史研究院博士研究生

金　楠　浙江工业大学马克思主义学院硕士研究生

杨文秀　浙江工业大学马克思主义学院硕士研究生

曹文博　陕西师范大学历史文化学院硕士研究生

沈康悦　浙江工业大学马克思主义学院硕士研究生

杨　越　西安电子科技大学密码学硕士

黎纹丹　西南大学外国语学院硕士研究生

朱心怡　西南大学外国语学院硕士研究生

杨　溢　西南大学外国语学院硕士研究生

郑学良　西南大学外国语学院硕士研究生

孙　莹　西南大学外国语学院硕士研究生

舒　婷　西南大学历史文化学院硕士研究生

徐丹丹　西南大学历史文化学院硕士研究生

牛　正　西南大学历史文化学院硕士研究生

金　典　西南大学历史文化学院硕士研究生

余松琦　西南大学含弘学院本科生

序　言

中国历史的奥秘,深藏于大兴安岭两侧的广袤原野。

明治维新以来,日本企图步老牌帝国主义后尘,争夺所谓"生存空间";俄国自彼得大帝新政,不断东进,寻找阳光地带和不冻港。日俄竞争于中国东北,流血漂杵;日本逐步占得上风,九一八事变发生,中国面临亡国灭种的新危机。

日本侵华之际,世界已进入全球化的新时代,民族国家成为国际社会的主体,以国际条约体系规范各国的行为,以政治和外交手段解决彼此的分歧,是国际社会付出重大代价以后得出的共识。而法西斯、军国主义国家如德、意、日,昧于世界大势,穷兵黩武,以求一逞。以故意制造的借口,发动侵华战争,霸占中国东北百余万平方公里土地、数千万人民,是日本昭显于世的侵略事实。

国际联盟(League of Nations)应中国方面之吁请,派出国联调查团处理此事。1932年1月21日,国联调查团正式成立。调查团团长由英国人李顿爵士(The Rt. Hon. The Earl of Lytton)担任,故亦称李顿调查团(Lytton Commission)。除李顿外,美国代表为麦考益将军(Gen. McCoy),法国代表为亨利·克劳德将军(Gen. Claudel),德国代表为希尼博士(Dr. Schnee),意大利代表为马柯迪伯爵(H. E. Count Aldrovandi)。为显示在中日间不做左右袒,国联理事会还决定顾维钧作为顾问代表中国参加工作,吉田伊三郎代表日方。代表团秘书长为国联秘书处哈斯(Mr. Robert Haas)。代表团另有翻译、辅助人员。1932年9月4日,代表团完成报告书,签署于中国北平。报告书确认:第一,九一八事变之责任,完全在于日本,而不在中国;第二,伪满洲国政权非由真正及自然之独立运动所产生;第三,申明东三省为中国领土。日本为此恼羞成怒,退出国联,自

1

绝于国际社会。

《李顿调查团档案文献集》就是反映李顿调查团组建、调查过程、调查结论、各方反应和影响的中、日等国相关资料的汇编，对于研究九一八事变和李顿调查团，具有重要的参考价值。

如何看待李顿调查团来东亚调查的来龙去脉？笔者认为应有三个维度的观照：

其一，在中国发现历史。

美国历史学家柯文提出的这一范式，相比"冲击—反应"模式，即从外部冲击观察中国历史的旧范式，自有其意义。近代以来，由条约体系加持的列强，对中国社会产生了巨大的影响。中国沿海通商口岸是中国最早接触西方世界的部分，在资本主义全球化的过程中得风气之先，所谓"西风东渐"，对中国旧有典章制度的影响无远弗届。近代中国在西方裹挟下步履蹒跚，蹒跚竭蹶，自为事实。但如果把中国近代历史仅仅看成西方列强冲击之结果，在理论、方法和事实上，均为重大缺陷。

主要从中国内部，探寻历史演进的机制和规律，是柯文提出的范式的意义所在。

事实上，九一八事变发生、国联调查团来华前后，中国社会内部对此作出了剧烈的反应。在瑞士日内瓦所藏国联巨量档案文献中，中国各界通过电报、快邮代电、信函等形式具名或匿名送达代表团的呈文引人注目，集中表达了国难当头之时中华民族谴责日本侵略、要求国际社会主持公道、收回东北主权、确保永久和平的诉求，对代表团、国联和整个国际社会形成了巨大影响，显示了近代中国社会演进的内在动力。

东北各界身受亡国之痛，电函尤多。基层民众虽文化程度不高，所怀民族国家大义却毫不含糊。东北某兵工厂机器匠张光明致信代表团称："我是中华民国的公民，我不是'满洲国'人，我不拥护这国的伪组织。"高超尘说："不少日子以前，'满洲国家'即已成立了，但那完全是日本人的主使，强迫我辽地居民承认。街上的行人，日人随便问'您是哪国人'，你如说是'满洲人'便罢，如说是中国人，便行暴打以至死。"辽宁城西北大橡村国民小学校致函称："逐出日本军，打到[倒]'满洲国'，宁做战死鬼，不做亡国民。"陈子耕揭露说："自事变以后,日本恶势力已伸张入全东北,如每县的政事皆由日人权势下所掌握,复又收买警察、军人、政客等,以假托民意来欺骗世界人的耳目,硬说建设'满洲国'是中华人民的意思,强迫人民全出去游行,打着欢迎建设'新国家'的旗号……我誓死不忘我的中华祖国,敢说华人莫非至心不跳时、血停时,不然一定于[与]他们周旋。"小学生何子明来信说:"我小学生告诉您们'满洲国'成立我不赞成……有一天我在学校,日本人去了,教我们大家一齐说'大日本万岁',我们要不说他就杀我们,把我迫不得已的就说了。其中有一位七岁的小孩,他说'大中华万岁! 打倒小日本!'日本人听了就立刻把那个小同学杀了,真叫我想起来就愁啊。"

经济地位和文化水平较高者,则向代表团分析日本侵占中国东北的深远危害。哈尔滨商民代表函称:"虽然,满洲吞并,恐不惟中国之不利。即各国之经济,亦将受其影响。世界二次大战,迫于眉睫矣。"中国国民党青年团哈尔滨市支部分析说:"查日本军阀向有一贯之对外积极侵略政策,吾人细玩以前田中义一之满蒙大陆政策,及最近本庄繁等上日本天皇之奏折,可以看出其对外一贯之积极侵略政策,即第一步占领满蒙,第二步并吞中国,第三步征服世界是也。……以今日之日本蕞尔岛国,世界各国尚且畏之如虎,而况并有三省之后版图增大数倍,恐不数年后,即将向世界各国进攻,有孰敢撄其锋镝乎?……勿徒视为亚洲人之事,无关痛痒,失国联之威信,而贻噬脐之后悔也。"

不惟东北民众,民族危亡激起了全中国人的爱国心。清华大学自治会1932年4月12日用英文致函代表团指出:中国面临巨大的困难,好似1806年的德国和1871年的法国,但就像"青年意大利"党人一样,青年人对国家的重建充满信心。日本的侵略,不仅危害了中国,也对世界和平形成严重威胁,青年人愿意为国家流尽"最后一滴血"。而国联也面临着建立以来最大的危机,对九一八事变的处理,将考验它处理全球问题的能力。公平和正义能否实现,将影响到人类的命运。他们向代表团严正提出"五点要求":1. 日本从中国撤军;2. 上海问题与东北问题一起解决;3. 不承认日本侵略和用武力改变的现状;4. 任何解决不得损害中国的领土和主权完整;5. 日本必须对此事件的后果负责。南京海外华侨协会1932年3月16日致电代表团:日本进兵东三省和淞沪地区,"违反了国联盟约和《凯洛格—白里安公约》,扰乱了远东地区和世界的和平。

同时，日本一直在做虚假的宣传，竭力蒙蔽整个世界。我们诚挚地请求你们到现场来，亲眼看看日军对中国人民的生命财产进行怎样的恣意破坏。希望你们按照国际法及司法原则，对其进行制裁。如果你们不能完成这一使命，那么世界上将无任何公平正义可言。在这种情况下，为了民族的生存，我们将采取一切手段自卫，决不会向武力屈服。"

除了档案，中国当时的杂志、报纸，大量地报道了九一八事变和国联调查团相关情况，其关切的细致程度，说明了各界的高度投入。那些浸透着时人忧虑、带着鲜明时代特色的文字表明：九一八事变的发生，对当时的中国社会是一场精神洗礼，每个人都从东北沦陷中感受到切肤之痛。这种舆论和思想的汇合，极大地改变了此后中国社会各界的主要诉求，抗日图存成为压倒性的任务，每一种政治力量都必须对此作出回应。

其二，在世界发现中国历史。

以中国为本位，探讨中国历史的内生力量，是题中应有之义。但全球化以来，中国历史已经成为世界历史的一部分。仅仅依靠中国方面的资料，不利于我们以更加广阔的视野看待中国历史和"九一八"的历史。

事实上，奔赴世界各地"动手动脚找东西"，已经成为中国学者深化中国近现代史，特别是抗战史研究的不二法门。比如，在中日历史问题中占据核心地位的南京大屠杀问题。除中国各地档案馆、图书馆外，中国学者深入美、德、英、日、俄、法、西、意、丹等国相关机构，系统全面地整理了加害者日方、受害者中方和第三方档案文献，发现了大量珍贵文献、图像资料，出版《南京大屠杀史料集》72卷。不仅证明了日军进行大屠杀的残酷性、蓄意性和计划性，也证明南京大屠杀早在发生之时，就引起了各国政府和社会舆论的关注；南京和东京两场审判，进行了繁复的质证，确保了程序和判决的正义；日方细致的粉饰，在中国人民和全世界正义人士的揭露下真相毕露。全球性的资料，不仅深化了历史研究，也为文学、社会学、心理学、新闻传播学、艺术学等跨学科方法进入相关研究提供基础；不仅摧毁了右翼的各种谬论，也迫使日本政府不敢公然否认南京大屠杀的发生和战争犯罪性质。

国际抗战资料，展现了中国抗战史的丰富侧面。如美国驻中国各地使领馆的报告，具体生动地记录了战时中国各区域的社会、政治、军事等各方面情形,对战时国共关系亦有颇有见地的分析;俄、美、日等国档案馆的细菌战资料,揭示了战时日本违反国际法研制细菌武器的规模和使用情况,记录了中国各地民众遭遇的重大伤亡和中国军民在当时条件下的应对,以及暗示了战后美国掩饰"死亡工厂"实情的目的;英美等国档案所反映的重庆大轰炸和日军对中国大中小城市的普遍的无差别轰炸,不仅记录了日本战争犯罪的普遍性,也彰显了战时中国全国军民同仇敌忾、不畏强暴的英勇气概。哈佛大学所藏费吴生档案、得克萨斯州州立大学奥斯汀分校所藏辛德贝格档案、曼彻斯特档案馆所藏田伯烈档案等则从个人角度凸显了中国抗战在"第三方"眼中的图景。

对于李顿调查团的研究,自莫能外。比如,除了前述中国各界给国联的呈文,最近在日内瓦"国联和联合国档案馆"中发现:调查团在日本与日本政要的谈话记录,在中国各地特别是在北平和九一八事变直接相关人士如张学良、王以哲、荣臻等人的谈话记录,调查团在东北实地调查、询问日军高层的记录,中共在"九一八"前后的活动,中国各界的陈情书,日本官方和东北伪组织人员、汉奸的表态,世界各国、各界的反应等。特别是张学良等人反复向代表团说明的九一八事变前夕东北军高层力避冲突的态度,王以哲、荣臻在"九一八"当晚与张学良的联系,北大营遭受日军进攻以后东北军的反应等情况,对于厘清九一八事变真相,有着不可取代的意义。

我们通过初步努力发现,李顿调查团成立前后,中方向国联提交了论证东北主权属于中国的篇幅巨大的系统性说帖,顾维钧、孟治、徐道邻等还用英文、德文进行著述。日方相应地提交了由日本旅美"学者"起草的说帖,其主攻点是中国的抗日运动、东北在张氏父子治下的惨淡、东北的"匪患",避而不谈柳条沟事件的蓄意性。日方资料表明,即使在九一八事变发生数月后,其关于"九一八"当晚情形的说辞仍然漏洞百出、逻辑混乱,在李顿询问时不能自圆其说。而欧美学者则向国联提供了第三方意见,如 *The Verdict of the League: China and Japan in Manchuria*(《国联的裁决:中日在满洲》),哈佛大学法学院教授曼利·哈德森(Manley O. Hudson)著;*Manchuria: Cradle of Conflict*(《满洲:冲突的策源地》),欧文·拉铁摩尔(Owen Lattimore)著;*The Manchuria Arena: An Australian View of the Far Eastern Conflict*(《满洲竞技场:远东冲突的澳洲视角》),卡特拉克(F.M. Cutlack)著;*The Tinder Box of Asia*(《亚洲的火药桶》),乔治·索科尔斯基(George E. Sokolsky,中文名索克斯)著;*The World's Danger Zone*(《世界的危险地带》),舍伍德·艾迪(Sherwood Eddy)著;等等,为国联理解中国东北问题提供了有益的视角。另外,收藏在美国斯坦福大学胡佛研究所的蒋介石日记等也反映了当时国民政府高层的态度和举措。

这次出版的资料中,收集了中国台湾地区的"国史馆"藏档,日本外务省藏档,国联和联合国档案馆 S 系列藏档等多卷档案。丰沛的资料说明,即使是李顿调查团这样过去在大学教材中只是以一两段话提出的问题,其实仍有海量的各种海外文献可资研究。

可以说,世界各地抗日档案和各种资料,不仅补充了中国方面的抗日资料,也弥补了"在中国发现历史"范式的不足,体现了历史唯物主义对历史研究全面性、客观性的要求,自然地延伸推导出"在世界发现中国历史"的新命题。把"中国的"和"世界的"结合起来,才能更深广、入微地揭示抗日战争史的内涵。

其三,在中国发现世界历史。

中国历史,是世界历史的重要组成部分;中国抗战,构成了第二次世界大战的东亚主战场。离开中国历史谈世界历史注定是不周全的。只有充分发掘中国历史的世界意义,世界史才能获得真正的全球史意义。

过往的抗战史国际化,说明了中国抗战的世界意义。研究发现,东北抗联资料不仅呈现了十四年抗战的艰苦过程,也说明了战时东北亚复杂的国际关系。日方资料中的"华北治安战""清乡作战"资料,从反面反映了八路军、新四军的顽强,其牵制大量日军的事实,从另一面说明中共敌后游击战所发挥的中流砥柱作用。1937 年 12 月 12 日在南京江面制造"巴纳号事件"的日军航空兵官兵,后来是制造"珍珠港事件"的主力之一,说明了中国抗战与太平洋战争的联系。参与制造九一八事变、华北事变和南京大屠杀的许多日军部队,后来在太平洋战场上被美澳等盟国军队消灭,说明了太平洋战场和中国战场的相互支持。中国军队在滇缅战场的作战和在越南等地的受降,中国对朝鲜、马来亚、越南等地游击战和抗日斗争的介入和帮助,说明了中国抗战对东亚、东南亚解放的意义和价值。对大后方英美军人、"工合"人士、新闻界和其他各界人士的研究,彰显了抗日统一战线的多重维度,等等。这对我们的研究富有启发性意义。

李顿调查团的相关资料表明,九一八事变及其后续发展,具有深刻的世界史含义。

麦金德1902年在英国皇家地理学会发表文章,提出“世界岛”的概念。麦金德认为,地球由两部分构成:由欧洲、亚洲、非洲组成的世界岛,是世界上面积最大、人口最多、最富饶的陆地组合。在“世界岛”的中央,是自伏尔加河到长江,自喜马拉雅山脉到北极的心脏地带,在世界史的发展中具有重要意义。其实,就世界近现代史而言,中国东北具有极其重要的地缘战略意义,堪称“世界之砧”——美国、俄罗斯、日本等这些当今世界的顶级力量,无不在中国东北及其周边地区倾注心力,影响世界大局。

今天看来,李顿调查团的组建,是国际社会运用国际规约积极调解大国冲突、维护当时既存的凡尔赛—华盛顿体系的一次尝试。参与各国均为当时世界强国,即为明证。

英国作为列强中在华条约利益最丰的国家,积极投入国联调查团的建立。张伯伦、麦克米伦等知名政治家均极愿加入代表团,甚至跟外交部官员暗通款曲,询问排名情况。李顿在中日间多地奔波,主导调查和报告书的起草,正是这一背景的反映。

美国作为国联非成员国,积极介入调查团,说明了美国对远东局势的关切,其态度和不承认日本用武力改变当时中国领土主权现状的“史汀生主义”是一致的。日美之间的紧张关系,一直延续到珍珠港事变发生。在日美最终谈判中,中国的领土和主权,仍然是美方的先决条件。可以说,九一八事变,从大历史的角度看,是改变日本和美国国运的大事。

苏联在国联未能采取强力措施制止日本侵略后,默认了伪满洲国的存在,后甚至通过对日条约加以承认,其对日本的忍让和妥协,延续到它对日本宣战。但日本关东军主力在苏联牵制下不敢贸然南下,影响了中国抗日战争的形态。

日本侵占中国东北,却始终得不到中国和国际主流社会的承认,乃不断扩大侵略,不仅影响了对苏备战,也使得其在“重庆政权之所以不投降,是因为有英美支持"的判断下,不断南进,最终自取灭亡。2015年8月14日,日本首相安倍晋三在战后70年讲话中承认:"日本迷失了世界大局。满洲事变以及退出国际联盟——日本逐渐变成国际社会经过巨大灾难而建立起来的新的国际秩序的挑战者,前进的方向有错误,而走上了战争的道路。其结果,70年前,日本战败了。"从这个意义上说,九一八事变—李顿调查—退出国联,成为日本近代史的转折点。

亚马孙雨林的蝴蝶振动翅膀,可能在西太平洋引发一场风暴。发生在沈阳一个小地方的九一八事变,成为今天国际秩序的肇因。其故焉在?马克思和恩格斯在《德意志意识形态》中指出:在历史演进的过程中,人的"普遍交往"逐步发展起来,"狭隘地域性的个人为世界历史性的、真正普遍的个人所代替"。近代以来中国人民的历史,与世界历史共构而存续。

回望李顿调查团的历史,我仿佛感受到了太平洋洋底的咆哮呼啸前来,如同雷鸣。

是为序。

张 生

2019年10月

出版凡例

一、本文献集所选资料,原文中的人名、地名、别字、错字及不规范用字等,为尊重历史和文献原貌,均原文照录。因此而影响读者判断、引用之处,除个别需说明情况以脚注"译者按"或"编者按"形式标出外,别字、错字在其后以"〔 〕"注明正字;增补的字,以"【 】"标明之;因原文献漫漶不清而缺字处,用"□"标识。

二、凡采用民国纪年或日本天皇年号纪年者等,为尊重历史和文献原貌,均原文照录。台湾地区的文献中涉及政治人物头衔和机构名称者,按有关规定处理,在页下一并说明。

三、所选资料均在起始处说明来源,或在文后标注其详细来源信息。

四、外文文献译文中,日本人名从西文文献译出者,保留其西文拼法,以便核对;其余外国人名,均在某专题或文件中第一次出现时标其西文拼法。不同时期形成的中文文献中涉及的外国人名、地名翻译差异较大,为尊重历史和文献原貌,一般不作改动。

五、所选文献经过前人编辑而加脚注者,以"原编辑者注"保留在页下。

六、所选资料中原有污蔑中国人民、美化日本侵略之词,或基于立场表达其看法之处,为尊重历史和文献原貌,不改动原文,或在页下特别说明,请读者加以鉴别。

本册说明

本册文献集所选译资料来自日内瓦国联与联合国档案馆藏李顿调查团档案,分别是 S33 和 S49 卷宗。S33 卷宗内有 3 个文件夹,S49 卷宗内有 34 个文件夹,这些文件夹大多数未标识档案序号。为便于编辑与归类,编译者按当初拍摄顺序分别标注为 S33-1、S33-2、S33-3,以及 S49-1、S49-2……S49-34。因为档案原件存在大量手写体、法文及其他文字等,未能全部识别与翻译;部分文件的内容或与《李顿调查团档案文献集》其他册重复,或与同一卷宗中其他文件夹内的资料重复,故有选择性地翻译了 S33 和 S49 卷宗,这亦是S49 卷宗缺少部分文件夹序号的原因。

S33 卷宗选译内容主要是日本代表团为提交各种文件资料致国联调查团的函电及其附件,少数文件为国联调查团的回函,内容主要包括:(1)中国当局指示抗日行动的文件,如中国铁道部致北宁等铁路管理局协助运输国煤以抵制日煤之训令,广东各界抗日救国大会成立通电,国民党第 42 师党部之抗日通电,国民党中宣部关于对日宣传要点致各党部电,国民党各级党部指导反日救国行动工作纲要,交通部天津航政局训令轮船公司不坐日船不运日货等。(2)中国抵制日货与抗日运动,如纸币上的反日口号,批准反日商标,关于中国在汉口的某些"非法"行为,日军缴获东北义勇军之委任状、军旗、臂章等。(3)中国"压迫"日本商民事件,如日本指控中国当局对日本木商之"镇压",对朝鲜人的"驱逐"政策,1905 年以来日本政府历年用于"保护"在华日侨的开支等。(4)日本鼓吹"满洲独立",如中国东北之"自治"与"独立",东北地区流通的货币等。(5)中日交涉铁路平行线问题,如中日交涉打通铁路、吉海铁路、新法铁路等往来照会。(6)伪满洲国组织架构。(7)国联调查团要求会见马占山将军的备忘录。(8)日本拒绝顾维钧赴日等问题。(9)日本解释山海关军事演习、否认突袭杭州的声明等。(10)日本反对国联调查团在北戴河撰写报告书的备忘录,建议国联调查团在青岛或大连编写报告书的函电及其所附当地日本酒店设施的介绍等。

S49卷宗主要是国联调查团归档的相关工作文件,内容庞杂,选译内容主要包括:(1)国联调查团的工作计划与行程安排,涉及哈斯与国联秘书长德拉蒙德、副秘书长艾冯诺、国联调查团之间的电报往来,日本外务次长永井松三、日本驻檀香山总领事岩手嘉雄与国联调查团之间的电报往来等。(2)国联调查团的开支预算。(3)国联调查团购置书籍、打印机等物品的准备工作,包括国联图书馆与国联调查团之间的电报往来,国联调查团委托休斯顿等购置图书、打印机等的电报往来。(4)国联调查团调查范围与程序问题的讨论,涉及国联调查团与哈斯之间的电报往来,维尔京与日本代表佐藤尚武的会谈记录,李顿与中国代表颜惠庆的会谈记录等。(5)邀请杨格、希爱慕等为国联调查团专家的问题,涉及哈斯与德拉蒙德、国联调查团之间的电报往来等。(6)国联调查团与日本外务大臣芳泽谦吉的五次会谈记录。(7)中日政要在招待国联调查团宴会上的致辞和李顿的答辞,中国方面主要涉及国民政府主席林森、行政院长汪精卫、外交部长罗文干、外交次长郭泰祺、顾维钧、国民党中央党部、湖北省政府主席何成濬、上海市商会、上海市新闻界、中国驻日公使馆等;日本方面主要涉及首相犬养毅、外相芳泽谦吉、陆相荒木贞夫、海相大角岑生、日本工商界、日本国际联盟协会及奈良、京都、大阪地方政府与工商团体等。(8)在日本的华人华侨致国联调查团的呼吁书,包括日本帝国大学中国校友会、日本事务研究协会等。(9)国联调查团与美国国务卿之间的电报往来,主要涉及麦考益将军加入国联调查团问题,国联调查团过境美国的乘车乘船安排等。(10)中国对中日冲突的观点等。

需要特别说明的是,上述档案中日本提交的所谓"证据",以及日本政要、社会团体代表的谈话等,大多是日本为推卸侵华罪责、掩盖侵华实质的狡辩之词,其内容多偏离史实,请读者注意甄辨。

本册是编译者共同努力的成果,其中S33-1部分由金楠、屈胜飞翻译,S33-2和S33-3部分由杨文秀翻译,S49部分由曹文博、屈胜飞翻译。全书由屈胜飞统稿。编译者水平有限,难免有错误之处,敬希读者指正。

目　录

一、李顿调查团档案,S33 卷宗选译

S33 - 1

1. 盐崎观三致哈斯函(1932 年 6 月 20 日)

副本

1932 年 6 月 20 日,北平

秘书长先生:

谨随函附上有关中国当局指示抗日行动的一些文件。

1. 中国铁道部发给北宁、平汉、胶济、道清、陇海、京沪、杭甬铁路管理局的第 444 号训令的照片。

2. 广东各界抗日救国大会致国民党各省市党部、各机关、各报馆暨全体中国人的电报照片。

3. 四十二师特别党部致国民党中央党部、国民政府、各院部、各省市党部、各法团、各报馆暨全体中国人的电报照片。

4. 南京中宣部致国民党各省党部、各特别市党部,各军师、铁路局、海员特别党部,以及《民国日报》《华北日报》《武汉日报》等的电报照片。

这四张有关文件的照片分别附有法文译文。

如果您将所有这些文件转交负责研究这个问题的专家,我将不胜感激。

秘书长先生,请接受我崇高的敬意。

签名:盐崎观三(Kwanzo Shiozaki)

2. 铁道部训令北宁等铁路管理局协助运输国煤
(1931 年 8 月 7 日)

铁道部训令第四四四号

令北宁、道清、陇海、京沪沪杭甬铁路管理局,平汉、胶济、津浦铁路管理委员会:

为令遵事。案准上海市各界反日援侨委员会世代电开:"此次日人借万宝山案件,唆使韩民剧烈排华,杀戮侨胞,惨酷万状,全国民众凛唇亡齿寒之危,一致奋起共同反日,厉行经济绝交,作殊死之奋斗。惟断绝与日交易为暂时权宜之计,积极振兴工业,方足抵制日货于久远,而国煤与原料为发展工业之基本要素,自应予以运输上便利,俾得减轻成本;且对于日煤及其他原料之输入,纵不能使其绝迹于中华地境,亦当锐减其进口之数量,治标治本两得其宜。爰经属会第五次常务委员会议议决电呈钧部俯准核行在案,特电奉达,伏乞鉴纳。"等由,准此。查所开各节系为提倡国煤及抵制日煤进口起见,自应予以协助,除分令外,合行令仰该局遇有运输国产煤斤时,应随时设法拨车备运为要。此令。

中华民国二十年八月七日　　　　　　　　　　　　　　署理部长连声海

3. 广东各界抗日救国大会为议决大会名称的通电
(1931 年 10 月 9 日)

第四〇九号　　　　　　　　　　　　总务科 8501,10 月 13 日到科

事由:广东救国大会宥电,为本会议决由各界抗日救国大会电闻照办由。

各省市党部、各机关、各报馆暨全国同胞公鉴:广东各界抵抗日本侵占东省民众大会于敬日成立,曾经电告,谅承鉴及。现以本会第二次议决,议由广东各界抗日救国大会名称,特电奉闻,希为照办。广东各界抗日救国大会宥印。

中华民国二十年十月九日午时　　　　　　　　　电务处李荫芳(印)呈

4. 国民党第 42 师党部誓与日敌决一死战的通电
（1931 年 10 月 8 日）

第四○一号　　　　　　　　　　　　总务科 2739,10 月 12 日到科

事由:同州四十二师党部感电,为日本无端开衅,誓与倭奴决一死战由。

中央党部、国民政府、各院部、各省市党部、各省市政府、全国陆海空军各部队、各法团、各报馆转全国同胞均鉴:日本帝国主义无端开衅,占我沈阳、长春、营口等处,又向山东、北平一带集极进展,枪击炮轰无所不用其极,建筑尽被一毁,同胞惨死无数,东北沦亡,内地垂危,举国闻之莫不发指。曩此《马关条约》及"廿一款",以至琉球、台湾之侵割,极耻俱在。济南、青岛、万鲜之惨杀,碧血犹热,旧恨未雪,新怨又来,台湾事瓜分一见再见,民族危机于斯已极。凡有血气之伦,誓作不共戴天之仇。天下兴亡,匹夫有责,外难兴邦,全在共同努力。际此千钧一发,我国武装同志宜屏除嫌怨,停止内争,宁为国耻一拼。各界同胞团结一致奋发精神,援作政府后盾。敝会谨代表全师官兵,誓与倭奴决死一战,临电不胜饮痛愤激之至。四十二师特别党部筹备委员会叩。感。印。

中华民国廿年十月八日午时　　　　　　　　　电务处李荫芳(章)呈

5. 国民党中宣部关于对日宣传要点致各党部电
（1931 年 10 月 9 日）

第四○七号　　　　　　　　　　　　总务科 8510,10 月 13 日到科

事由:南京中宣部艳电,为最近对日宣传要点颁达由。

各省党部、各特别市党部,各军师、各铁路、各海员特别党部均鉴,《民国日报》《华北日报》《武汉日报》均鉴:处密。马宥两电,颁发对于宣传要点与办法,谅已到达。兹再指示最近对日宣传要点如下:(1) 近来国人之愤慨已达极点,足征敌忾同仇、爱国情殷,惟御侮救国必有其方法与其步骤,而后始有实效,固非仅仅恃一时愤激之热烈情绪所能成功。至要因一时热血喷涌不可遏抑,而

亦各一主张,不依政府所定之步骤及统一之指挥,既失精诚之团结不固,所有抗对之力量何由而生?徒为敌所乘而已。中央于今日所发表,并告全国学生书,曾详阐此义,应随时随地向学生宣传,并普告其他民众。(2)国人应一致依正当途经,以从事于抗日救国运动,均应具沉着之精神及坚毅之决心,信任政府在统一指挥之下,一心一德,矢忠矢勇,整齐步骤,谨守纪律,努力军事训练,培养奋斗实力,准备牺牲,听候命令,以与日帝国主义者作殊死战。但在此准备期间,除努力宣传与致力于军事训练而外,各界更应加倍致力其原来之事业,以培厚国家之原气,尤以学生对于学业,须益加砥砺,必如此而后可复仇雪耻。(3)国联行政会已通知日本撤兵,并特延会以待日本之实行撤兵。故我政府在此时期,自应一面稍候国联决议之是否有效,一面积极准备对日作最后之奋斗。倘不幸日人竟不撤兵,希图永占东省,则政府职责所在,惟有以公忠之决心,领导全国辖民,同与日本决一死战。凡我同胞须知政府必能遵循总理救国遗论,誓必雪此耻辱,保我领土之完整,决不负我国家。尚望同胞精诚团结,实际准备,以作政府之后盾也。以上三点,盼即遵行,并指导所属党部,自当地宣传机关、人民团体,一律遵守宣传,原文不得对外发表为要。中央宣传部。艳。印。

中华民国二十年十月九日午时　　　　　　　　　电务处李荫芳(印)呈

6. 日本顾问秘书处致李顿调查团函(1932 年 7 月 16 日)

国联调查团日本代表团

继 6 月 3 日照会之后,日本顾问秘书处谨代表国际联盟日本协会向国联调查团转交十份第 15 号《日本国际拾遗补编》(Supplement to International Greanings from Japan),并请将其分发给调查团成员。

1932 年 7 月 16 日,东京

7. 吉田伊三郎致李顿函(1932 年 7 月 16 日)

国联调查团日本代表团

第 70 号　　　　　　　　　　　　　　1932 年 7 月 16 日,东京

主席先生:

谨随函附上我前次在满洲期间收到的"满洲木材同业组合联合会"(the Lumberers' Association of Manchuria)的请愿书。

主席先生,请接受我崇高的敬意。

吉田伊三郎(Isaburo Yoshida)

日本顾问

国联调查团主席李顿勋爵阁下

8. 日本满洲木材同业组合联合会致李顿函(1932 年)①

致尊敬的国联调查团主席李顿伯爵(the Earl of Lytton):

我们非常感谢国联为了实现东方的永久和平,派遣诸位调查最近的中日冲突问题以及满洲现状。

作为满洲伐木人的我们,利用这次宝贵的机会就我们的过去向调查团提出上诉,同时表达我们对未来的立场。相信我们的这个诉求值得你们关注。

满洲森林的覆盖面积超 9 917 万平方米,预计可产木材超 7 亿立方码。数年以来政府借口森林为国有或私有禁止一切砍伐,因此它们一直无人照管。

人们有责任利用国家的自然资源来提升幸福度,这是"满洲国"存在的意义。为了追求这一目的,我们立志劝导"满洲国政府"向公众开放森林,如此我们便也能为全世界人民带来繁荣与幸福。

为了推动调查团对"满洲"现状的调查,我们将说明前军阀对我们的压迫以及他们排斥外资的措施,同时也会思考未来我们在日本、"满洲"以及中国之

---

①　编者按:原件无日期。

间的贸易关系。因此,我们希望诸位尽可能仔细地研究以下几页的陈述以便做出公正的判断。

谨向诸位表示我们最高的敬意和信赖。

尊敬的先生们

你们恭顺的奴仆伊藤勘三(Kanzo Ito)

满洲木材同业组合联合会

9. 中国对日本木商的"军事镇压"(1932年)①

对木商的"军事镇压"

第一部分　鸭绿江流域

1. 1914年以来,为阻止外资涉入伐木业,中华民国政府颁布了以下规定。

A. 鸭绿江、浑河沿岸地区伐木管理规定

第4条　国人开办木材厂及从事伐木者,应依下列规定向有关当局申请许可,并出具甘结:

1. 企业不得依靠外资创办。

1. 企业不得与外国人合伙经营。

1. 不得雇佣外国人监工。

第16条　在鸭绿江和浑河流域开办木材厂及从事伐木者,若违反上述规定,据其违法性质分别予以处罚:

1. 外国人违规开办木材厂者,没收其所伐木材,情节严重者由外交部门送交其领事机构。

1. 若中国人或者其他国籍的人谎称受公司或者分公司指派开办木材厂从事伐木活动,没收其所伐木材,违规者送交地方官员,由地方官员和其领事相应处理。

1. 若中国人借助外资,并以自己的名义取得当局的砍伐许可,需没收其

---

① 编者按:原件无日期。该件对中国有诸多不实指控和诬蔑之词,请读者注意。

砍伐的木材,并依法给予处罚。

1. 若木材厂雇佣外国人做监工,厂主将受到处罚,其许可证予以没收,且未来不得从事伐木。

由于日本当局的强烈反对,上述规定并未生效,但中国政府急于说服地方当局能理解规定的目的,以便他们严格控制伐木活动。

B. 长白、临江、通化、辑安①四县国有森林砍伐管理条例

第 1 条　本条例旨在保护国有森林,同时维持伐木工的生计。

第 2 条　从事伐木活动者仅限中国人。

第 4 条　出具甘结应包含以下事项:

伐木工的名字、年龄以及永久居住地。

伐木地面积、木材种类等。

伐木计划。

刻在或烙在木材上的标记。

伐木工作没有外资参与的保证。

第 7 条　当局颁发的许可证不得作为担保,不得出售或转让。违规者将按照犯罪严重程度予以处罚。

尽管日本驻奉天总领事表示反对这些规定,但奉天政府依旧将其付诸实施。

C. 本溪县国有小面积森林采购暂行规定

第 1 条:本溪县国有小面积森林依据本规定处置。

第 2 条:只允许中国人购买国有森林,并且禁止将林地售予外国人或用作担保。违反上述规定者,应予处罚,剥夺其采伐权,并没收已采伐的木材。

2. 中国政府对个人和企业的伐木行为采取的镇压措施。

a) 满鲜坑木株式会社:该公司于 1914 年成立,注册资本 300 万日元等值黄金,其中已缴清 120 万,其业务是向抚顺煤矿提供矿柱。公司一半的股份由南满洲铁道株式会社持有,其余由其他公司持有。此后,南满洲铁道株式会社持有的股份下降一半。公司成立以后,它获得了 18 块面积超过 100 英亩的土地上砍伐约 2 240 立方英尺森林的权利,该土地位于太子河和爱河沿岸,且处于南至凤凰城、北至桥头(Chiao-tou)之间的 25 英里范围内。该公司每年向

---

① 　编者按:原文分别为"Chang, Lin, Tung, Yu","Yu"疑指"辑安县"。

抚顺煤矿提供超过 2 万立方英尺的矿柱,但是由于公司是由日本投资,中国政府经常对公司实施镇压措施。受本溪国有森林采购管理条例的影响,公司面临许多困难。因此,公司在合同到期后就停业了。

b) 小林洋行(Kobayashi Yong-hang):自 1916 年起,该公司为了生产矿柱和铁路枕木,在辑安县的三道沟和临江县①的三道沟和苇沙②地区伐木。在 1919 年,中国当局以外国人无权伐木为由,没收了13 100 立方英尺价值 34 730 日元等值黄金的木材。

c) 山口公司(Sango Kunssu):自 1915 年起,该公司为了满足铁路枕木需求在辑安县的头道沟、二道沟和三道沟,以及丹东县(Toutan)的石灰沟(Shihhuikou)开展伐木工作。1919 年 6 月,中国当局以上述的理由没收了13 900 立方英尺价值 37 430 日元等值黄金的木材,为此公司不得不停业。

d) 宝兴洋行(Boshin Yonghang):该公司为了生产火柴和矿柱,在西小河(Yihsiaoho)从事伐木作业。1919 年,中国当局以 b)项所述理由没收10 300立方英尺价值 19 500 日元等值黄金的木材。

e) 山口洋行(Yamaguchi Yongkan):从 1917 年起,该公司为了生产矿柱和铁路枕木,在临江县的西小河、二道沟、三道沟和六道沟从事伐木作业,但是在 1919 年,中国当局根据 b)项提到的原因没收了 8 150 立方英尺价值 11 550日元等值黄金的木材。

f) 蔡昆山公司(Trai-Kun-Tsan):1918 年,日本人小林先生与一些中国人合伙,以蔡昆山(Tsai-Kun-San)的名义开办该公司。1921 年,中国当局以日本人参股为由查封了该公司。该公司最后一位老板足立(Adachi)先生贷款还未结清就被迫停业。

鸭绿江上游地区森林茂密,中国的木材商为了获得更大的利润,砍伐了大量的树木。日本商人预料到南满洲铁道株式会社对矿柱和铁路枕木的需求,在获得许可后从事伐木工作。但中国当局没收了这些木材,以至于所有的日本企业都倒闭了。

3. 中国政府关于国有森林的砍伐规定。

根据中华民国十四年十一月十四日的第 2300 号令,奉天实业厅颁布了长

---

① 编者按:原文写作"Lingliang",疑指临江县。
② 编者按:原文写作"Yisha",疑指苇沙。

白、临江、通化和辑安等县的国有森林伐木条例。该规定共 15 条，旨在规范除鸭绿江采木公司(the Yalu Lumbering Company)购买的森林以外的所有国有森林的伐木工作。(距离长白县龙江〔Lungkiang〕和江面〔Kiangmien〕20 英里。)它的目的在于保护国有森林，也旨在维持伐木工的生计，但是下面提到的四条规定却阻碍了鸭绿江采木公司的伐木工作。尽管日本政府强烈抗议这一规定的实施，但中国坚持认为这只是内政，并最终将其付诸实施。其所征收的众多税种如下所述：

第 6 条：向每个监工发放一年的许可证，并收取本地银圆 1 元。

第 9 条：当木材运送至码头或者河岸时，木材商需要向有关当局提交清单，当局在检验确认木材数量、标签等与详细说明相符后，才允许他们运输木材，并为他们签发凭证。

第 10 条：根据实业厅规定，需向地方当局出具载明必要事项之上述凭证。每船应交纳银圆 2 元，由木材检查官收取。

第 11 条：木材所有者在处置其库存时，应向当局支付该地区木材市场价格的 104％。

以上条款旨在每张许可证收取 1 墨西哥银元，每张证书收取 2 墨西哥银元，以及木材收取 104％的价格。

4. 鸭绿江采木公司所遭受的"土匪活动"。

土匪威胁是中国内陆地区伐木工作最大的障碍。其造成的损失是不可估量的。

土匪一般抢劫木材厂、敲诈承包商，他们的索求一旦被拒绝，就放火烧房子和家具，绑架工人，抢走马和牛。他们经常用最残忍的方式伤害受害者。土匪抢劫行为一经报道，整个地区就充满不安的情绪；所有工人惴惴不安无心工作，他们在没有通知雇主的情况下擅自离开森林。土匪的活动彰显出当局的惩罚力度是多么的薄弱。虽然最近土匪的活动频率有所下降，但遭受的损失依然是巨大的。那些受害者大多已获救或侥幸逃脱。但是他们身体和精神上受到的折磨远远大于物质损失。下面列举一些土匪活动的例子。

1915 年 9 月 15 日，铁浩志(Tie-haochih)带领 150 名土匪袭击了在长白县的鸭绿江采木公司分公司，抢走了钱和步枪。随后，他们又闯入该公司的住所，绑架了该分公司的中国经理，以及两名日本职员近藤宝吉（Baokichi

Kondo)和丰木大森(Toyogi Otsumori),并扣押受害者向公司勒索赎金。由于担心被绑架的人可能会被土匪杀害,日方最后从河对岸的惠山市(Keisanchin)派出日本宪兵和驻军部队,随后那些土匪丢下受害者逃跑了。而这导致了日军和中国警察发生冲突,并造成双方伤亡。中国当局坚决要求日军撤退,但是日方断然拒绝,坚持要留在该地区保护日本居民,直到土匪被彻底剿灭。目前的日本宪兵站就是因为这一事件而设立的,而日本居民的安全自此也得到了保证。

1919 年 6 月,十三道沟的一大批土匪袭击了八道沟,绑架了分公司经理川原荣太郎(Eitaro Kawahara)和承包商坂本德吉(Tokichi Sakamoto)以及 70 多名小学生。土匪威胁公司并将被绑架者关押数月。此外,他们还抢了公司的一大笔钱。一名日本木匠也被他们杀害了。

1921 年 11 月 18 日,张强豪(Chang-chianghao)率领 400 名土匪在长白县突袭首道沟(Shohtaokou),占领了警察局。他们烧毁房屋,并绑架了该公司的松本敬五郎(Jingoro Matsumoto)和一位从事由该公司启动的轨道建设的工人。一名日本木匠在跨桥作业时被土匪射杀。上面提到的两名被绑架者成功地逃脱了。

土匪在杀害许多人并犯下各种暴行之后撤退了。由于这次突袭,长白县人心惶惶。越来越多的人到河对岸的惠山市(Chishanchin)避难,并在一个林业职员的住处临时开设了一个办公室。如今的长白县已经变成死城,但是在 1921 年 12 月初,和平和秩序得以恢复。那些火器装备精良的土匪,行事纪律严明。由于这些干扰,该地区的伐木工作停滞了大约两个月。

1920 年 8 月,市川道正(Michimasa Ichikawa)先生和两名职员以及两名中国警察沿着鸭绿江的一条支流浑河行驶,旨在调查被洪水冲走的木材。8 月 31 日,他们突然遭到了约 30 名朝鲜不法分子的袭击。两名职员逃脱了,但是市川先生因为是日本人被叛乱分子抓走。鸭绿江采木公司接到报告后,要求中日当局搜救,但是双方都没有找到市川先生的踪迹,其下落至今不明。

在北满,土匪活动常常阻碍伐木工作。1920 年 2 月 17 日,田邦(Tienpang)率领 40 余名土匪袭击了塔山陶木材厂(Tashantao Lumber Mill),并抓了一个叫仁尾正吉(Masakichi Nioh)的日本人、一些中国雇员、30 个工人以及一些马。由 40 人组成的小队立即被派去搜救被绑架者,而小队在同土匪搏斗之后成功解救了被绑架者。

1914 年 1 月 10 日，约 130 名"大刀会"匪徒袭击了通化分公司，抢劫了公司雇员的步枪、5 000 发子弹和钱财。

第二部分　吉林区

1. 吉林永衡官银钱号林区（The Forest Zone of the Yungcheng Provincial Bank of Kirin）：

吉林永衡官银钱号林区成立于 1911 年，因吉林省议会以张广才岭（Changkuan Sui Range）南部的黄花松甸子（Huanhua and Suntientzu）地区作抵押向该银钱号借款充作军费而设立。据悉该林区面积共有 740 平方华里。10 年以后也就是 1921 年，根据该银钱号绘制的地图，林区面积突然变成 86 000 平方华里，覆盖了敦化（Tunhua）、桦甸和额穆三个县。吉林政府林业厅厅长，某个陆姓银行家，任意改变了林区的位置，通过禁止伐木等举措使一些日本公司在该地区无法运作。因此，假如林区的业主砍伐自己的木材，该银钱号在查明其经营范围后，常常以抢劫罪名义将伐木工关进监狱并没收其木材。最著名的例子是与桦甸县有影响力的韩文卿（Han-Wenching）家族签订合同的满朝铁路公司（Mancho-Chosen Railways Tie Company），该公司砍了二十多万根枕木并且将其沿着铁路沿线运走，最后还是被武装部队收缴。类似的暴行例子太多了，在此无法一一列举。无论如何，该银钱号的这一行为使日本和中国都蒙受重大损失。为了抵制这种不可原谅的暴行，林区业主向中国当局提出申诉，即便如此，在保护公共财产这一规定下，当局所有的决定无疑都有利于该银钱号。1928 年，当局对该地区开展了调查，并规定禁止在与该银钱号所谓的领土接壤的林区进行砍伐。该调查于 1930 年完成。调查结果表明，该银钱号的版图约有 4 万平方华里，与其在地图上的面积完全不符。自从该银钱号要求省政府增拨约 4 万平方华里的土地之后，该地区至今未获准开展业务。该银钱号这种蛮横行为侵犯了伐木企业的权利。

2. 华森制材公司林区（The Forest Zone of the Huasen Saw Mill）

1918 年，王子制纸株式会社（the Oij Paper Manufacturing Co.）向吉林省政府提供了 200 万日元的贷款，成立了华森制材公司，由时任省长孟恩远以濛江县全境作担保，但不包括杜钦（To Chin）先生所属的 190 平方华里、藤财公司（Tengtsai Co.）所属的 100 平方华里和顺江木材公司（Sunchiang Lumber

Co.)所属的 100 平方华里。然而,9 年后,中国当局以该公司拥有的约一半土地属于顺江木材公司为借口,要求收回华森的土地。中方的这一行动将问题复杂化,以至于在日本相关方看来这件事情没有争取的余地。

3. 富宁造纸公司(Funing Paper Manufacturing Company)林区、地契、轻轨

1918 年,富宁造纸公司收购了镜泊湖流域(the basin of Lake Chinpai)、牡丹岭(the Namutang Range)、张广才岭(Chiangkwangsui Range)、威虎河(the River hueihu)等十余处林区,该公司由此而成立。毫无例外,这家公司也陷入了与省银行的纠纷之中,目前尚未从中恢复过来。为了改变这种状况,该公司购买了一片荒地(位于宁古塔附近)作为工厂场地。

然而,该土地的占有权变得毫无用处,因为中国当局撤销了先前授予该公司在宁古塔和海林之间修建轻轨的权利。

4. 黄川锯木厂林区(The Forest of the Huanchuan Saw Mill)

1918 年,吉林当局以黄川锯木厂与日本人合作为由,没收了该公司位于吉敦线(the Kirin-Tunhua line)的黄花松甸子(Huanhua and Suntientzu)和松江河(Suho River)上游的林区。三年后,中国命令其停止经营并用武力关闭了其在吉林的营业部。面对此暴行,锯木厂向中国当局提出了强烈的抗议,但他们的态度仍是模棱两可,这个问题一直没有得到解决。

5. “非法”征税

南满洲铁道株式会社自 1914 年起无税购置铁路枕木自用,但自 1927 年起被吉林政府强制纳税。因此,日本领事主张根据《中日会议东三省事宜条约》第八条关于满洲的规定,对该公司免予征税;然而中国当局并没有改变他们的态度。日本人为这桩案件提供资金作为担保,但同样没有解决,这给他们造成了相当大的损失。

下表列了其他同行业每年的亏损额。

1927	36 553.07 日元
1928	260 509.87
1929	162 372.98
1930	79 243.57
1931	32 730.98
共计	571 410.47 日元

中东铁路沿线的林区发生的类似暴行数不胜数。毋庸赘言,间岛地区也遭受过类似的灾难。在这些地区里,林区缺乏统一管理,土匪猖獗,常常威胁到许多日本企业雇员的生命和财产。不仅日本人,许多中国人也遭受到前中国军阀的迫害。碍于此满洲林业没有得到长足的发展。近来,许多商人陷入困境,濒临破产。他们中已经有人因为停业而破产;即使是幸运的人也很难赚到足够的钱平衡收支。

日本的损失大致如下所示:

鸭绿江流域	3 000 000.00 日元
吉林区	20 000 000.00
间岛地区	5 000 000.00
中东铁路地区	8 000 000.00
共计	36 000 000.000① 日元

此外,我们还要考虑到三个日本银行业财团,他们垫付了 3 000 万日元的贷款,其中 1 000 万日元的利息尚未支付。如果说总额的一半即 2 000 万日元已由吉林省承担,那么另外的 2 000 万日元和 3 600 万日元合计 5 600 万日元对于在满洲投资林业的日方来说是一个致命的损失。

第三部分　呼吁清查抗日给中日贸易造成的损失

鸭绿江安东锯木厂是一家由中国苦力从林区砍伐木材运往鸭绿江采木公司的企业,鸭绿江采木公司则是根据条约雇佣中国劳动力而成立的中日合资公司。毫不夸张地说,安东锯木厂给许多中国人提供了就业岗位和收入来源。1925 年以来,运往天津和上海的木材(中国海关甚至对运往内陆港口的木材征税)从未被中国地方当局批准上岸,原因在于该企业是日本投资的企业。过去,任何中国收货人都倍感压力,所以他们不得不取消订单。同时,这种过分行为也导致货物被滞留在口岸,处理起来非常棘手。此外,由于入境口岸的反日骚乱,一批按照中国企业订单专门生产的箱木,在装运前夕被拒绝上岸。因无法处理,货主只好当场堆放,任其暴露在外磨损。

因此,碍于木材交易不是十分安全,这种贸易逐渐减少。由于不能通过印在商品上的中国商标来证明是中国制造从而维护自己,许多商人很难进行正常的商品交易。引用以下例子进行解释:

---

① 编者按:原文如此,似应为 36 000 000.00。

　　a) 1925 年,由于当时的抗日情绪高涨,南满制材株式会社(the South Manchuria Lumber Company)装运的大约 500 吨木材难以上岸。即使在托运人和收货人的共同努力下,部分货物被退回,部分货物被卸下,但大多数货物的质量也因被拒绝运输而受到影响。

　　b) 1927 年底,位于安东的村上公司(Murakami Company)通过天津的中国商人利通公司(the Litung Company)收到了北京啤酒厂的啤酒箱订单,交货取决于次年四月鸭绿江上的冰层融化情况;但由于激烈的抵制日货活动造成该公司无法发货。因此,村上公司以无法运送订单造成损失为由索求补偿,但北京啤酒厂并未给村上公司任何赔偿。

　　2. 中国人在沈阳使用不是沈阳产的木材需要支付所谓的消费税和运输税;但进口的产品只要持有许可证就可以免税。然而到 1930 年 5 月,中国当局以增加收入为由,改变了对所有日本进口产品的“许可”态度,突然对其征收7.26% 的运输税。为了反对这种不合法的行径,我们的协会通过我们在奉天的领事馆向省政府提出抗议。然而尚未得到解决方案。与此同时,中国当局强迫那些与日本人做生意的中国商人缴纳相同数量的税,这无疑是对日本人的一种讽刺,此举不仅削弱了生意,还给日本人造成了很大的伤害(例如秋田洋行(Akita & Co.)、樫村株式会社(Kashiwamura & Co.)、格津公司(Gotsu & Co.))。

　　从上述事实可以看出,中国当局是在提高产量的幌子下进行反日运动。中国当局对从沈阳—海龙铁路(the Mukden-Heilung Railway)运输到沈阳城站①卸货的中国商人的吉东木(Kitung wood)只征收一半的关税,这不能仅仅归因于他们的铁路政策。此外,必须指出的是由于英国公司拒绝纳税,中方并没有向祥泰公司(Hsiangtai Co.)征税。中国税务局原本是一个征收税款的机构,却滥用职权,对那些与日本人有密切联系的商人施加压力。长期以来,满洲政策所设计的无数不利的规章制度,对满洲林业经济的发展产生了不可阻挡的影响。为此我们呼吁建立公平的法律秩序,以免受土匪的侵害和免遭贪官对我们自由的剥夺。

---

　　①　编者按:原文为“Tiaoyangcheng Depot”,疑指沈阳城站。

10. 盐崎观三致哈斯函（1932 年 7 月 16 日）

国联调查团日本代表团

1932 年 7 月 16 日，东京

秘书长先生：

　　谨随函附上《中国东北之"自治"与"独立"》十份。

　　请将这份文件交给调查团成员，我将不胜感激。

　　秘书长先生，请接受我非常崇高的敬意。

盐崎观三

国联调查团秘书长罗伯特·哈斯（Robert Haas）先生

11. 中国东北之"自治"与"独立"①（1932 年 7 月 1 日）

1932 年 7 月 1 日

　　该地区通常被称为满洲，是 1644 年至 1912 年统治全中国的王朝的摇篮。

　　虽然某些条约将该地区大片领土割给了俄国，但直到 1907 年它从未被有效地划定边界。迄今为止，它的内部区划仍然相当模糊。

　　与中国相比，满洲在其历史上的任何时期，要么处于特殊境地，要么不同程度地"自治"，要么完全"独立"。

A. 1907 年以前之满洲

　　满洲在中华帝国的地位非常特殊。它从来不是帝国不可分割的一部分②，而是中国统治者的封地：它是一种在同一个君主统治之下的私人领地。

　　研究中国事务的权威爱斯嘉拉（Escarra）先生在他的《中国和国际法》（1931 年）一书中写道：

　　"我们不能像部落那样谈论附庸与宗主的关系。满洲从来不是中国的附

---

　　① 编者按：本文对中国东北有诸多谬论，但为存史记，按原文翻译，请读者注意辨析。

　　② 编者按：这是日本为侵占我国东北而提出的一种谬论，它完全改变不了东北是中国永不可分割的一部分的事实。因此，请读者注意辨析日本的荒谬逻辑。

庸,因为满洲家族征服了中华帝国。另一方面,我们不能将中国视为满洲的附庸,因为在这些关系中无法确定附庸的特征。这是个人关系的一个例子,犹如元朝成吉思汗的蒙古家族占据着中国的皇位。而且,至少在王朝灭亡之前,这种个人联系仍然是切实可见的。"

南满铁路前副总裁松冈洋右(Yohsuke Matsuoka)先生在 1929 年给太平洋关系研究会的一封信中写道,统治中国的满洲王朝已将其祖居之地视为皇家领地。

莫尔斯(Morse)在他的著作《中华帝国的贸易与行政》(1908 年)中叙述道:奉天,1786 年起称为沈阳,1908 年起正式称为奉天,①是满洲人征服中国并迁移前的旧都。那里一直是一个闲置的都城,拥有完整的政府组织,并适当地配备了将军、副都统和协领,两个半世纪以来,他们最重要的职能是领取俸禄。

实际上,直到 1907 年,满洲的行政管理都是纯粹的军事统治。长期以来,盛京、吉林和黑龙江三省的地位并不一样,后两个省的地位类似于外域,是一种驻防军。

满洲政府的所有职位都由满洲人占据,而在中国其他省份,从来没有一个重要职位是由本省人担任,无论巡抚还是总督,这就是满洲的行政制度与中国其他省份的巨大区别。1907 年以前,在满洲重要的官员一直是满洲人。

盛京、吉林和阿穆尔(黑龙江)省将军同时拥有民政和军政的权力。

在对外关系方面,例如,与俄国缔结有关边界的条约,自然是由北京皇帝,即中国本土和宗法封地的君主,来谈判这些条约。

B. 1907 年至民国成立时之满洲

随着 19 世纪末和 20 世纪初外国利益在满洲的发展,向所有国家开放贸易的奉天变得越来越重要,有外国领事常驻于此。显然,日俄战争后,进一步集中管理这三个省是必要的。

1907 年,设立东三省总督衙门。第一任总督是徐世昌先生,驻奉天。

1907 年 4 月,徐世昌和唐绍仪上奏中国皇帝后,整个省级行政机构被改

---

① 编者按:奉天为沈阳旧称,1929 年改称沈阳。为避免混乱,本文均按旧称译为奉天。

组，以前负责管理三省的将军被文官总督（或巡抚）所取代。

也是在 1907 年左右，中国政府在满洲的吉林省和奉天省设立了第一批外交特派交涉员，涉外案件由此开始直接就地处理。

慈禧太后去世后，总督徐世昌被召回。1909 年至 1911 年，锡良先生成为总督，他是蒙古族；正是他代表奉天省的显贵和市民上奏朝廷，要求召开国会。

在满洲历史上最关键的时期，赵尔巽继任为总督，任职一年半。

这位总督非常坚定的态度，使满洲得以避免当时在中国其他地区发生的动乱。有人提议成立国民保安公会，尽管某些革命党人反对，他们宁愿效仿其他省份的做法，即杀死总督并宣布独立，但这个保安公会还是成立了，由总督担任会长，这主要归功于张作霖将军的支持。

1911 年，张作霖任奉天省都督，他已是满洲最有势力的人物之一。他知道如何挫败革命党人的计划，而当皇帝退位诏书发布后，他又支持新政府。

因此，毫无疑问，由于没有和中国本土相同的种族因素以进行反对满清政权的革命，满洲保持了一切的平静。

总督的职位消失了，尽管直到 1912 年秋天新政府才接受赵尔巽的辞呈。

C. 从民国成立至 1922 年宣布"独立"时之满洲

当时，每个省都有一个文职民政长和一个军事都督；后者的权力限于军事，听从北京的总统和陆军总长的命令。但中央权威很快遭到削弱，都督的权力随之增加。人们也许会认为，随着总督及其职位的消失，东三省将失去其共同的行政中心奉天。然而，情况并非如此。

第一次尝试"独立"发生在 1916 年，当时某些督军，尤其是奉天督军张作霖，请求总统黎元洪解散国会，因为国会反对中国对德国宣战。这一要求被拒绝后，张作霖和其他督军宣布他们各自的省份"独立"于中央政府。然而，由于张作霖得到宽恕，他的这一"独立"宣言后来被撤回了。

此后不久，集中管理东三省的企图再次出现。1918 年 9 月，《布列斯特和约》签订后，张作霖被任命为东三省巡阅使，以便他能够采取一切必要措施，应对境内发生骚乱的威胁。

最后，在 1921 年，张作霖同时被任命为蒙疆经略使。

民国时期，外交事务的组织仍与以前相同。1921 年，我们在奉天看到了东三省外交特派交涉员（佟兆元①），他同时也是奉天省的特派交涉员。根据不同的情况，他使用两种不同的印章。他是该省的第四任官员。

其他两个省也有特派交涉员，凡有外国领事馆的地方都派有代表。

D. 从满洲"独立"到 1923 年 12 月底

1922 年春，在直系吴佩孚将军和张作霖的内战中，奉军战败，被迫撤离直隶省。徐世昌总统发布命令，罢免张作霖。但东三省的各界联合会为张作霖辩护，并一致投票通过了以下决议：

"张作霖之命运，为满洲三千万人生命之所系，绝不接受解除张作霖在满洲的重要职务之命令。"

1922 年 5 月 12 日，张作霖发表了"独立宣言"，并通告北京外国公使团、天津领事团以及东省（Tonchang）外国侨民与驻军。

以下是该通电的英文文本：

"致北京外国公使团、天津领事团及东省（Tongshan）外国侨民与驻军：

余接获徐世昌来函，嘱放弃东三省、热河、察哈尔特区及内外蒙古。此等地方，不能承认其为中华民国之领土。

余身处特殊地位，不能不承担起所有之责任，竭尽全力保护友邦之生命财产安全，以促进邦交。举凡满清与中华民国时期所缔结之一切重要条约，概予承认和尊重。外国公使、领事及侨民，如欲对其他问题及事项有所协议，可向余之政治厅②提出。余为增进人民之幸福，希望今后与友邦之通商关系，较前更为密切。自本月 1 日起，无论徐世昌缔结有关东三省、内外蒙古、热河、察哈尔之任何条约，非得余之直接许可，余概不承认，并视其为徐世昌之阴谋。（签名）奉军总司令张作霖。完。"

在张作霖将军于 1928 年返回奉天去世之前的整个时期，无论是他在该市逗留期间，还是 1927 年 6 月在北京建立军政府期间，东三省的"独立"状况均未曾改变。

毋庸置疑，1924 年秋天，张作霖将军可能与中央政府达成了某种和解，但

---

① 编者按：原文作"Kaio-che-seu"，疑指佟兆元。

② 编者按：原文作"my office at Lanchow"，现据［日］东亚同文会编、胡锡年译《对华回忆录》（商务印书馆，1959 年 11 月初版，第 377 页）译为"政治厅"。本段译文亦参考了该著内容，特在此一并说明。

这种和解是短暂的，因为在 1925 年底，他又拒绝承认中央政府的权威。

在这种情况下，我们可以回顾郭松龄事件，他因反张作霖失败而被逮捕。

在此期间，张作霖政府以 1922 年 5 月"独立宣言"中确定的原则为指导。

他认为自己是绝对的统治者，掌握着民政、司法、外交及军政。

他于 1924 年 5 月成立了东三省交通委员会，以便能够控制该地区的所有交通。他任命重要文官和军人为该委员会成员。这是一个纯粹的政治咨询机关，在必要时张作霖随时举行会议。

他总是直接处理外交事务，正如他在 1922 年 5 月所说，不承认北京政府未经其直接批准而缔结的任何有关满洲的条约。

因此，1924 年 11 月，苏俄与中华民国"东三省自治政府"就中东铁路问题单独签订了条约。前年 5 月，中国中央政府和苏联之间已经就同一问题达成了协议，但张作霖拒绝承认。

在满洲对外关系方面，原机构仍由张作霖管理，甚至他在北京执政期间，奉天一直设有东三省特派交涉员。

在此期间，唯一的变化是纯粹名义上的改革，即中国政府在 1927 年 12 月通过的司法改革，但它只是一个词的改变，即奉天高等审判厅（类似于高等法院）更名为"最高法院东北分院"。

1928 年 6 月 4 日，张作霖去世。7 月 2 日，东三省省议会联合会召开，推举张作霖的长子张学良将军为东四省（包括热河地区）保安总司令。

国民政府因此而有所介入，但 1928 年 12 月 29 日以前，四省的行政和内部组织均未变化。

总司令部的总参谋部，既是最高军事机关，又兼管满洲各省民政事务。

7 月 19 日，成立了东三省临时保安委员会，该委员会组织条例第二条规定，东三省各省的主权属于人民。

1928 年 8 月，随张作霖将军逃出北京的原北京政府交通部的官员和专家，意欲组织东三省交通部。东三省交通委员会由此成立，并全面改组了 1924 年以来的原交通委员会。该委员会章程（见附件一）赋予其在铁路、电报、电话、邮政和航海事务方面享有非常广泛的权力。根据规定，该委员会成员由保安总司令任命。

与此同时，1928 年底，南京政府与少帅张学良之间达成了某种协议，张学良服从国民政府，而国民政府同意少帅自主管理各省事务。1928 年 12 月 29

日,奉天改升了国旗。

E. 1928 年 12 月底至 1931 年 9 月 18 日之满洲

然而,在 1928 年 12 月和解之后,东四省的行政管理没有发生大的变化,其"独立"于南京的程度也没有变化,即使是为数不多的几次集权尝试也是昙花一现。

首先,1929 年 1 月 12 日,张学良被确认为东北边防军总司令,他的副手张作相和万福麟也得到重新任命。

1929 年 1 月,南京政府还任命了省政府主席、省政府委员会委员和省政府各部门负责人。

1929 年 1 月 20 日,奉天外交交涉员通知驻奉天各领事:"张学良已于 1929 年 6 月 12 日[①]被国民党政府任命为东北边防军总司令。"

但所有这些任命都只是形式上的,特别是就各种人员的任命而言,他们首先是由少帅张学良亲自任命的。

就在这时,成立了"东北政务委员会",取代了去年 7 月组织的东三省保安委员会。根据其暂行组织条例,这个新委员会是指导、监督东北各省政府的最高行政机关。它要指导一切政务,就像边防军总司令负责军政事务一样。该委员会由 13 名成员组成,以东北各省区资深望重富有政治经验者选任之。

表面上看,委员会的成员由国民政府任命,但实际上选择权仍在少帅张学良手中。除方本仁外,余者均是东北政府官员,他们主要是因为自张作霖时代就有的私人关系而被任命的。(见附录二成员名单)。

委员会主席由委员互选之。

它可由出席会议的委员三分之二多数做出决议。

该委员会的组织工作始于 1929 年 2 月 9 日。

毫无疑问,南京方面曾多次尝试加强中国中央政府集权,并将这些措施应用于满洲,但张学良政府一般都知道如何抵制他们。

1929 年 8 月,国民政府外交部决定从 8 月底起撤销所有的外交特派交涉署,今后一切涉外事务均在南京办理,各省的行政官员只需处理有关外国旅行和贸易事务。该通知是向驻华公使发出的,张学良也收到了该命令。但张学良通知南京政府,他不可能同意取消外交特派员,因为东北三省相对于中国中

---

① 编者按:原文如此,疑为 1 月之笔误。

央处于特殊的外交地位。

年底,双方达成了妥协,取消吉林和齐齐哈尔的外交特派员,而保留奉天外交交涉员。此外,由于中俄关系的重要性,将在哈尔滨设立一个新职位。除哈尔滨和奉天之外,还将向吉林和齐齐哈尔分别派出一名负责外交事务的"代表"。

然而,奉天交涉员还保留了"外交部东三省交涉员"的头衔,拥有两枚印信。

从外交上来看,在此值得一提的是,1929 年苏军入侵东三省后,奉天政府与苏联政府直接缔结协议的案例。少帅在拒绝南京政府提供的援助之后,于1929 年 12 月 22 日与苏联签署了《伯力协定》。在该议定书中,"奉天政府"做出了某些承诺,尤其是承诺"给予苏联驻东三省各领事馆以国际法及惯例规定的赔偿与特别利权"。

另外,关于东三省独立于南京进行外交谈判的问题,应记得,日本曾于1930 年 2 月向南京政府提出在满洲某些城市设立领事馆的建议。虽然南京政府表示同意,但由于没有得到东三省当局的许可而无法做出任何决定。

事实上,所有的谈判事项都只能与东北当局进行有益的沟通,特别是在交通问题上,最强大的权力机构是东北交通委员会。

1929 年底,南京又进行了一次中央集权的尝试。在 1922 年①6 月南京与东北交通委员会副主席会谈,以及 1929 年 8 月时任铁道部长孙科(Sun-foo)访问奉天之后,1929 年 12 月 17 日,南京政府颁布了《东北交通委员会暂行组织条例》。

根据该条例(文本见附件三),中央政府似乎控制了该委员会,因为它包括国民政府任命的成员。换言之,它受南京铁道部长和交通部长的委托,掌管东三省的交通。

但这一尝试是短暂的。次年,借着中原政局的混乱,该条例被废止了。可以说,它从未被执行过,新制定的条例恢复了委员会对中央政府的独立性,尤其是删除了涉外事务应由中央政府直接处理的条款(见附件四)。

1930 年,张学良少帅被任命为中华民国陆海空军副总司令(总司令为蒋介石)后,仍存在一定的反对东三省独立的企图。

---

① 编者按:原文如此,疑是 1929 年之笔误。

因此,在财政问题上,中国希望给人们一种国家统一的形象。为此,铁路、盐税和商业税被列为中央政府的收入。另一方面,中央政府似乎承担了东北军费开支。但事实上,南北之间没有货币交换,东北四省的收入都用在了该地区。

同样,关于税收,少帅张学良在被任命为副总司令之后不久,按照中央政府的指令,根据南京公布的条例,取消了厘金,而以统税代之。

如果我们看一下9月19日事件前东北各省的总体组织情况,就能更好地衡量其独立程度。

且不说与中国其他各省一样具有自治性质的组织,单在东北各省的一些中央集权的机构,就直接表明了它们相对于南京的独立性。此类组织列表如下:

1. 东北边防军总司令

与南方和解时,张学良少帅保留并拒绝改变这个头衔,实际上他是东北各省的最高统帅,负责所有民政、军政和司法。

即使少帅驻在北京期间,他的总参谋部仍继续在奉天运作。

2. 东北政务委员会

上文已述及该委员会的组织和属性,它是与所有政治问题有关的主要机构,少帅也是其主席。该委员会控制着辽宁省政府,其主席是一位文职人员。吉林省、黑龙江省和热河省的省政府主席都是军人,兼掌民政和军政,他们必须同时服从张学良少帅和政务委员会。

3. 东北交通委员会

上文已作解释,可见该委员会的重要性和独立性,无需赘述。

4. 东北海军司令部

该司令部始终独立于中央政府海军之外。

5. 东北外交委员会

上文已经提到,虽然该委员会名义上隶属于南京政府,但其官员却是由张学良少帅任命。

6. 最高法院东北分院

四省也有司法自主权,因为该最高法院虽然被称为“分院”,但并不隶属于南京最高法院。

7. 鉴于预算的省级性质,财政独立于南京是不言而喻的。但应该补充的是,东北各省不仅没有向中央上缴税收,而且一些本应上缴国库的盐税、铁路等收入,也被张学良截留了。

总之,自 1907 年总督衙门成立以来,东北各省的"自治独立"越来越明显。十年来,尽管在南北和解后有某些中央集权的尝试,但其"独立"倾向并没有停止,反而以更多的方式表现了出来。

附件 1:东三省交通委员会章程

(1928 年 8 月修订)

第一条　本会承保安总司令部之命,改组成立东三省交通委员会,统辖管理路电邮航四政,并有关交通一切事宜。

第二条　本会依据本章程规定,管理监督各机关列下:

1. 东三省境内原属北京交通部之国有、省有各铁路局。

2. 东三省境内有线、无线电政督办及电政监督,并城市、长途电报、电话各局处。

3. 邮政总局及各邮务管理局。

4. 航务局及航运公司。

第三条　现行交通法律法规,凡与本章程不相抵触者,依然有效。

第四条　本会有权发布与本章程及现行法律法规不相抵触之法律法规。

第五条　本会由以下成员组织之:

委员长 1 人,副委员长 3 人,主任委员 3 人,委员若干人。主任委员、委员由保安总司令根据委员长、副委员长之推荐直接任命。

附件 2:东北政务委员会成员

张作相,东北边防军副总司令,吉林省政府主席,张作霖的姐夫。

万福麟,东北边防军副总司令;黑龙江省政府主席,深受张作霖信任。

汤玉麟,热河省政府主席,热河省军队司令。与张学良相处得不是很好,但后者也不能忽视他的威望,让其担任该职,也是为了防止他站在自己反对派一边。

刘尚清,前北京政府农工部总长,前奉天省省长。

袁金铠,前奉天省省长;沈阳事件发生后不久,任沈阳治安维持会会长。

刘哲,前北京政府教育部总长,吉林代表。

莫德惠,前北京政府农工部总长;前奉天代理省长,曾作为中国代表参加莫斯科中苏会议。

王树翰,前吉林省省长,张学良的秘书长(秘书厅厅长)。

沈鸿烈,东北海军总司令,深得张作霖和张学良的信任。

翟文选,前奉天省省长。

张景惠,哈尔滨特别区行政长官,张作霖的姐夫。

附件3:东北交通委员会暂行组织条例

(1929年12月16日南京国民政府公布)

第一条　国民政府为行政利便起见设立东北交通委员会,由铁道部、交通部委托监督辽宁、吉林、黑龙江省路电邮航行政事宜。

第二条　委员会遵照中央各项法规并秉承各主管部命令监督前项事宜,同时受东北最高行政机关之监督。

第三条　本会委员由中央各主管部及东北最高行政机关推荐,呈由行政院呈请国民政府任用之,并指定一人为委员长。

第十五条(第二款)其关系外交事项者,由中央直接处理,即使属于本会职掌范围。

第十六条　本会经费应先编造预算,呈由主管部转呈行政院核准。

附件4:东北交通委员会新章程(1930年)

第一条　鉴于东北四省的特殊情况,设立东北交通委员会,负责处理本地区交通管理事宜。

第二条　本会应负指导和监督路电邮航各局局长之责。

第七、八条　本会设委员五名,铁道部、交通部各推荐一名,东北当局推荐三名,均呈由国民政府任命。

第十七条　本会经费由所属各机关按固定数额缴纳。

12. 吉田伊三郎致李顿函（1932 年 7 月 16 日）

国联调查团日本代表团

第 69 号　　　　　　　　　　　　　　　　1932 年 7 月 16 日，东京

主席先生：

我很荣幸向您递交以下文件：

A. 中国之现状（英文、法文各十五册）。

B. 日本与满蒙之关系（英文、法文各十五册）。

请将这些文件分发给调查团成员，对此我将不胜感激。

这些文件是前几个月送检的相同主题的文件的最终版本。

吉田伊三郎

日本顾问

国联调查团主席李顿勋爵阁下

13. 吉田伊三郎致李顿函（1932 年 7 月 16 日）

国联调查团日本代表团

第 68 号　　　　　　　　　　　　　　　　1932 年 7 月 16 日，东京

主席先生：

应调查团的要求，日本驻沈阳总领事森岛先生让我送给您一份关于共产党在满洲之活动及其革命运动对"日本安全"的影响的备忘录。

谨随函附上该备忘录的两份副本，请您认真研究这个对我国非常重要的问题。

主席先生，请接受我最崇高的敬意。

吉田伊三郎

日本顾问

国联调查团主席李顿勋爵阁下

14. 关于共产党在满洲之活动及其革命运动对 "日本安全"的影响的备忘录①

机密

一、满洲共产主义运动

从民族学上来说,满洲不仅住着人数最多的中国人,还有朝鲜人、俄罗斯人、蒙古人和日本人等。从地理上来说,满洲大部分地区与苏联接壤,东与滨海省(Maritime Province)毗邻,西边则是蒙古,包括由苏联控制的外蒙古。由于这些不同的因素,满洲的共产主义运动大致分为以下四种情况。

(1)中国共产党人以沈阳、哈尔滨以及其他工业区为活动中心,遍及满洲。

(2)满洲东部的朝鲜人的活动集中在间岛和吉林。

(3)苏联共产党人活跃在以哈尔滨为中心的中东铁路沿线。

(4)日本人活动的地点在大连。

(1)中国共产党的活动

共产国际明确表示自己是世界革命运动的领导者和组织者。其一项众所周知的政策是,在任何一个国家中只有一个共产党是隶属于共产国际,并且该党是由在共产国际指导下从事布尔什维克事业的国民组织起来的。

共产国际在满洲的活动从 1920 年开始活跃,尤其是在 1924 年《奉俄协定》缔结时。然而,由于共产国际专注于在中国本部实现他们的计划,加之关东日本当局的严密戒备,共产党人没有在满洲着力发展。随着中日关系的逐渐恶化,共产国际开始将手伸向满洲。

直到 1928 年,共产国际对满洲似乎没有实施任何特殊政策。就像生活在苏联边境的一些落后种族一样,当时的共产国际似乎将"民族自决"作为满洲共产主义运动的目标。1928 年夏,共产国际第六次会议决定将满洲视为中国在资本主义列强压迫下的半殖民地,也就是说,满洲的共产主义运动要由中国

---

① 编者按:本文对中国共产党和共产主义运动充满了敌意,有诸多不实和荒谬之词,请读者注意甄辨。

共产党人来进行。中国共产党不得不在满洲动员整个组织，并与在满洲从事朝鲜独立运动的朝鲜人合作。此后，印有中国共产党满洲省执行委员会和共青团名称的宣传单在满洲的大城镇中屡见不鲜。由于上述原因，传单以中文为主，也常有朝鲜文。

　　起初，中国共产党人不是很活跃。其中有一部分人认为，满洲的客观条件不如中原地区，在满洲的共产主义运动也不能像在中国其他地方那样进行。这种"机会主义"观点被称为"关外"政策。这一观点在 1930 年被所谓"李立三路线"的倡导者所否定。李立三是当时中国共产党有影响力的一位领导人。结果，中国共产党的活动变得活跃起来，从他们在 1930 年 5 月 30 日和 10 月在间岛和吉林—敦化铁路沿线发动"暴乱"，1930 年夏在抚顺煤矿组织红色工会以及在中东铁路西段的博克图发生兵变中可以明显看到。

　　然而，李立三的暴动政策在 1930 年 11 月 16 日被共产国际谴责为错误。共产国际当时下达的指示中有一段话如是：

　　中国共产党应利用帝国主义列强不可调和的利益纠葛，削弱其与反革命分子的联系。在党发展到一定程度之前，应当停止决断冲突的尝试。同时，党要在反帝运动中做出不懈努力。

　　结果，1931 年 4 月中国共产党的反帝同盟成员在哈尔滨和沈阳采取了暴力行动。但毕竟 1931 年的共产主义运动在外表上并没有像前一年那么猛烈；它变得更加隐蔽、更加集中和广泛。

　　上述共产国际第六次代表大会给中国共产党提出的一项任务是引导朝鲜激进分子加入中国共产党。

　　满洲的朝鲜激进分子大致可以分为两类：一类以朝鲜人的独立为目标，另一类是共产主义者。中国共产党成功地从朝鲜人中吸收了许多追随者，从而将北满和东满变成了中共的势力范围。

　　（A）满洲党组织。

　　1. 中国共产党在满洲的最高机关是满洲省执行委员会。在这个委员会下有：a）北满、南满和东满三个特别委员会，分别设在哈尔滨、沈阳和延吉；b）区或市委员会；c）村庄和小地方的支部。据报告，1930 年秋有 34 个区和市委员会。需要说明的是，上述满洲执行委员会是中国共产党的一个机关，并以中国共产党为中介根据莫斯科的命令而行事。

　　还有共青团满洲省执行委员会及其区、市委员会和支部。这些机关隶属于上海的中国共青团中央机关,因此受莫斯科青年共产国际的领导。

为了吸引从事艰苦劳动的工人入党,党组织创办了赤色工会。这些工会隶属于上海的中华全国总工会,也隶属于莫斯科组织。

1930 年,中共中央执行委员会政治局委员李立三坚持发动激烈的武装暴动。由于采用了所谓的"李立三路线",所有的委员会和支部都更名为"行动委员会"。1930 年 9 月后,省执行委员会更名为总行动委员会,三个特别委员会更名为特别行动委员会,依此类推。在没有行动委员会的地方则成立特别支部。

然而,由于 1930 年 9 月 24 日在上海召开的中共中央第三次全体会议①以及同年 11 月 16 日共产国际否决了李立三政策,旧名称在当年又被启用。并入运动委员会的共青团机关也得到了恢复。

2. 除上述机关外,还有革命互济会(属于国际革命战士救济会)、反帝大同盟、军事委员会、赤色先锋队、赤色儿童团(Red Infants Groups)等革命组织,都是在莫斯科的指示下行动。

革命互济会在满州的沈阳设有一般机构。它隶属于上海的中国革命互济会。反帝大同盟在沈阳、哈尔滨和延吉都有其分支。

3. 还有工会、农会、青年农会、革命学生会等各种专业组织。

(B) 党在满洲的革命纲领。

中国共产党在满洲的主要目标是推翻军国主义政府,驱逐列强势力,从而建立苏维埃政府。同时,维护苏维埃社会主义共和国联盟的利益和在朝鲜鼓动革命也是中共在满洲活动的主要目标。在满洲传播的共产主义文献中可以找到大量证据。

实现这些目标的主要手段是通过工人的经济和政治罢工,以及农民、工人和士兵的暴动。1930 年 10 月 25 日中央对满洲省执行委员会的指示(No. C. 1836/M. 44)明确提出了满洲的具体纲领。可以总结如下:

1. 党组织要吸纳中东铁路、南满铁路、北宁铁路、抚顺煤矿、哈尔滨、沈阳、大连以及其他大城镇的工人,同时也包括农业劳动者、贫农、朝鲜共产党人、工人和农民的妻子以及青年。为宣传目的,中共出版了《满洲红旗》《满洲工人》等杂志以及小册子和传单。

---

① 编者按:指中共六届三中全会。

2. 通过武装暴动建立苏维埃政府是活动的主要目的。

3. 由于满洲的工人比中国其他地区更集中，所以应该广泛组织赤色工会。中东铁路非常重要；中国工会必须与中东铁路沿线的苏联工会合作，并维护苏联劳动法。在沈阳，应鼓动在东北大学、市政公用机构、沈阳棉纺厂、兵工厂、北宁铁路和工厂的职工罢工。

4. 党应鼓动农民暴动，发动土地革命。在北满，消灭白俄和富农。

5. 须发动兵变，消灭白俄"游击队"。鼓动农民加入红军。

6. 以朝鲜人和俄罗斯人为主要成员的反帝同盟，必须邀请革命学生加入。同盟的使命是防止帝国主义压迫苏联。

(C) 中国共产党活动的典型案例。

1. 1926 年 4 月至 6 月，大连附近的福岛纺织株式会社的中国工人举行了罢工。这是一次经济罢工。一个与此次罢工有关的叫杨志云（Yang Tze-yun）的中国人在试图解救因罢工而被捕的中国人时被捕。杨原来是中共大连地方委员会的成员。（1927 年，他在沈阳再次被捕，罪名是他发动了一场涉及沈阳制麻株式会社〔Mukden Hemp Manufacturing company〕600 名工人的罢工。）

2. 1927 年 6 月 24 日至 25 日，邓鹤皋和其他 52 名中国宣传员在大连被捕。据了解，大连已成立中共地方委员会和共青团，共有 23 个支部，220 名成员。

3. 1928 年 3 月 15 日，中共关东地区区委组织者杜继曾在大连被捕。同时搜出了许多共产主义文献，包括党在关东地区的运动纲领和组织文件。

4. 1928 年 4 月，积极从事宣传工作的曲文秀和 47 名中国共产党人在大连等租界被捕。

5. 抚顺煤矿雇用了三万多名苦力，为共产主义的发展提供了沃土。1929年 9 月，王振祥（Wan Chen-hsiang）和其他 10 名鼓动分子被捕（其中 4 人很快被释放）。他们组织了一个赤色工会。

6. 1930 年[①]1 月 3 日，中国步兵第 38 团在博克图发动兵变。这场兵变是由共产党人和曾是苏联战俘的士兵挑起的。

7. 1929 年，东北当局强行收回中东铁路，引起中苏冲突。12 月，随着中

---

① 编者按：原文如此，应为 1931 年。

苏冲突的结束,苏联在北满的影响力得以恢复。与此同时,中国激进分子的活动又活跃起来,并且愈演愈烈。1930 年 4 月 1 日,约 100 名反帝同盟的中国学生举行了"公民自由"同盟示威游行。4 月 2 日,该团体约 30 名学生以《国际协报》(Kou Chi Hsien Pao)拒绝刊登同盟宣言为由,袭击了该中国报纸的办公室。8 名学生被捕。

8. 1930 年 4 月 12 日,70 多名反帝学生在共青团成员杜兰亭的带领下,在沈阳国民外交协会的演讲会上实施了暴力行动。截至 4 月 22 日,29 名共产党员被捕,其中包括曾在山东非常活跃的共产党员丁君羊。

9. 1930 年 5 月 1 日,约 100 名朝鲜人和中国人袭击了日本驻哈尔滨总领事馆。根据供词,他们当中有一些共产党员。

10. 1930 年 6 月,丁天浩(Ting Tien-ho)和杜兰亭组剩余成员在沈阳整顿党机关时被捕。

11. 1930 年 11 月 11 日,陈子真①和其他 24 名红色工会的组织者在抚顺被捕。他们属于满洲省执行委员会特别支部。

12. 1930 年 11 月 19 日,一位名叫钟永春(Chon-pyon-chun)的朝鲜共产党人,在沈阳被捕。他随身携带大量共产主义宣传品,包含 12 份不同的印刷册子,34 份油印册子,3 份油印传单,1 本印刷杂志,106 份手稿,4 张地图和 2 个印章,这些资料因提供了很多满洲的中国共产党运动的信息,所以很有价值。

据发现,共产党人定于当年 12 月 11 日在全满洲进行大规模的暴动。

13. 1931 年 3 月 17 日,一个名叫陈达民(Chen Ta-min)的中国人,因涉嫌参与共产主义宣传而在大连被捕。

(2) 朝鲜共产党活动

1925 年以前,朝鲜民族主义"强盗"在东满尤其是间岛十分猖獗。1926 年 5 月,在京城(Keijo)建立了朝鲜共产党之后,民族主义"强盗"有所收敛,作为朝鲜共产主义运动的延伸,朝鲜共产党人在满洲也发起了共产主义运动。从苏联境内来的朝鲜人进一步强化了他们的运动。朝鲜共产党在南满、北满和东满分设三个道局。1928 年,设在龙井村(Lungchingtsum)(也叫延吉)的东满道局拥有 230 名成员和 59 个小组。

---

① 编者按:即林育英。

随后，朝鲜共产党分裂成几个派别，彼此倾轧夺权，同时还存在着朝鲜民族主义者。1930 年 5 月，内部斗争结束，朝鲜激进分子都变成了中共党员，自此共产国际的一国一党的原则得以正式建立。

加入中国共产党之后，在间岛的朝鲜人开始发动暴乱。显然，他们深受李立三武装起义政策的影响。在龙井村和头道沟（Taotoukou）及其周边地区他们散发大量宣传单，并诉诸各种暴力。8 月份以后，他们试图实践某些共产主义学说，如强行分配农民土地和废除地租。

1930 年 10 月 20 日，在同一地区发生了第二次暴乱。被逮捕的暴乱参与者人数高达 3 906 人：损坏了 4 座铁桥，扔了 35 枚炸弹，50 处电线和电报杆被毁，35 名朝鲜人和 51 名中国人被杀，39 名朝鲜人和 16 名中国人受伤，还有 46 名朝鲜人被绑架。

下表为日本驻间岛总领事馆从朝鲜人手中没收的共产主义宣传品的数量。

	种类	份数
1925	201	4 408
1926	259	3 206
1927	330	10 415
1928	359	6 389
1929	412	3 858
1930	551	27 006
1931	881	11 112

（3）苏共在满洲的活动，以及中东铁路在宣传共产主义中的地位。

1924 年 9 月 20 日，苏联政府与东三省自治政府缔结了所谓的《奉俄协定》，其中第五条内容如下：

缔约双方政府互相担任，在各该国境内，不准有为图谋以暴行反对各该政府而成立之各种机关或团体之存在及举动。

缔约双方政府允认，彼此不为与对方国政治上及社会上之组织相反对之宣传。

尽管苏联政府在签订上述协议时承诺不进行共产主义宣传，但共产国际在这一领域的活动并没有受到丝毫影响，就像英苏协定限制在印度进行颠覆性宣传那样。因此,共产国际肆无忌惮地照常开展宣传工作,如中东铁路管理局副局长伊里眷(Ivanov)就是这些职工中的佼佼者。在向中国人宣传方面,俄国煽动者鲜少露面,但铁路商务处是其宣传活动的中心。

从苏联的人事管理中可以明显看出,在中东铁路局和哈尔滨的其他苏联机构以及中东铁路沿线有很多共产党员和共产主义职业工会的成员。此外,在北满,主要是在中东铁路沿线居住着许多苏联公民。在满洲的苏共党员的直接活动是打击反布尔什维克主义的苏联人,并在满洲的苏联人中传播共产主义思想,与所谓的"白"俄罗斯人作"意识形态"的斗争。

苏联共产党的机关在满洲是个非法并且秘密的存在。虽然报道的来源不同,但这些报道却提供了几乎相同的信息,即满洲的苏联政党组织制度与苏联本身的制度是一样的。苏共的最高机关是年度大会,常务执行机关是中国共产党执行委员会。① 与党机关并列的还有职业工会和共青团。职业工会包括铁路工人和其他组织、演员等,他们一直积极参与罢工。由于中国当局管制宽松,职业工会在 1929 年中苏冲突之前取得了显著的发展。在冲突期间,工会全部关闭,1929 年末随着北满敌对行为的终止,职业工会又获新生。

北满的复原重建不仅使职业工会重获新生,还使苏联总体政治经济的影响力重新恢复到之前的水平。据报道,中苏冲突之后为了做好应急准备,确保北满成为保卫苏联的第一防线,苏联当局已经派遣有能力的共产党人和退役红军前往北满。

凡是有苏联政事经验的人,一想到苏联政府机构,就会想到国家政治保卫总局②(G. P. U.)(前身叫契卡(Tcheka))。我们确信,为了加强满洲的共产主义纪律,国家政治保卫总局特工在监管苏联共产党人这项任务上扮演着重要的角色。

另一个不能让我们忽视的机构是中东铁路商务处,该机构的特工遍布铁路沿线以及长春、沈阳、营口和大连。不仅是日本当局,中国当局也认为它在收集情报、输送资金和为苏联共产党活动提供便利等方面发挥着重要作用。

毕竟中东铁路肯定有许多苏联共产党人。当中国和朝鲜的共产主义运动

---

① 编者按:原文如此。

② 编者按:又译为格别乌。

变得越来越激烈，没有人能预言他们不会邀请苏联共产党人加入他们的队伍，并支配满洲的共产主义运动。即便是1932年的现在，我们依旧可以发现今年2月在中共省委从沈阳转移至哈尔滨后，中东铁路的交通恰巧发生了中断，而一些苏联公民参与其中。

（4）大连的日本共产主义运动

1928年末，一个叫共荣社（Koln Association）的秘密社团在大连问世。该社团由支持共产主义的南满铁路不满员工和旅顺工科大学（the Technological College at Port Arthur）的学生组成。当时有18名日本人被逮捕。

1931年7月，日本货船"远江丸"号（S. S. Totomi-maru）的一名船员被发现藏有海参崴的国际海员俱乐部发行的共产主义文件。

除了这些个案，居住在满洲的日本人很少（如果有的话）参与共产主义运动，部分原因是居住在满洲的日本青年多数属于有思想的知识阶层，并都有一定的工作；还有一部分则是在满洲的日本人深受历史因素的影响，以致十分爱国而不会被共产主义思想所迷惑。

二、满洲共产主义运动与共产国际之关系

（1）共产国际没有直接参与满洲的宣传工作或其他活动。但是，共产国际通过中国共产党指导着满洲的共产主义运动，它并不隐瞒其领导世界革命运动的事实。在1928年7月17日的共产国际宣言中写道：

共产国际——国际工人协会——是各国共产党的联合组织，统一的世界性共产党。共产国际是世界无产阶级革命运动的领袖和组织者，是共产主义原则和目标的体现者，它为争取工人阶级的多数和贫苦农民的广大阶层，为建立世界范围内的无产阶级专政，为建立世界社会主义苏维埃共和国联盟，为彻底消灭阶级，实现社会主义——共产主义社会的第一阶段——而奋斗。

举个明显的例子，我可以提到，因1930年11月共产国际决议谴责李立三政策是错误的，从而使中国共产党中的朝鲜籍党员的直接行动在1930年5月30日之后就突然终止了。

1932年4月21日，苏联政府机关报《消息报》发表社论称，关于最近的中国事务和中国的共产主义运动，日本某些圈子的人不明白整个局势的意义，他们天真的相信混乱不安的状况和活动是由外部影响或鼓动造成的。

但我从来没有听过苏联共产党和苏联政府,更不用说共产国际,明确表示他们没有在其他国家煽动共产主义运动,也没有为这些运动提供资金。如果他们是无辜的,为什么不坦率地表明自己的清白?

在这方面,我可以提一下,在 1930 年 11 月 19 日被捕的韩国人钟永春所持有的共产党文件中(见上文),我注意到 1930 年 9 月 1 日沈阳总行动委员会给北满特别行动委员会的指示。其中部分指出,哈尔滨行动委员会的费用由总行动委员会决定,由总行动委员会每月向其提供 300 墨西哥元,包括"友党"每月提供 150 美元补贴。在原文件中,我注意到"苏联党"的字样被"友党"所替代。

(2) 我要补充一些苏维埃境内与满洲动向有关的事实。

莫斯科有一所共产主义大学,叫做东方劳动者共产主义大学,是以斯大林的名义设立的。50 多个不同东方民族的人在那里接受教育,以便他们可以在各自国家从事共产主义活动。

1931 年 3 月 2 日,中国警察在沈阳抓到了一个 25 岁叫周怀瑞(Chou Huai-jui)的中国人。从他中式衣服的绳子纽扣上发现了周在上海要接头的人的名单,还有一些外人看不懂的药名。周供述自己曾在北宁铁路唐山工厂(Tangshan factory)当过工人,1925 年考入东方共产主义大学,并且成为共产国际的一员。被捕时,他正以共产国际代表的身份前往上海。他还说,他和 13 名中国人一起从莫斯科被派往中国,还有其他 30 名中国人将作为联络员被派往中国。

莫斯科另一所进行汉语共产主义教育的机构是中国劳动者共产主义大学,那里有 300 至 400 名中国人正在接受教育。

(3) 苏联以外的共产主义运动与共产国际的联系是间接的。那必然如此。如果共产国际的祖国即苏联要存在,它就必须承认各国之间的友谊,在这个程度上,共产国际的原则和理想在纯理论上的实现必然受到限制。目前,为了实现世界革命的美好愿望,共产国际首先要让苏联活下去。

然而,满洲有共产主义入侵的威胁。它几乎被苏联领土所包围。满洲三面和苏联接壤,而一个致力于世界革命的机构——共产国际的总部,就在苏联的首都。

特别是在滨海省,布留赫尔(Bluecher)将军率领着一支庞大的军队。1927 年 7 月之前,布留赫尔曾化名加仑(Galen),和著名的鲍罗廷(Borodin)一起担任国民党的顾问，国民党当时具有强烈的共产主义倾向。

在滨海省和东满还有许多朝鲜共产党人，他们也在不断"威胁"着满洲和朝鲜的和平。

在中东铁路，潜伏着许多苏联共产党人。

苏联存在的理由是为世界革命。现在苏联政府的权力掌握在那些主张世界革命的人手中。如果苏联不灭，共产主义活动就必然继续下去。但是他们必须被抵制。日本一直受到共产主义的威胁，共产主义不仅侵占了她的邻国，甚至包括日本自己的领土。坚决抵制逐渐向太平洋推进的共产主义影响，这是日本对自己以及远东和平的责任。

15. 吉田伊三郎致李顿函（1932 年 7 月 16 日）

国联调查团日本代表团

第 67 号　　　　　　　　　　　　　　　　　　　1932 年 7 月 16 日，东京

主席先生：

关于 1932 年 6 月 21 日我在北平写的第 61 号信函，谨随函附上日本驻福州总领事刚刚发给我的关于一名经营日货的中国商人被谋杀的报告的法文译本，供您参考。

主席先生，请接受我最崇高的敬意。

吉田伊三郎

日本顾问

国联调查团主席李顿勋爵阁下

16. 田村贞治郎致吉田伊三郎函①(1932年7月11日)

1932年7月11日,福州

大使先生:

欣闻您于6月21日已将我关于日货经纪人被谋杀的最新报告的副本转交给国联调查团主席。

我相信,你是想向调查团证明,抵制日货的恐怖主义,以及中国当局面对抗日运动时的无能为力。

这已不是我们第一次谴责这种袭击。

事实上,1928年济南事件后,恐怖政权就在福州大肆破坏。同年12月7日,福州下游马尾的中国商人邹行贵(Tsou hsing-kuêi),因代理销售日本福州光港商社(Kohkwando)的货物,被福州反日会成员绑架并枪杀。次日,他的尸体在马尾和福州之间的鼓山(Ku-shan)被发现。

袭击当晚,反日会在全城散发海报,标题是:"非流血而不能彻底驱逐日货",并宣称枪杀是为了警告其他经营日货的中国商人。与此同时,我的前任西泽(Nishizawa)先生向省政府主席提出了强烈抗议。领事团一致同意以人道和国际贸易正义的名义镇压这一暴力行为,并面见省政府主席,要求他有效控制这些暴力行为,并逮捕这一可恶罪行的实施者。

然而,省当局声称这是反政府反党的一些不良分子犯下的罪行,却没有采取任何行动来回应各国驻福州领事的要求,从而使犯罪分子逍遥法外。

了解到这一不幸的先例后,我在最近一次袭击发生的前几天,就提请省政府特别注意发生这种暴力行为的任何可能性。尽管如此,我们还是再次记录了中国赤裸裸的反日行动,其残酷性表现得淋漓尽致。

大使先生,请接受我恭敬的保证。

签名:田村贞治郎(T. Tamura)

日本总领事

日本大使吉田先生

---

① 编者按:本文件是日本对中国抵制日货运动的诋毁,请读者注意甄辨。

17. 吉田伊三郎致李顿函(1932 年 7 月 15 日)

国联调查团日本代表团

第 66 号   1932 年 7 月 15 日,东京

主席先生:

　　谨随函附上 1905 年在北京举行的中日会议关于满洲问题的议定书的十份英译本,该译本是外务省刚根据您的要求临时翻译的。

　　请将这些文件分发给调查团成员,我将不胜感激。

　　主席先生,请接受我最崇高的敬意。

                                                            吉田伊三郎
                                                            日本顾问

国联调查团主席李顿勋爵阁下
东京

18. 盐崎观三致哈斯函(1932 年 7 月 14 日)

国联调查团日本代表团

                                                    1932 年 7 月 14 日,东京

秘书长先生:

　　谨随函附上由南满洲铁道株式会社针对调查团之调查问卷而编写的《满蒙矿产资源概览》的法文译本。

　　请将这份文件转交给台纳雷先生(M. Dennery),我将不胜感激。该文件的原件已在沈阳交给他了。

　　秘书长先生,请接受我最崇高的敬意。

                                                            盐崎观三

国联调查团秘书长罗伯特·哈斯先生

19. 吉田伊三郎致李顿函（1932 年 7 月 14 日）

国联调查团日本代表团

第 65 号　　　　　　　　　　　　　　　　　1932 年 7 月 14 日，东京

主席先生：

　　非常感谢前几天您把 4 月 26 日国联调查团在沈阳与关东军总司令本庄（Honjo）中将第三次会谈的记录寄给我。

　　我把这份文件寄给了关东军总参谋部，他们刚把文件寄回给我，并作了必要的修改。

　　因此，我谨随函附上这份经审查和批准的会议记录的六份副本。

　　主席先生，请接受我最崇高的敬意。

吉田伊三郎

日本顾问

国联调查团主席李顿勋爵阁下

东京

20. 盐崎观三致哈斯函（1932 年 7 月 8 日）

国联调查团日本代表团

　　　　　　　　　　　　　　　　　　　　　1932 年 7 月 8 日，东京

秘书长先生：

　　此前您在满洲时，“满洲国”政府曾给您一份题为《“满洲国”独立史》的中文文件。

　　该文件已翻译完毕，我很高兴送给您十五份，请将其分发给调查团成员与专家。

　　亲爱的秘书长，请接受我诚挚表达的最崇高的情感。

盐崎观三

国联调查团秘书长罗伯特·哈斯先生

21. 盐崎观三致哈斯函（1932 年 7 月 8 日）

国联调查团日本代表团

1932 年 7 月 8 日，东京

秘书长先生：

谨随函附上由东京日本经济联盟（Féolération Economique du Japon à Tokio）编写的《日本在满蒙之经济状况统计说明》十五份，供您参考。

秘书长先生，请接受我最崇高的敬意。

盐崎观三

国联调查团秘书长罗伯特·哈斯先生

东京

22. 崎观三致哈斯函（1932 年 7 月 8 日）

国联调查团日本代表团

1932 年 7 月 8 日，东京

亲爱的秘书长先生：

正如日本顾问向李顿勋爵解释的那样，日本代表团无意与中国代表团争论平行线问题[1]，因为调查团已经能够理解中国所做承诺的真正含义，但我认为还是必须向您发送一份文件的两份副本，以回应中国顾问在第 2 号文件中提出的观点，供您参考。

亲爱的秘书长，请接受我诚挚表达的最崇高的情感。

盐崎观三

---

[1]　编者按：指中日之间关于东北铁路平行线问题的纠纷。

国联调查团秘书长罗伯特·哈斯先生

东京

23. 盐崎观三致哈斯函（1932 年 7 月 7 日）

国联调查团日本代表团

1932 年 7 月 7 日，东京

秘书长先生：

谨代表南满洲铁道株式会社向您另寄十五份《关于 1932 年以前满洲发展情况的第三次报告》。

秘书长先生，请接受我最崇高的敬意。

盐崎观三

国联调查团秘书长罗伯特·哈斯先生

东京

24. 吉田伊三郎致李顿函（1932 年 6 月 27 日）

副本

第 64 号

1932 年 6 月 27 日，北平

主席先生：

4 月 27 日，我在第 27 号信函中向您附送了六份秘件《关于平行线协议有效性的说明》，并附有满洲谈判第 11 号议定书的临时法文译本。6 月 1 日，我把日本外务省寄给我的同一份议定书的英文译本寄给了您。

因此，有必要对该说明进行某些澄清，并对先前发送的临时法文译本以及本说明中的引文进行某些更正。

在此我将上述说明和第 11 号议定书的法文译本的六份副本以及必要的更正寄给您，请将我在 4 月 27 日随第 44 号信函寄给您的文件视为无效。

此外，我随函附上有关议定书的六份英文译本，该译本由外务省翻译，如有疑问，应仅以该译本为准。

请将所有这些文件连同本函的副本分发给调查团成员和秘书长，我将不胜为感激。

主席先生，请接受我最崇高的敬意。

签名：吉田伊三郎

日本顾问

国联调查团主席李顿勋爵阁下

25. 吉田伊三郎致李顿函（1932 年 6 月 27 日）

国联调查团日本代表团

第 63 号　　　　　　　　　　　　　　　1932 年 6 月 27 日，北平

主席先生：

几天前，您给我寄来了国联调查团与关东军总司令本庄中将的谈话记录。

我把这些文件寄给了关东军总参谋部，他们刚把这些文件送回给我，并进行了必要的修改。

因此，谨随函附上经核准的会议记录的六份副本。

秘书长先生，请接受我最崇高的敬意。

吉田伊三郎

日本顾问

国联调查团主席李顿勋爵阁下

26. 吉田伊三郎致李顿函（1932 年 6 月 26 日）

副本

第 62 号　　　　　　　　　　　　　　　　　　1932 年 6 月 26 日,北平

主席先生:

　　根据日本驻华各领事馆提供的资料,谨随函附上六份关于共产党军队在厦门地区活动的报告,供您参考。

　　请将这些文件分发给调查团成员,不胜感激。

　　主席先生,请接受我崇高的敬意。

签名:吉田伊三郎
日本顾问

国联调查团主席李顿勋爵阁下

27. 盐崎观三致哈斯函（1932 年 6 月 26 日）

国联调查团日本代表团

　　　　　　　　　　　　　　　　　　　　　1932 年 6 月 26 日,北平

秘书长先生:

　　谨随函附上 5 月底日本驻哈尔滨总领事馆起草的关于最近满洲动乱以来释放的被羁押朝鲜人的报告副本。

　　如果您能将这份文件交给开脱·盉葛林诺(Kat Angelino)先生,我将不胜感激。

　　秘书长先生,请接受我最崇高的敬意。

盐崎观三

国联调查团秘书长罗伯特·哈斯先生

28. 盐崎观三致哈斯函(1932 年 6 月 22 日)

国联调查团日本代表团

1932 年 6 月 22 日,北平

秘书长先生:

调查团的专家上次在大连之际曾向南满洲铁道株式会社管理层提了一些问题,他们刚把答复寄给了我。

我很荣幸给您送来这些文件,一份是关于生猪的,另一份是关于煤炭的,请您把它们交给对其感兴趣的人。

此外,如果您能将所附文件转交给台纳雷先生,我将不胜感激,该文件是针对他留下的调查问卷而起草的。

秘书长先生,请接受我崇高的敬意。

盐崎观三

国联调查团秘书长罗伯特·哈斯先生

29. 盐崎观三致哈斯函(1932 年 6 月 22 日)

国联调查团日本代表团

1932 年 6 月 22 日,北平

秘书长先生:

在抚顺(Fouchoun)期间,国联调查团友好地访问了定居在该镇的朝鲜人代表。

根据调查团的意愿,我很高兴翻译了这些朝鲜人用日语写成的文件。

因此,我荣幸地随函附上这些文件,分别有法文译本,名称如下:

1. 上述朝鲜代表提出的请求;

2. 书面补充声明;

3. 12 张各类捐款收据照片。

如果您能把所有这些文件交给台纳雷先生，我将不胜感激，他对这些朝鲜人非常友好。

秘书长先生，请接受我崇高的敬意。

盐崎观三

国联调查团秘书长罗伯特·哈斯先生

30. 盐崎观三致哈斯函（1932 年 6 月 22 日）

国联调查团日本代表团

1932 年 6 月 22 日，北平

秘书长先生：

请您以一贯的善意，代南满洲铁道株式会社送给杨格先生（M. Young）一份关于满洲朝鲜人问题的小册子，并送给派尔脱先生（M. Pelt）一本介绍该地区流通货币汇率的小册子。

秘书长先生，谨随函附上这两本小册子，并向您致以最美好的祝愿。

盐崎观三

国联调查团秘书长罗伯特·哈斯先生

31. 吉田伊三郎致哈斯函（1932 年 6 月 21 日）

副本

第 61 号

1932 年 6 月 21 日，北平

主席先生：

关于我 4 月 25 日第 25 号信函，谨随函附上日本驻福州总领事关于一名日货经纪人被谋杀的详细报告,供您参考。

　　主席先生,请接受我最崇高的敬意。

签名:吉田伊三郎
日本顾问

国联调查团主席李顿勋爵阁下

32. 吉田伊三郎致李顿函(1932 年 6 月 21 日)

副本

第 60 号　　　　　　　　　　　　　　　　　　1932 年 6 月 21 日,北平

主席先生:

　　谨参照本人 13 日第 55 号信函,随函附上关于"中国禁止土地租赁办法"和"中国沈阳当局压迫日本居民之事例"的报告译文(日本驻沈阳总领事馆的报告,我上述信函附件第 2 号清单中的第 4、6 项)。

　　主席先生,请接受我最崇高的敬意。

签名:吉田伊三郎
日本顾问

国联调查团主席李顿勋爵阁下

33. 吉田伊三郎致李顿函(1932 年 6 月 21 日)

副本

第 59 号　　　　　　　　　　　　　　　　　　1932 年 6 月 21 日,北平

主席先生:

　　关于我本月 1 日第 42 号信函,谨随函附上近年来吉林省抗日反韩运动报告的英文译本。

　　主席先生,请接受我最崇高的敬意。

签名：吉田伊三郎

日本顾问

国联调查团主席李顿勋爵阁下

34. 盐崎观三致哈斯函(1932 年 6 月 20 日)

国联调查团日本代表团

1932 年 6 月 20 日,北平

秘书长先生：

谨随函附上与万宝山事件有关的文件：

1. 一份土地租赁协议照片,附英文翻译,以及

1. 另一份土地租赁协议照片,附英文翻译。

1. 一份土地买卖合同照片,附英文翻译,以及

1. 另一份土地买卖合同照片,附英文翻译。

请将这些文件交给开脱·盎葛林诺先生,我将不胜感激。

秘书长先生,请接受我最崇高的敬意。

盐崎观三

国联调查团秘书长罗伯特·哈斯先生

35. 盐崎观三致哈斯函(1932 年 6 月 20 日)

国联调查团日本代表团

1932 年 6 月 20 日,北平

秘书长先生：

5 月 10 日,开脱·盎葛林诺先生在哈尔滨与朝鲜殖民地的代表面谈时,

后者向他递交了用日语写的请愿书。

　　谨随函附上上述文件的英文译本，并请您将其转交给开脱·盎葛林诺先生。

　　秘书长先生，请接受我最崇高的敬意，并事先谢过。

盐崎观三

国联调查团秘书长罗伯特·哈斯先生

36. 吉田伊三郎致李顿函（1932 年 6 月 19 日）

国联调查团日本代表团

第 58 号　　　　　　　　　　　　　　　　1932 年 6 月 19 日，北平

主席先生：

　　谨随函附上自 1905 年以来，外务省、陆军省和海军省每年用于保护在华日侨的开支表，以供参考。

　　主席先生，请接受我最崇高的敬意。

吉田伊三郎
日本顾问

国联调查团主席李顿勋爵阁下

附：1905 年以来外务省、陆军省和海军省每年用于保护在华日侨的开支表（单位：日元）

年份	常规开支				额外开支				合计				应对中国发生之重大动乱事件
	外务省	陆军省	海军省	合计	外务省	陆军省	海军省	合计	外务省	陆军省	海军省	合计	
1905	112 643	8 364 089	322 908	8 799 640	16 641	0	0	16 641	129 284	8 364 089	322 908	8 816 281	1905 年派出警察费
1906	130 184	8 435 305	841 096	9 406 585	0	0	0	0	130 184	8 435 305	841 096	9 406 585	
1907	245 956	8 664 495	408 143	9 318 594	0	0	0	0	245 956	8 664 495	408 143	9 318 594	
1908	129 954	7 704 173	562 816	8 396 943	0	0	0	0	129 954	7 704 173	562 816	8 396 943	
1909	109 954	6 687 313	742 838	7 540 105	0	0	0	0	109 954	6 687 313	742 838	7 540 105	
1910	221 352	6 277 880	317 893	6 817 125	19 542	0	0	19 542	240 894	6 277 880	317 893	6 836 667	1910 年长沙事件
1911	217 999	5 773 021	1 194 328	7 185 348	330 000	0	531 182	861 182	547 999	5 773 021	1 725 510	8 046 530	1911 年黄花岗事件（Huang-Sui-Kang）(中国第一次革命)
1912	215 517	4 636 255	1 285 811	6 137 583	600 000	0	1 008 140	1 608 140	815 517	4 636 255	2 293 951	7 745 723	1912 年黄花岗事件（同上）
1913	215 311	5 634 768	979 335	6 829 414	0	410 516	760 666	1 171 182	215 311	6 045 284	1 740 001	8 000 596	1913 年华北之乱
1914	215 311	4 958 117	644 213	5 817 641	0	113 771	0	113 771	215 311	5 071 888	644 213	5 931 412	1914 年华北之乱
1915	215 311	4 943 395	418 046	5 576 752	0	496 806	0	496 806	215 311	5 440 201	418 046	6 073 558	1915 年华北之乱
1916	189 167	5 203 734	464 670	5 857 571	0	146 637	0	146 637	189 167	5 350 371	464 670	6 004 208	1916 年郑家屯事件
1917	201 705	5 439 786	228 806	5 870 297	0	465 505	0	465 505	201 705	5 905 291	228 806	6 335 802	1917 年郑家屯事件
1918	412 171	7 093 591	412 916	7 918 678	0	0	0		412 171	7 093 591	412 916	7 918 678	

（续表）

年份	常规开支				额外开支				合计				应对中国发生之重大动乱事件
	外务省	陆军省	海军省	合计	外务省	陆军省	海军省	合计	外务省	陆军省	海军省	合计	
1919	441 986	8 209 635	491 355	9 142 976	0	0	0	0	441 986	8 209 635	491 355	9 142 976	
1920	1 348 904	8 567 362	1 588 688	11 504 954	12 000	0	0	12 000	1 360 904	8 567 362	1 588 688	11 516 954	1920 年抚顺事件
1921	1 976 242	8 239 344	1 154 123	11 369 709	110 000	0	0	110 000	2 086 242	8 239 344	1 154 123	11 479 709	1921 年抚顺事件
1922	2 624 583	8 380 119	713 251	11 717 953	0	0	0	0	2 624 583	8 380 119	713 251	11 717 953	
1923	2 395 664	6 978 109	726 769	10 100 542	23 267	0	0	23 267	2 418 931	6 978 109	726 769	10 123 809	1923 年长沙事件
1924	2 395 664	7 513 723	1 102 121	11 011 508	0	152 624	692 042	844 666	2 395 664	7 666 347	1 794 163	11 856 174	1924 年华北之乱
1925	1 897 448	9 393 032	410 730	11 701 210	112 594	980 508	430 896	1 523 998	2 010 042	10 373 540	841 626	13 225 208	1925 年华北之乱,上海五卅事件。
1926	1 970 910	7 943 128	1 967 068	11 881 106	0	49 358	432 271	481 629	1 970 910	7 992 486	2 399 339	12 362 735	1926 年华北之乱
1927	2 055 496	9 543 751	2 631 407	14 230 654	2 435 011	2 699 312	9 171 360	14 305 683	4 490 507	12 243 063	11 802 767	28 536 337	1927 年华北之乱,汉口事件与南京事件。
1928	2 549 154	7 699 195	2 589 969	12 838 318	1 101 479	33 102 350	7 539 703	41 743 532	3 650 633	40 801 545	10 129 672	54 581 850	1928 年济南事件
1929	2 452 268	9 026 071	2 390 044	13 868 383	596 387	378 010	3 832 944	4 807 341	3 048 655	9 404 081	6 222 988	18 675 724	1929 年济南事件
1930	2 452 268	9 398 571	2 493 781	14 344 620	56 846	392 507	786 157	1 235 510	2 509 114	9 791 078	3 279 938	15 580 130	1930 年保护青岛日本侨民
1931	2 348 920	10 274 081	3 159 394	15 782 395	5 172 337	57 639 522	21 826 478	84 638 337	7 521 257	67 913 603	24 985 872	100 420 732	
合计	29 742 042	200 982 043	30 242 519	260 966 604	10 586 104	97 027 426	47 011 839	154 625 369	40 328 146	298 009 469	77 254 358	415 591 973	

37. 盐崎观三致哈斯函（1932 年 6 月 17 日）

国联调查团日本代表

1932 年 6 月 17 日，北平

秘书长先生：

我荣幸地通知您，我没有忘记把您在 1932 年 5 月 20 日的信中友好地给我的调查表转交给有关当局。

随函附上南满洲铁道株式会社农业试验所对有关农业问题的答复。

秘书长先生，请接受我最崇高的敬意。

盐崎观三

国联调查团秘书长罗伯特·哈斯先生

北平

38. 日本拒绝顾维钧随调查团赴日（1932 年 6 月 16 日）

备忘录。

1932 年 6 月 16 日

吉田大使在下午 6 点 30 分来告诉我，他收到了其政府的指示，要求他向调查团通报如下：

1. 鉴于顾博士最近就日本在满洲采取行动发表的言论，日本政府将不欢迎顾博士出现在日本。只有即将前往日本的中国代表团成员今后不再发表类似言论，日本政府才会欢迎顾博士的工作人员或是任何替代顾博士的人前往日本。

2. 日本政府想要提请调查团注意顾博士的轻率言论，并且希望顾博士今后不再发表此类言论。

39. 吉田伊三郎致李顿函(1932 年 7 月 16 日)

副本

第 57 号　　　　　　　　　　　　　　　　　　1932 年 7 月 16 日,北平

主席先生：

　　谨随函附上本市日本商会发来的题为《天津抗日运动(图解)》的小册子。

　　主席先生,请接受我最崇高的敬意。

　　　　　　　　　　　　　　　　　　　　　　　　　　吉田伊三郎

　　　　　　　　　　　　　　　　　　　　　　　　　　日本顾问

　　国联调查团主席李顿勋爵阁下

40. 盐崎观三致哈斯函(1932 年 6 月 16 日)

国联调查团日本代表团

　　　　　　　　　　　　　　　　　　　　1932 年 6 月 16 日,北平

秘书长先生：

　　谨随函附上所附清单中提到的与朝鲜殉道者有关的照片,并请您将它们交给开脱·盎葛林诺先生。

　　秘书长先生,请接受我最崇高的敬意。

　　　　　　　　　　　　　　　　　　　　　　　　　　盐崎观三

　　国联调查团秘书长罗伯特·哈斯先生

41. 盐崎观三致哈斯函(1932 年 6 月 15 日)

国联调查团日本代表团

1932 年 6 月 15 日,北平

秘书长先生:

谨随函附上日本殖民地代表于 5 月 7 日在吉林接受杨格博士采访时提交的请愿书(原文及其英文译文作为证明)。

如果您能将它交给杨格博士,我将不胜感激。

秘书长先生,请接受我最崇高的敬意。

盐崎观三

国联调查团秘书长罗伯特·哈斯先生

42. 盐崎观三致哈斯函(1932 年 6 月 15 日)

国联调查团日本代表团

1932 年 6 月 15 日,北平

秘书长先生:

谨随函附上调查团于 5 月 7 日访问吉林期间朝鲜人提出的请愿书(原文及英文译文作为证明)。

如果您能把它交给当天与朝鲜代表会面的开脱·益葛林诺先生,我将不胜感激。

秘书长先生,请接受我最崇高的敬意。

盐崎观三

国联调查团秘书长罗伯特·哈斯先生

43. 盐崎观三致哈斯函（1932 年 6 月 14 日）

国联调查团日本代表团

1932 年 6 月 14 日,北平

亲爱的秘书长：

当我们上次在大连时,您亲切地建议,日本和中国顾问相互交换各自提交给调查团的文件。

我立即将您的建议报告给了日本政府,日本政府刚刚通知我,同意进行交换。

因此,如果您能在征求中国顾问的意见后,做一些必要的工作,使我们能够熟悉对方已经提交的文件以及两位顾问以后可能提交的文件,我将不胜感激。如果可能的话,我希望获得这些文件的五六份副本。

如果您能向我提供一份调查团从中国顾问那里收到的文件清单,我也将非常高兴。

亲爱的秘书长,在此先表示诚挚的感谢,请接受我最崇高的敬意。

盐崎观三

国联调查团秘书长罗伯特·哈斯先生

44. 吉田伊三郎致李顿函（1932 年 6 月 14 日）

副本

第 56 号

1932 年 6 月 14 日,北平

主席先生：

继我本月 13 日第 53 号信之后,谨随函附上日本天津驻屯军参谋部撰写的《1932 年 5 月 15 日日本在山海关夜间演习的"真相"》报告副本,供您参考。

主席先生,请接受我最崇高的敬意。

签名：吉田伊三郎

日本顾问

国联调查团主席李顿勋爵阁下

45. 日本在山海关夜间演习的"真相"①
（1932 年 5 月 15 日）

1932 年 5 月 15 日日本在山海关夜间演习的"真相"

日本天津驻屯军司令部

1932 年 5 月 15 日，日军在山海关的夜间演习。

关于 1932 年 5 月 15 日晚日本守备队和日本宪兵在山海关进行的演习，中国外交部向日本当局提出了正式抗议（见附件 1），但以上抗议完全违背事实。

实际情况如下：

1. 进行演习的地点。

中方称日军向"洋灰桥"（cocrete bridge）开枪，但附件 2 则表明并非如此。1932 年 5 月 15 日晚，日本守备队在日军兵营与长城南翼之间的地区（山海关火车站东南约 800 米）进行演习，日本宪兵在自己的宪兵部进行演习。

2. 日军在演习中使用的武器。

中方声称"日本人使用了机枪和迫击炮"，但日本军队使用的是步枪和轻机枪，日本宪兵只用步枪。

3. 日方在演习中使用的弹药。

当天晚上，日军和日本宪兵分别发射了 250 发和 50 发步枪空弹。但中方在抗议书中声称，"子弹落入了城墙和公安局内"，事实并非如此。

1932 年 5 月 16 日，中国驻军旅长何柱国又通知日本守备队队长说："昨晚日军演习中，有子弹落在城墙内外，引起了广大市民的极大不安。我希望你们能采取一些适当的措施，确保今后不再发生这样的行为以避免引起误会。"

然而，1932 年 5 月 18 日日中两国在现场调查后，中国驻军旅长何柱国承认，

---

① 编者按：此件是日本在山海关制造事端的狡辩之词，请读者注意甄辨。

日方没有使用真正的子弹，所谓日军手枪射出的子弹是日军从未使用过的子弹。对于这一结果，何柱国随即向日本守备队队长递交了一封公函（见附件3）。

4. 日方没有砍断电线杆

中国人在抗议书中声称，"3 名日本人在兴隆街（Hsing Lung street）砍断了一根中方电线杆"，但这也是不真实的（见附件 4）。

5. 日方没有阻断交通

中国人在抗议书中还表示，日本人利用"满洲国"警察阻断街道交通长达一小时，但附件 5 证明日本人从未采取过这样的行动。

附件 1

（中国就 1932 年 5 月 15 日山海关日本守备队夜间演向日本政府提出抗议）。

据报告，1932 年 5 月 15 日晚，日军在山海关火车站东端长城附近的一处地点用机枪扫射并发射了迫击炮。一些子弹或炮弹落在了城墙和公安局内。另据报告，当日本宪兵用步枪射击了大约 50/60 次后，从日本宪兵营房出来的两名日本人在"洋灰桥"上朝天空开枪，另外三名从同一营房出来的日本人去了兴隆街，他们在那儿砍断了一根中国电线杆。此外，他们还利用"满洲国"警察阻断街道交通长达一小时。

东北各省的日军尚未撤退，他们正计划在山海关附近地区扰乱治安。事态逐渐严重，因此，我们不仅向日本政府提出抗议，对于可能发生的任何事故均应由日本政府负责，并且请阁下致电贵国政府，要求他们严令驻山海关的日本守备队今后不得再发生任何此类事件。

附件 2

1932 年 5 月 28 日，山海关

致山海关日本宪兵队队长：

1932 年 5 月 15 日晚上，在我方管辖区内的"洋灰桥"附近没有听到日军开火的声音，特此证明。

(Sd.)傅习武（Fu Hsi Wu）

临榆县（山海关）一区十二科秘书长

附件 3

1932 年 5 月 23 日，山海关

致山海关日本守备队队长松下上尉：

我在 16 日的信中提到"日本军队夜间演习时发射的子弹落在城墙内，也击中了长城上的中国守卫"，我在此声明，经过现场调查，发现一颗手枪子弹落在城墙内。

然而，据我所知，贵军只在长城南翼的演习中使用了空弹，而且只是在西南方向开枪，这个距离东北方向有 700/800 米。也就是说，上述提到的子弹不一定是日军发射的。

这枪是谁开的还不清楚，但为了避免任何误解或发生任何事故，我希望将来与您有更多的联系。

(Sd.) 何柱国

独立第九旅旅长

附件 4

a)

致山海关日本宪兵：

为日后互助友好，我们特此声明，本区公所未接到关于 1932 年 5 月 15 日夜间山海关的一根中方电线杆被砍断、交通中断等报告，这与一些中国报纸上的报道完全相反。

b)

1932 年 5 月 25 日，山海关

致驻山海关日本宪兵队长：

我们谨此知会阁下，在本城南门兴隆街（Hsing Lung Street）的一根电线杆上发现了三道刀口，但经调查发现刀口深度不至于切断电线杆，且是旧刀痕，与日军的演习毫无关系。这三刀是谁砍的还不清楚。

山海关公安局

c)

该旅没有收到任何关于日军在 1932 年 5 月 15 日夜间演习时，山海关南门的电话线断线并被盗的正式报告。

(Sd.) 何柱国

1932 年 5 月 27 日，山海关

附件 5

致驻山海关日本守备队：

我们特此声明，在 15 日日本夜间演习期间，晚上 11 时 30 分南关街(Nan Kuan Tse)附近日本人没有阻断本市的交通。

公安局

46. 吉田伊三郎致李顿函(1932 年 6 月 13 日)

副本

第 55 号　　　　　　　　　　　　　　　　　1932 年 6 月 13 日，北平

主席先生：

根据您与日本驻沈阳总领事森岛先生会晤时的约定，他刚刚把按照您的意思拟定的文件寄给我，文件名称见附表 1。

此外，森岛先生让我把他为各种目的拟写的文件交给你，这些文件列于附表 2。

我很荣幸将所有这些文件随函寄给您，请您留意。

主席先生，请您放心，当这些文件翻译完成后，我将尽我的职责，向您提供其中一些日文文件的法文或英文译本。

主席先生，请接受我最崇高的敬意。

签名：吉田伊三郎

日本顾问

国联调查团主席李顿勋爵阁下

47. 吉田伊三郎致李顿函（1932 年 6 月 13 日）

副本

第 54 号   1932 年 6 月 13 日,北平

主席先生:

　　在从汉口沿长江下行的轮船上,您向我谈了中华民国交通部贷款 1000 万日元用于发展电话事业的事情,为了给您一个更准确的解释,我已经请求东京提供有关此事的详细信息。

　　外务省就此给了我一份解释性说明,我立即把该说明的英文译本一式六份寄给你。

　　主席先生,请接受我最崇高的敬意。

签名:吉田伊三郎
日本顾问

国联调查团主席李顿勋爵阁下

48. 吉田伊三郎致李顿函（1932 年 6 月 13 日）

副本

第 53 号   1932 年 6 月 13 日,北平

主席先生:

　　为方便起见,谨随函附上天津驻屯军参谋部关于山海关实际情况的报告,供您参考。

　　主席先生,请接受我最崇高的敬意。

签名:吉田伊三郎
日本顾问

国联调查团主席李顿勋爵阁下

49. 山海关的实际情况①（1932 年 5 月）

天津驻屯军司令部，1932 年 5 月

曾有报道称，山海关的气氛颇为紧张，局势似乎更趋恶化。但真实情况如下所述，并没有引起任何严重的骚乱。

山海关之所以闹得沸沸扬扬，完全是中国的利益集团散播夸大的报道和谣言，再加上在华的外国媒体在某些版面上发表的报道，而这些夸大的报道表达了中国人的观点。因此，中国应该承担全部责任。

1. 所谓的骚乱原因和真实情况。

（a）在绥中袭击日军被捕的赵国恩是所谓中国义勇军的下级军官。

一位名叫赵国恩的中国人在山海关被中国当局以强盗身份逮捕并关押收监，由于被怀疑是绥中袭击日本驻军的一份子，他于 1932 年 5 月 27 日在中国当局同意的情况下被移交给驻山海关日本守备队队长。

在经过彻查后，他的罪行得到了坚定的证实，正如附件 1 所示。因此，日本军方要求何柱国履行他之前的承诺，即"……中国当局将在日本军方在场的情况下枪决罪犯，并且如果将来有任何中国义勇军成员被日本当局或中国当局逮捕或关押，其中一方将要通知另一方，如果有必要，双方可以合作"。

中国当局未能履行上述承诺。由于他们要去调查中国人对绥中的进攻，期间赵国恩在绥中被临时移交给了日军。

山海关中国驻军旅长何柱国以违反国际法为由，要求日本当局立即将罪犯交到他手中。由于赵国恩是一个危险的罪犯，毫无挑衅地袭击了日军，日军没有答应这一要求，为此日军当局根据国际法采取了负责任的措施。在绥中的日本军队现在正在调查赵国恩案。

在此期间，何柱国采取了两面态度，一方面他感谢日本当局将罪犯交到关东军手中，另一方面为了保全自己的面子，他试图让蒋介石和张学良与日本当局展开谈判，将罪犯归还给他。他又因为害怕自己的行为所造成的后果，散布了许多谣言，说关东军要攻打山海关，这自然引起了中国人和在华外国人的广

---

① 编者按：本件是日本在山海关蓄意挑衅制造事端的狡辩之词，其中对中国方面有诸多不实指控与诬蔑之语，请读者注意甄辨。

泛关注。

(b)"满洲国"警察抵达山海关。

1932年5月4日,20名"满洲国"警察抵达山海关并留在那里。中国当局随后对他们的出现产生怀疑,认为这是日本和"满洲国"军队入侵长城内地区的第一步。

出于害怕,也因为混乱,中国人散布了更多的谣言,这让公众感到很不安全。但是上述警察部队并没有任何入侵的意图,他们的目的只是在山海关保卫"满洲"的边界。

(c)5月15日,日军在山海关的夜间演习。

尽管山海关日本守备队在事先通知了中国当局之后按计划进行了演习,但中国当局还是向日军提出了抗议,声称有几颗子弹落在了山海关城内。

日军在进行演习时只使用了空弹。因此,与中国当局一起调查之后,后者承认中国的指控不属实。但5月21日,中国政府外交部向日本政府提出了抗议(见附件2)。

日军当局得知此事后,指示其驻山海关守备队在中方当局在场的情况下进行彻查,结果是中方最终意识到了自己的过错,他们还向日本当局提供了一份官方文件。日军的态度一向是公平合理的,无可指责。

(d)山海关中国当局对有关长城外"剿匪"的报道感到紧张。

为了维持辽河以西地区的和平与秩序,关东军镇压在这一地区游荡的"土匪"是完全合理的,但中国当局误解了日军的真正动机,并且认为日本军队将要入侵他们长城内自己的地区,导致这些夸大的报道广泛传播,以至于公众变得惊慌失措。

不仅是因为中国人变得紧张,还包括以下事实,张学良和何柱国担心他们间接支持的所谓中国义勇军在"满洲国"各区扰乱新成立的"满洲国"的和平与秩序的行为可能会被披露。

以上是实际情况,但是山海关中国当局仍向上级转发了许多夸大其词的报告,中国第九旅在山海关的军官家属按照旅长的命令,纷纷撤离前往北平。此外,还有一个带有大量的武器弹药的炮兵营从北平被派往山海关,这自然也导致了更多新的、令人震惊的谣言传播开来。

由于中国报刊和某些外国报纸的不实报道,尽管山海关的真实情况还是像往常一样非常正常和平静,但公众在阅读这些报纸以及听闻上述谣言时,会认为日中军队随时会发生冲突。

这自然是中国人怀疑的结果，但在这一切的背后是张学良和何柱国从国内政治角度出发所操控，实际上都是为了稳固自己的位置，以及以此为借口向中国政府索要军费和军火，同时也是为了转移之前就已经存在的反张学良运动。

中国媒体上出现的一些虚假报道的例子见附件 3。

2. 日本军方采取的措施

日本军方一向秉持公正、爱好和平的态度是既定事实，深谙此道的驻山海关日本守备队队长多次会见何柱国，试图与他达成一种双方都满意的谅解，也是为了防止山海关事态的发生或扩大。

同时，日军司令部也经常派参谋人员到山海关调查情况、观察事态走向，他们始终秉持公正和不偏不倚的精神。但是，由于中国报刊上出现的各种夸大其词的报道——这些报道有时超过了人们的忍耐极限，且从未停止过发表——再加上外国报纸在特定的版面反映了中国人的观点，从而在普通民众中引起了极大骚动，日本军方要求中国当地县政府控制这些造谣者以及散布虚假报道的人。

日本军方还对驻天津各国代表团的参谋人员作了全面详细的解释，并且在一些报纸中澄清事实，使读者能够更清楚地了解真实的情况，即就现今山海关的实际情况而言，无论是外国人还是中国人，都无需担心或不安。

附件 1：

驻山海关日本宪兵对赵国恩的初步调查

赵国恩，别名赵继柱，27 岁，"满洲国"绥中县张家口（Chang chia kou）人，曾任警察，现为中国义勇军第四路军一营少校。

以下是上面提到的赵国恩向山海关日本宪兵队长供述的要点：

"我在家乡的小学完成了学业。自 1922 年以来，我一直在绥中公安局当警察，但在 1928 年我因扰乱治安和勒索而被开除。

我还把我的房子变成了一个赌场。1931 年 10 月，我在家里藏了六名被中国当局追捕的中国土匪，被发现后罚了 35 日元。1931 年 1 月 12 日，我与其他 4 人闯入绥中县一户人家，抢夺了衣服、手镯和其他首饰。由于我的妻子把这一切告诉了警察，后来我被中国当局逮捕关进监狱，而我偷的所有物品都被没收了。

去年 12 月 20 日，我遇到了一位中国义勇军指挥官，请他带我走，随后我立即被授予少校军衔，并被任命为第四路军第四团第一营营长。之后我在许多地区活动，洗劫村庄，抢走武器、金钱和许多其他东西。每次抢劫，我先威胁人们，然后再强迫他们交出贵重物品。

1932 年 3 月 16 日，第四路军副官奉张学良之命，命令我袭击绥中日本驻军。因此我带着我手下 50 人袭击了绥中县高岭镇（Kao lin chen）的公安局，打死了两名警察并缴获了 11 支步枪。同一天下午 8 时，我们到了绥中以西约 30 里的一个村子，这个村子共有 300 人，在命令中国农民进行侦察之后，我们了解到日本驻军的兵力相当小。

次日凌晨 3 时，我们到达绥中，向那里的日本驻军发起了进攻，并且把中国农民放在了我们的第一道防线。经过半小时左右的激战，我们面对机枪扫射，不得不撤退到绥中以北约 20 里的地方。在战斗中，我们有 20 人阵亡，30 人受伤，还有受重伤的中国义勇军指挥官董文峰（Tung wen-feng），后来他被送往北京的德国医院，并且现在还留在那儿。

3 月 19 日晚，我们第四路军再次尝试在绥中攻打日军，为阻止日本援军到来，我接到命令去破坏铁路和电话通讯。于是我带着 50 人来到绥中以东约 7 里的地方，摧毁了约 700 米的铁轨和 200 米的电话线。之后我们随即离开该地，与我军主力会合，凌晨 5 时，我军 200 人再次进攻绥中日军，经过 40 分钟的激战，我们再次被迫向西北方向撤退。所用弹药（30 000 发）由北平提供，这些弹药由火车运到北戴河，在那里把它们装到驴子上送到抚宁县塘浦办事处（the Tangpu office at Wuninghsien）。之后这些弹药被进一步送往石门寨（Hsimientsai）和皮家店（pichiatien），并通过九门口（Kiumienkow）交付给第四路军。

在运送这些弹药的过程中，我们在石门寨的朱清峪（Chuchienyu）和沙河寨（Shahotsai）看到了中国独立第九旅的士兵，他们明知道这些弹药是转给中国义勇军的，但他们没有进行任何干涉。

绥中战负伤者，由石门寨经九门口送至秦皇岛，并且在那里坐火车。第九旅也没有干涉这些伤员的运送。

在我们攻击绥中日军时，第九旅的 3 名中国人加入了战斗，每个人都有步枪和 100 发子弹，但我不知道他们是否是第九旅旅长派来支援我们，或是逃兵。

北平及附近的中国各正规军的 200 名士兵也进入了长城以外的地区,加入了中国义勇军与日本军队作战。他们是从北平方向来的,和我们一起攻打绥中,但我不知道是谁命令他们这样做的,或者他们是逃兵亦或是散兵。此外,还有 50 名身着便衣的中国正规军,他们持有抗日团体签发的通行证,也加入了中国义勇军以帮助我们扰乱"满洲国"的治安。

1 月 20 日(中国日历)独立第九旅旅长命令我部队指挥官,中国义勇军不得进入长城一线以内的区域,不得在山海关乘车或下车,他们如果想与北平联系,必须通过九门口和石门寨前往秦皇岛或者北戴河。

根据这些事实,我确信独立第九旅旅长与中国义勇军有联系,并且他间接支持义勇军。"(1932 年 4 月 27 日)

附件 2:

1932 年 5 月 22 日来自南京的电报。

据报告,5 月 15 日晚,山海关日军在山海关火车站东端长城附近的一处地点发射了机关枪和迫击炮,子弹落入城内,也落在了中方公安局里。山海关南门的日本宪兵也用步枪发射了 50 或 60 发子弹,随后从上述宪兵营房出来的两名日本人也向附近的一座桥上空开了两发子弹,另外从同一营房出来三名日本人破坏了山海关兴隆街(Hsinglung street)的中国电线杆,并利用"满洲国"警察阻断交通达 1 小时之久。满洲的日军还没有撤离,他们还打算在山海关或附近制造骚乱,这自然会给这个地区造成大动荡。所以日本必须对山海关可能发生的任何事件负责。因此,请您致电日本政府,要求他们不得再有此类行为。

附件 3:

译自 1932 年 5 月 13 日《益世报》(I SHIH PAO)社论

上海协定签字以后,山海关形势,日趋险恶。此种变动,早在我们预料之中。淞沪战事,日本人曾给中国人,特别是给十九路军向世界表演我方民族忠勇义烈精神之机会。倘日军贪得无厌,得寸进尺,重来山海关挑衅,且侵入平津,此实为北方国民保国御侮的绝好机会。

5 月 7 日,山海关方面,日军在没有事先通知中国当局的情况下即实行夜间演习。次日,日本人又实弹鸣枪示威,并向山海关中国驻军旅长要求可以自由逮捕中国义勇军。据路透社电,一列日本铁甲车已达离山海关仅八里之绥中,且谓日军破坏了昌黎附近之铁路,并在山海关附近修筑战壕等。

译自 1932 年 5 月 11 日《益世报》

秦皇岛电。昨夜驻山海关日军进行了约半小时的空炮演习。驻山海关日本宪兵队在其队部内发手枪 10 余响。此种行动,显然有所图谋,极惹人注意。另一方面,在山海关之中国军警极持镇静,尽力维持当地的和平与秩序。

秦皇岛 5 月 10 日电。夜半,驻山海关日军突行演习,向中国军警挑衅,但由于中国人力持镇静,日本人未能得逞。

今晨四时至十时,日军时放空弹机枪。日军连日通过伪奉山铁路运送弹药,今又有 16 箱炮弹运抵山海关。据传,锦州日军接到了"待命"的命令。驻扎在山海关南部的日军几乎每晚都在进行演习,城墙内的每个人都能清楚地听到枪声。在山海关火车站,有 80 名"满洲国"警察赶到,还有一大批来找工作的其他民族的人们。日军在山海关的人数日益增加,并且他们正忙于构筑工事。今日山海关局势非常紧张,据传,关外的日军将向西进军,因此中国的商铺均闭门歇业。

50. 吉田伊三郎致李顿函(1932 年 6 月 12 日)

副本

第 51 号　　　　　　　　　　　　　　　　　　1932 年 6 月 12 日,北平

主席先生:

您在 3 月 23 日的信函中说,想了解《字林西报》(North China Daily News)报道安东海关的情况,对此我收集了一些信息,可能有助于澄清某些事实。

谨随函附上根据日本政府提供的资料拟写的说明。

主席先生,请接受我最崇高的敬意。

签名:吉田伊三郎
日本顾问

国联调查团主席李顿勋爵阁下

附：

1. 关于 3 月 12 日《字林西报》刊发的有关安东海关管理问题的报道，日本驻华使馆于同日收到日本驻国联（S. D. N.）代表的电报称，3 月 10 日中国代表奉行政院副院长宋子文先生之命，就安东海关管理问题致函国联秘书长，其内容与报纸上的报道相同。日本驻华使馆已将上文转达驻安东领事，供其参考。

2. 据日本驻安东领事报告，他既没有与本地海关税务司铎博贲先生（M. Talbot）进行非官方的沟通，也没有向他发表过任何声明。他即刻找到税务司，要求他予以澄清。税务司表示，他确实收到了海关监督关于聘请日本顾问及其职责的正式电报，但他否认自己曾发电报说，日本领事非正式地建议他移交海关权，并承诺目前在职海关官员可继续工作，其工资照发。海关总税务司只是电报转达了在海关官员中流传的关于日本顾问到来的荒谬谣言，并加上他的个人意见。类似的虚假消息在日内瓦或其他地方传播，使领事和税务司本人均感尴尬，税务司对此深表遗憾。领事和海关税务司商定，由后者应向海关总税务司发送一份电报，其副本附后。

3. 最令人遗憾的是，未经证实的消息——无论是新闻报道还是中国致国联信函——均在世界各地传播。

4. 众所周知，关于满洲海关问题，"新国家"最近声明，忠实尊重条约义务，并将采取必要措施，履行完全由中国政府承担之外债义务。因为日本是中国最大债权国之一，在维持整个海关组织方面有相当大的利益，日本自然会密切关注"新国家"在海关问题上采取的措施，所以，在日本看来，"新国家"迅速实施上述措施是非常可取的。

第 2 项被否掉了，因为从海关监督那里得到了有关日本顾问的任命和到位及其职责的官方信息。关于第 1 项中领事的私人建议和第 2 项中领事声明均是子虚乌有，请采取必要措施撤回已报告的建议和声明。

51. 吉田伊三郎致李顿函（1932 年 6 月 12 日）

副本

第 50 号 1932 年 6 月 12 日，北平

主席先生：

谨随函附上日本驻铁岭领事馆刚刚发给我的关于铁岭县长驱逐朝鲜人命令的报告的法文译本六份，并请将其分发给调查团成员。

阁下还可以看到随附的关于该命令的 2 张照片及其法文译文，此为上述报告所附的证据。

主席先生，请接受我最崇高的敬意。

签名：吉田伊三郎

日本顾问

国联调查团主席李顿勋爵阁下

52. 石塚邦器致吉田伊三郎函（1932 年 5 月 23 日）

机密

第 1 号 1932 年 5 月 23 日，铁岭

参与国联调查团之日本顾问吉田大使

主题：驱逐韩人令

大使先生：

前铁岭县县长俞荣庆（You Yong-Tching）在张学良当政期间采取了反日的态度，他深信此政策有利于仕途的发展。的确，他一直受到上级的青睐，甚至得到了辽宁省政府的如下赞誉："在县政方面，你们及时采取了必要措施。"

他一上任就致力于驱逐朝鲜人，声称必须严格控制鸦片。

1931 年 1 月，他将朝鲜人住所的房东传唤到县政府或公安局，责令他们在一个月内取消与朝鲜租户签订的合同，否则将被监禁或罚款；如果朝鲜租户

从事鸦片欺诈，房东将受到与罪犯相同的惩罚。

得知这一情况后，我谨慎地进行了调查，发现从去年1月20日至4月底，有17名中国房主因上述原因被关进监狱，并处以额外的罚款，金额从7美元到120美元不等。此外，俞荣庆以控制鸦片为借口，无视条约规定，下令公安人员搜查朝鲜人的住宅。由于此项命令，这些官员和日本警察之间时有冲突发生。

所以，我屡次向县长提出抗议，但县长的反应总是否认事实。

幸运的是，我得到了县长的两份书面命令，其照片附后，它清楚地证明了他所采取的不合理措施。

带着这些证据，我再次去找县长表示抗议。面对不可否认的证据，他承认了事实，并向我表示道歉，答应撤回下达的命令。

大使先生，请接受我最崇高的敬意。

签名：石塚(Ishizuka)

日本代理领事

53. 铁岭县政府批件二件（1931 年 2 月）

（1）

铁岭县政府批第 78 号

具呈人万清鹏等呈一件，为据恳请恩准保外调养而恤蚁命由。

呈悉。据称许振桐旧病复发，应即拨医诊治，所请保释未便照准，俟将所招违禁韩人驱逐后，再行开释。仰即知照，此批。

县长俞荣庆

铁岭县政府印

中华民国二十年二月十五日

(2)

铁岭县政府批第84号①

具呈人许田氏,为氏夫许振桐被押,家小待哺难以生活,恳请恩准保外,以便驱逐韩人李载中而维生命事由。

呈悉。已饬尔夫许振桐另取两家妥保,限半月内将所招韩人逐去。倘再逾限,即责由原保送案重究。仰即知照,此批。

县长俞荣庆

铁岭县政府印

中华民国二十年二月二十四日②

54. 吉田伊三郎致李顿函(1932年6月12日)

国联调查团日本代表团

第52号　　　　　　　　　　　　　　　　　1932年6月12日,北平

主席先生:

继我6月1日关于打虎山—巴音塔拉和吉林—海龙铁路③日中之间往来照会的信函后,谨随函附上上述照会原件的三份副本(日文和中文),供您参考。

主席先生,请接受我最崇高的敬意。

吉田伊三郎

日本顾问

国联调查团主席李顿勋爵阁下

---

① 编者按:法文译文误写为"第89号",现据中文原件改为"第84号"。

② 编者按:法文译文误写为"1931年2月23日",现据中文原件标为"2月24日"。

③ 编者按:该两铁路线分别指打通铁路和吉海铁路。

55. 中日交涉修筑吉海铁路之往来照会①(1926—1927 年)

（日文目录略）

（1）日本驻奉天总领事吉田茂致张作霖照会

（日文略）

（2）张作霖致蜂谷辉雄照会

政字第一号

照会

镇威上将军节制东三省军政督办东北边防屯垦督办奉天军务善后事宜公署为照复事。准贵总领事照会第七四八号内开："吉林官宪计划敷设吉林至海龙间之铁路，认为藐视条约之规定，希速为调查。如果属实，请转饬吉林官宪中止进行。"又准贵总领事照会第七八一号内开："此案调查结果，请迅见复。"各等因。查吉林省政府筹集官商资本，投入奉海路，请求为延长之敷设事，诚有之。奉海路敷设之初，承贵总领事转陈贵国政府声明承认，当经正式表示在案。查东省地面之开发，贵国政府及贵总领事素抱协助之心。此次奉海路延长即为开发地面之计，想贵国政府对此已经承认之，奉海路为开发地面而计划延长，必能乐于赞同。且奉海路之敷设无异为南满路添一支线，兹计划延长即无异为南满路营业上计划发展，贵国政府自应有以辅助提携之。相应照复，即希查照。此致大日本驻奉代理总领事蜂谷辉雄。

张作霖

中华民国十六年一月十八日

（3）吉田茂致张作霖照会

（日文略）

---

① 编者按：该部分文件与 S33 - 3 的内容相同，不同的是该部分文件为日文和中文，而 S33 - 3 内的文件为英文译文。除中文部分照录外，日文译文从略，日文内容请参见 S33 - 3 据英文所译之中文译文。

56. 中日交涉修筑打通铁路之往来照会①
（1926—1927 年）

（日文目录略）
      （1）吉田茂致张作霖照会
（日文略）
      （2）张作霖致吉田茂照会
政字第八号
照会

    镇威上将军节制东三省军政督办东北边防屯垦督办奉天军务善后事宜公署为照复事。准贵总领事第五九七号及六九五号照会，询及打虎山伯音太拉间之铁路敷设计划是否实行，请查照见复等因。查此项铁路现在并无计划敷设之事，如将来为开发奉省起见，经官府或人民提议兴修，事关内政，届时自当斟酌情形为之。贵国政府对于奉省地方事业，夙抱开发之意，贵总领事必能乐于赞助，似无干预之必要也。相应照复，即希查照为荷。此致大日本驻奉总领事吉田。

张作霖
中华民国十五年十月二十七日

      （3）吉田茂致张作霖照会
（日文略）
      （4）吉田茂致张作霖照会
（日文略）
      （5）吉田茂致张作霖照会
（日文略）

---

    ①　编者按：该部分文件与 S33-3 的内容相同，不同的是该部分文件为日文和中文，而 S33-3 内的文件为英文译文。除中文部分照录外，日文译文从略，日文内容请参见 S33-3 据英文所译之中文译文。

57. 盐崎观三致哈斯函（1932 年 6 月 11 日）

国联调查团日本代表团

1932 年 6 月 11 日，北平

秘书长先生：

随函附上日本驻汉口总领事馆收集的 5 组照片，供您参考，这些照片涉及中国人的排外运动以及他们使用的某些野蛮手段。

秘书长先生，请接受我最崇高的敬意。

盐崎观三

国联调查团秘书长罗伯特·哈斯先生

58. 盐崎观三致哈斯函（1932 年 6 月 9 日）

国联调查团日本代表团

1932 年 6 月 9 日，北平

秘书长先生：

关于 5 月 17 日吉田顾问致李顿勋爵的第 35 号信函，我谨通知阁下，在"'二十一条'之现状与有效性"的文件中，第 2 页第 21 行由于印刷错误而漏掉了几个字，第 2 页的内容应如下所示：

"（2）延长旅顺、大连及南满铁路、安奉铁路之租期。"

请将此事告知调查团成员，我将不胜感激。

秘书长先生，请接受我最崇高的敬意。

盐崎观三

国联调查团秘书长罗伯特·哈斯先生

59. 吉田伊三郎致李顿函(1932 年 5 月 17 日)

1932 年 5 月 17 日,哈尔滨

第 35 号

机密

主席先生:

　　谨随函附上"近十年(1922—1931)中国排外事件(日本除外)表"和"'二十一条'之现状与有效性"两份文件的法文文本十份,英文文本二十份。请把它们分送给国联调查团成员,我将不胜感激。

　　主席先生,请接受我最崇高的敬意。

签名:吉田伊三郎

日本顾问

国联调查团主席李顿勋爵阁下

60. 盐崎观三致哈斯函(1932 年 6 月 8 日)

国联调查团日本代表团

1932 年 6 月 8 日,北平

亲爱的秘书长先生:

　　据说,李顿勋爵曾向大阪商工会议所会长稻畑先生(M. Inahata)表示,希望下次访问日本时再与他进行会谈。

　　稻畑先生请我询问贵调查团打算再次向提出问题的概要。

　　如果您能让我尽快答复稻畑先生,以便他及时收集必要的信息,我将不胜感激。

　　秘书长先生,请接受我最崇高的敬意。

盐崎观三

国联调查团秘书长罗伯特·哈斯先生

北平

61. 盐崎观三致哈斯函(1932 年 6 月 8 日)

国联调查团日本代表团

1932 年 6 月 8 日,北平

亲爱的秘书长先生:

　　"满洲国"外交部请我转告您,若调查团经奉山铁路前往日本,希望您能提供随行人员名单及行程计划。

　　请您尽快安排并见复为荷,我将不胜感激。

　　亲爱的秘书长,请接受我最崇高的敬意。

盐崎观三

国联调查团秘书长罗伯特·哈斯先生
北平

62. 吉田伊三郎致李顿函(1932 年 6 月 7 日)

第 49 号　　　　　　　　　　　　　　　　　　1932 年 6 月 7 日,北平

主席先生:

　　奉关东军司令部之命,谨随函附上《关东军司令部致国联调查团之说明》六份,并请将其分发给调查团成员诸位先生。

　　主席先生,请接受我最崇高的敬意。

日本顾问

国联调查团主席李顿勋爵阁下

63. 关东军司令部致国联调查团之说明[①]
（1932 年 5 月 2 日）

关东军司令部致国联调查团之说明

大日本帝国陆军关东军司令部

1932 年 5 月 2 日，奉天[②]

第一部分

事变后奉天的特殊情况

奉天是满洲的政治大都市，夜间突发事变，城区到处激战，警察不见踪迹，市民惊恐万分。政府官员因私自领导反日运动而忧虑不安，非逃即躲，平民、军人和土匪四处逃散。整个城镇陷入无政府状态，在城市范围内毫无法律或任何秩序可言。

相反，在长春、吉林、哈尔滨、齐齐哈尔、安东等城市，领导人及其下属照旧负管理之责，警察也没有逃跑，而是努力维持城市的和平与秩序。总之，当其他城市的政府机关和警察机构一如既往时，奉天却突然陷入无政府和无法律约束的境地。

在这种情况下，我们被迫在奉天采取了与其他城市不同的措施。

第二部分

关于关东军在占领区实行戒严令和军事统治的流言

关东军从来没有在最近的事变中实行戒严令和军事统治。当然奉天除外，正如我们所说，这是因为奉天处于无政府和无法律约束状态，我们才监管并保护他们的电报、电话和银行，限制邮局发电报给张学良和他的军队，发布禁令禁止散发反日报纸和传单。

一开始，部分日本公民在奉天承担起了民政管理责任。但是后来他们意识到，受事变影响，他们很难协调和管理民政事务。于是，他们请求我们任命

---

　　①　编者按：该件是日本侵占中国东北的狡辩之词，对中国有诸多不实指控和诬蔑之语，请读者注意甄辨。

　　②　编者按：奉天为沈阳旧称，1929 年改称沈阳，九一八事变后日伪又改称"奉天"。为避免混乱，本文均按旧称译为奉天。

奉天特务机关长土肥原（Dohihara）大佐，他熟悉当地事务并在当地的日本人和中国人中建立了庞大的交际圈。于是，我们答应了他们的请求，任命土肥原大佐成为这些日本官员的领导，参与奉天多项政务的管理，以确保奉天正常运转。

在营口，建立军事统治的流言四散。俄日战争期间，日本军队在此建立军事统治，该事件历史闻名，自然导致在日军入驻后，营口民众口口相传"军事统治"这个词，甚至有人听到指挥官自己说了这句话。但是，希望你们注意，我们向指挥官严正声明，这绝不是军事统治。以上应该是导致错误报道的原因。

在其他城市，我们没有发现任何有待商榷的事情。

毕竟，我们的军队为了自卫确实被派驻在奉天的各个部门，但这不该被定义为"占领"。为了民众的福祉，我们确实让我们的国民参与民政事务管理，并在电报、电话和私人财产方面采取了一些必要措施，以防他们散播谣言。但是我们没有做任何支持军事统治的事情。我们从来没有以军事需要为滥用职权的借口，向民众敛财。从来没有征用任何东西，从来没有征用劳工，尤其是，我们从来没有对民众施加惩罚或加以歧视。

我们没有实施戒严令，没有为了将民政管理置于军事管理之下而采取任何措施中止全部或部分民政管理。

第三部分

城市管理机制

我们从未决定或计划推翻民政当局。如果有这样的想法，那一定是一种严重的误解。尽管为了保护日本侨民的生命和财产安全，我们行使自卫权力与中国军队发生了冲突，但我们始终坚持与所有城市现有的政府机构和民众保持友好关系的原则，除非他们主动采取敌对行动。此外，我们为了他们的生命和财产安全竭尽所能。

为了澄清事实，防止流言扩散，我们很有必要对情况做出解释。吉林和齐齐哈尔在这方面与奉天有所不同，我们会在稍后做出说明。奉天是中日军队作战的前线，奉天事变①之后，中国警察扛着他们的枪全体消失了。施暴者和逃兵的枪声在街上日夜可闻。惊恐万分的市民停止营业、闭门不出，无人敢上街。很多中国官员早已在事变发生之前就跟随张学良跑到北平和天津，留在

---

①　编者按：指九一八事变，又称为沈阳事变、满洲事变，日本一般称为"满洲事件"，后同，不再一一说明。

奉天的大多数官员在 9 月 18 日之后飞速逃往北平、天津和其他地方,而留在城里的其他官员也都躲藏起来。政府主要官员的逃跑自然导致了民政当局的崩溃。在这种情况下,没有什么比我们推翻它更符合事实了。民政当局以这种方式崩溃,而在这种混乱的情况下,也找不到躲藏起来的其他主要官员。为了民众的安全,行政服务一天也不应该暂停。因此,我们选择了一部分重要的日本人,他们长期生活在奉天,熟知奉天事务,他们参与城市管理仅为了提高民众幸福度以及领导中国底层官员。

在这些日本官员的领导下,奉天政府得以重建,市民摆脱焦虑、获得安全感,民众逐渐感到安稳。

同时,出于民众安全的考虑,关东军不遗余力协助市政府以期加速恢复平静,并向中国人派发粮食,安抚由于此次混乱而陷入困境的人们。

10 月 5 日,东三省官银号和边业银行恢复营业,进一步缓解了民众的焦虑。

就在那时,"地方维持委员会"认为自己的地位已经稳固,可以承担起执行其职能的责任了。因此,10 月 20 日城市管理权全权委托给了它,而原本被指派参与民政管理的日本官员于同一天全部退出。

综上所述,我们可以很清楚地了解:任命几名主要的日本人直接参与城市管理只是一个暂时的安排,从 9 月 20 日至 10 月 20 日,历时一月,是在当时情况下唯一符合民众利益的可行性方案。在吉林和齐齐哈尔等行政管理机构尚存的地方,我们没有任何的介入。因此,他们都维持原状。

第四部分
关于"建立新政权"的流言

关东军司令部于 1931 年 10 月 4 日发布公告称:"在各地发起运动、建立新政权",但这并不是字面意思所表达的要建立一个独立国家,也不意味着要在大范围内建立新政权以统治整个满洲。这只是表明,随着张学良中央政府的倒台,各地有影响力人物决定组建地方政府并宣布他们的"独立"。

几千年来,中央政府倒台之后,由各地有影响力人物建立"新政权"并宣布"独立"是中国传统。日军在奉天事变中驱逐张学良军队,中央政府几乎解体,根据历史传统,从九月底到十月初,东三省各地有影响力人物相继宣布"独立"。其中,吉林的熙洽(His Hsia)、哈尔滨的张景惠、洮南的张海鹏,以及通辽附近的蒙古人是主要人物,而"奉天治安维持委员会"和恭亲王(Prince

Kung)领导下的那群人也有类似的打算。但是，尽管发布在同一个公告中，我们一度不承认后者发起的"独立运动"，因为我们认为他们在日军驻扎之地开展的政治"独立运动"一盘散沙，这对于以维护公共和平为目标的日军来说是不可取的。

第五部分
关于"地方治安维持委员会"以及它与其他管理部门的关系

"地方治安维持委员会"由当地叫赵欣伯（Chao-Chin-po）、于冲汉（Yui-Chang-hun）、袁金铠（Yuang-Chin-kai）等"德高望重"之人于 9 月 26 日建立，他们与张学良政府毫无关联，志在维护当地和平与秩序。

根据中国传统习惯，由于国内动乱等原因导致政府机构消亡后，为了维持和平稳定秩序，当地有影响力人物通常组织地方维持委员会。

1931 年 9 月 18 日事变之后，除了奉天，其他地方行政机构照常运行，不需要组建类似上文提到的委员会。但是我们也知道，有人在吉林、哈尔滨、洮南、通辽和安东等地建立了类似委员会。这种委员会与所谓的"地方治安维持委员会"完全不同，事实上他们只是前管理机构或军事当局中人，他们想表达对张学良政权的不满，并在奉天中央政府消亡之后宣布"独立"。我们听说在齐齐哈尔和其他地方有以相似的名义设立的一些机构，但这是因为他们在动荡不安的情况下，不敢将真实意图示人，因此他们暂时采用了与我们相同的称谓。在任何时候，这些委员会的意义与奉天的委员会完全不同。

"地方治安维持委员会"

臧式毅就任"奉天省政府主席"后，该委员会于 1931 年 12 月 15 日解散。如前所述，为了维持日军驻地的公共秩序，我们一度禁止了政治运动，但是该委员会活动的目的是维护公共安全，对此我们既不支持也不反对，仅本着友好精神相待。

省政府和一般自治组织

在"满洲国"建立之前，日军没有特意给任何省政府或自治组织提供协助。

但是，鉴于当时民众的焦虑并没有完全被消除，（甚至连官员们似乎也被在北平的张学良等人的一些阴谋活动所吓倒，其阴谋活动包括便衣、义勇军的活动，以及特务或书信恐吓等。）日本军队入驻省政府和主要自治机关，实际上起到了保护他们的作用，从而使其能够安全地管理自己的事务。因此，在这一方面，可以说我们间接协助他们处理政务，但绝不能说我们在实质上干扰或参与了他们的政务。

日本顾问是由省政府和自治机构通过私人关系聘请的。因此,其权力必然是由该政府和组织所赋予的。然而,关于这一点,我们不是很了解。

第六部分
奉天关于公共机关、银行和私人财产的措施

我们承认,所有这些机构都与人民的利益息息相关,但我们从来没有把任何机构置于我们的管理之下。在事变发生前,这些东西一直处在中国行政机关或者自治机关的管理之下,而机构的业务是由官方任命的官员来执行。然而,九一八事变之后,为了维护民众福利、维持公共秩序以及我们的自卫,部分机构被临时置于我们的监管或保护之下,直到垮台的中国行政机构重组,相关部门任命了各自的主管机构——这些机构中有几个仍处于我们的监管或保护之下。

随着奉天公共和平的恢复,以及这些行政机构和自治组织的重组,不需要我们保护或监管的机构很快就陆续被解除。下文将分别对它们作一些解释。

(1)电报和电话。

事变发生前,这些都是由交通委员会管辖下的电政管理局管理,但事变发生后,由于操作人员的逃跑以及部分有线和无线的机器设备被破坏,我们临时派遣了一部分部队进驻电政管理局,以防不法分子进一步破坏。

(2)电力。

由于电力对维持秩序和民生便利的重要性,我们从一开始就非常关心这件事,碍于只剩下底层操作员,我们于1932年9月19日临时派出一小队人去保护发电厂和操作员。不久之后,我们又特别派遣了一些日本专家来指导他们。正是因为采取了这些措施,没有一个晚上停过电。10月22日,该厂移交给了中国的市政公署。

(3)燃气。

中国没有煤气厂。

(4)水厂。

中国没有公共供水系统。

(5)铁路。

在需要运送部队的情况下,我们有时候会看守铁路,但我们与诸如控制或管理铁路之类的事情无关。

沈海铁路在某些方面不同于其他铁路。九一八事变对它造成了直接影

响。铁路雇员的出逃导致铁路停止运营。当时奉天正遭受商品短缺之苦，为了保护民众利益、维护公共和平，满足供货是极其必要的，我们希望迅速恢复交通设施。

因此，为了弥补操作人员的不足，我们在这条铁路和南满铁路之间进行了友好的斡旋。但我们从未干涉它的复工或后续管理。

（6）银行。

毫无疑问，作为自卫手段，那时正采取实际军事行动反对张学良政权的关东军，有必要阻止前东北政府及其军阀的官私财产流入北平等地。因此，在事变发生后（1931 年 9 月 23 日和 24 日），我们征得留在银行的有关人员的同意，当着他们的面，立即检查了与官方财产和军阀私产有关的账簿和现金。（银行和普通民众一样，自发地关了门，暂停营业。日军从未强迫他们这么做）。从那时起，所有的官方财产和军阀的私产都原封未动地存放在银行里，以防被人偷运走。

然而，银行的其他财产，并没有受到任何干扰。

在奉天我们没有采取任何有关私人财产的措施，例如禁止提取银行存款。尽管与我们没有直接关系，但我们听说东三省官银号和边业银行担心在 10 月恢复营业时，可能会面临破产的风险，因此他们有段时间对私人客户的提款有一些限制，这两家银行作为东三省的中央银行，被赋予了发钞和兑换的特权，在张学良政权垮台后的混乱中，他们面临着恢复营业后破产的巨大危险。为了 3 000 万民众的财产安全，为了银行的生存，他们限制提款的措施是不可避免的，应当被理解。

关于我们干预银行的指控，我们推测可能是由于银行自己采取的自卫措施被错误地报道了。

关于张学良和前官员的财产，我们已经做了一些说明，但还要再补充几点。张学良私宅里的生活用品，都是以日本关东军总司令本庄（Honjo）将军的名义送到北平张学良手里的。至于其他前官员的私人财产，据说有不少是被官员们自己拿走了，或者他们的仆人在主人逃跑后拿走了，又或者是被暴徒、逃兵趁事变当晚及其后一两天的混乱抢走了。在此期间，日军除了作战之外，几乎不可能用于任何其他目的。后来，出于自卫和维持公共秩序的需要，在我们力量允许范围内，我们军队的保护范围扩大到我们认为必须保护的房屋。一些属于前军官的房屋出于必要仍被用于军事目的。

64. 吉田伊三郎致李顿函（1932 年 6 月 6 日）

副本

第 48 号   1932 年 6 月 6 日，北平

主席先生：

　　谨随函附上日本外务大臣斋藤（Saito）子爵在国会的讲话稿三份，供您参考，并请您将其分发给调查团诸位先生。

　　主席先生，请接受我最崇高的敬意。

日本顾问

　　国联调查团主席李顿勋爵阁下

65. 斋藤实在日本国会的讲话稿（1932 年 6 月 3 日）

1932 年 6 月 3 日

　　以下是外务大臣斋藤在第 62 届帝国议会上的讲话全文。

　　借此机会，我有幸回顾一下我国对外关系的最新发展。中日停战协定于 5 月 5 日缔结后，上海地区迅速恢复了和平，我们都感到欣慰。可以说，在达成这项协议的谈判过程中，我们遇到了不少困难，而英国驻华公使和其他友好国家的驻华代表在现场的认真工作付出，以及我们公平正直的态度，在很大程度上促成了最终的圆满结果。借此机会，我向在上海地区作战、为祖国做出卓越贡献的我们的陆海军官兵表示衷心的感谢。我还想对 4 月 29 日爆炸事件的遇难者表示深切的哀悼，特别是对远征军总司令白川将军（Shirakawa）的罹难感到无限悲痛。

　　根据协议，中国军队与上海保持一定距离，并且在力所能及的范围内停止在上海及其周边地区的一切敌对行动。如果中国军队不履行协议，英国、美国、法国和意大利四大国的代表将查明情况。只要遵守这些协议条款，至少就目前而言，中国士兵在上海地区制造任何新的骚乱的可能性很小。

　　在这种情况下，我们决定将我们的全部军队召唤回家，正如陆军大臣于 5

月 11 日声明中所述，协定的履行以及友好国家所采取的行动将会确保上海的永久和平。我相信，我们军队的全部撤出将证明我们政府一再声明的真实性，即我们最近的远征没有任何政治意图。然而，到目前为止，双方只就结束中日两国军队之间的敌对状态达成了协议。上海地区尚未采取任何措施来建立永久和平。如果要保持这个由在沪中外人士几十年的和平劳动建立起来的国际大都市的繁荣，就绝对有必要采取进一步措施保证他们安居乐业。的确，如果这座城市能够摆脱过去屡次发生的各种零星骚乱的威胁，这不仅对中外居民，而且对中国以及对中国感兴趣的国家都是一个福音。因此，我非常热切的期待日本政府所希望的圆桌会议早日开幕并取得圆满成功，2 月 29 日中国同意的国联理事会决议也考虑到了这一点。

在"满洲"，我们注意到"新国家"正以新的热情和坚定的意志稳步前进。我深知，我们人民对"满洲"的前途有着极大的兴趣；我相信，在满洲事变引起的国际关系调整中不可能再忽视这个国家的存在。我相信，"新国家"的健康发展，对于远东的安宁，对于"满洲"和平与繁荣的恢复，都是至关重要的。只是新政府还没有达到能够掌握足够资源恢复秩序的阶段，而外界的军匪和其他不法分子挑起的活动则极难镇压。因此，我们在"满洲"的军队不得不将必要的合作扩大到"新政府"的保护职能上，并防范任何可能危及我国同胞生命和财产安全或导致大规模骚乱的事件。我们深切感谢在"满洲"的军队和警察部队，他们不分昼夜、冒着生命危险为我们提供服务。从其他国家的历史中也能很容易的找到先例，"满洲"发生的政治变革，即便是没有外来势力的挑动参与，也必然伴随着不满分子和不法分子的活动，在这种情况下，"新国家"的政府机构需要一段时间才能完全正常运转。对于满洲事态的发展，我坚决反对任何急躁的态度。我们必须给它时间，并致力于切实解决我们面临的问题。

在目前的事件中，日军有必要在北满打击兵匪，以保护那里的日本居民。我们一贯尊重苏联在该地区的合法权益，小心翼翼地不去侵犯或伤害到他们，我们军队的行为可以清楚地证明这一点。而且，日本政府一再向苏联政府保证，我们北上的真正动机并没有超出对日本人生命财产的保护。我确信莫斯科政府完全理解我们的立场。但是，也有人说，满洲事变以后，日本和苏联之间有发生战争的危险。我相信我可以呼吁我们人民的良好判断力和洞察力，不要被这些谣言误导。

众所周知,国联一直密切关注着上海事态的发展。在停战谈判暂时陷入僵局的过程中,中国将此事提交给国联,这使情况更加复杂。不过,随着谈判的顺利进行,国联决定依靠现场事态的进展来渡过危机。4月30日,国联大会召开特别会议,会议通过了要求尽快解决上海谈判的决议,并结束相关事宜。日本政府此前曾抗议将盟约第十五条适用于中日争端,所以在阐述自己的立场后,对该决议投了弃权票。

至于在现场进行调查的国联调查团,我们正力所能及地为其提供一切便利,以帮助其成员完成任务。我衷心希望各位议员对中国和"满洲国"的实际情况形成正确公正的认识。

现在,除了中日关系之外,我们对外关系中的突出问题是国际政治经济的调整。自今年2月以来召开的裁军会议主要涉及这个问题。这是有史以来召开的第一次涉及陆、海、空三军的全面裁军问题的大型会议,预计其讨论将持续一段时间。日本政府打算根据其既定政策坚持自己的观点,我们真诚希望会议能取得有利于世界经济与和平的预期结果。

最后,关于我们与其他国家的经济关系,不可否认的是,由于每个国家过去都采取了各种措施来保护自己的产业,所有国际贸易都遇到了严重障碍。日本政府不遗余力地在尽可能大的程度上消除我国对外贸易的壁垒。我高兴的是,在今年内,我们分别与葡萄牙和法属印度支那缔结了贸易公约和关税协定。这两项公约对促进国际团结和友谊都有重大意义。当今世界弊病丛生,其中经济萧条最为严重。

日本正在同其他大国一起经受磨难,并且面临许多亟待国际社会解决的问题。我们未来的对外关系充满着严峻的挑战,现在比以往任何时候都更需要国家的团结。在处理这一困难局面时,请大家支持和帮助我,我将尽我所能去解决这个难题。

66. 吉田伊三郎致李顿函（1932 年 6 月 1 日）

国联调查团日本代表团

第 47 号　　　　　　　　　　　　　　　　1932 年 6 月 1 日,沈阳

主席先生:

　　1932 年 2 月 15 日,中国实业部注册并公布了两个具有明显反日特征的商标,一个是"抗日牌",另一个是"九一八牌"。针对这一可能引发反日宣传且明显违反国际惯例的措施,我国驻华公使重光先生(Shigemitsu)于 4 月 28 日向中国外交部部长罗文干先生(Lo Wen-han)提出了抗议。

　　谨将该抗议的译文及《实业公报》刊登的上述两个反日商标的照片寄给您。

　　主席先生,请接受我最崇高的敬意。

吉田伊三郎
日本顾问

国联调查团主席李顿勋爵阁下

67. 重光葵致罗文干函（1932 年 4 月 28 日）

副本

　　　　　　　　　　　　　　　　　　　　1932 年 4 月 28 日

部长先生:

　　谨照会阁下,贵国实业部已批准注册了以下商标,并于 1932 年 2 月 15 日第 60 号公报上公布:

　　1. 上海南京路虹庙后首 49 号瑞荣厂汪克勤拥有的"抗日牌"白金袖珍烟。

　　2. 上海贵州路 141 号中国物产贸易股份有限公司李维城拥有的"九一八牌"毛巾。

　　"抗日"和"九一八"这些商标,无疑是在中国民众中间进行反日宣传,注

册如此命名的商标,证明主管部门本身也在从事反日行动。这在激发中国民众反日情绪的同时,也危及了我们两国之间现有的友好关系。我相信,您和我一样清楚,不注册造成公共秩序混乱的商标是国际法的一般规则,这也是中华民国十九年五月六日颁布的《中华民国商标法》第二条第四款的规定。

尽管有这些明文规定,但中国当局还是接受了上述可能引发反日宣传的登记,显然这是违反了国际惯例,而且就国家法律的规定而言,亦是违法行为。

此外,根据条约的规定,日本国民可以完全自由地在贵国从事各种工业、商业或其他事业。因此,中国当局所采取的违反条约的措施更加不可接受,因为贵国政府已经多次向我们声明,它没有以任何方式参与反日运动。

在提请您注意上述情况时,我有责任提请贵国政府注意这一问题,并敦促尽快有效地采取必要措施。如果您能就这一问题给我一个答复,鄙人将不胜感激。

部长先生,请接受我最崇高的敬意。

签名:重光葵

日本驻华公使

外交部部长罗文干阁下

68. 审定商标两项

(1)

审定商标第一一三〇一号

(图略)

呈文:第八三六〇号二十年十一月二十六日到局,第八六八三号二十年十二月十六日到局。

商标名称:九一八牌

专用商品:第卅一项,毛巾类,毛巾。

国籍：中华民国

呈请人：中国物产贸易股份有限公司李维城，上海贵州路一四一号。

（2）

审定商标第一一三五二号

（图略）

呈文：第八九六二号廿一年一月一日到局

商标名称：抗日鸡心及图

专用商品：第七项，打压物类，白金怀炉。

国籍：中华民国

呈请人：瑞荣厂汪克勤，上海南京路虹庙后首四十九号。

代理人：李庆成会计师，上海西藏路平乐里九十一号。

69. 日本顾问秘书处致李顿调查团函（1932 年 6 月 3 日）

国联调查团日本代表团

　　日本顾问秘书处谨代表国际联盟日本协会向国联调查团转递《日本国际拾遗补编》第 13、14 号各 10 份，并请将其分发给调查团成员。

　　秘书处补充说，该小册子的第 1—12 号已在调查团成员逗留东京期间通过外务省提供给他们了。

1932 年 6 月 3 日，沈阳

70. 吉田伊三郎致李顿函（1932 年 6 月 3 日）

国联调查团日本代表团

第 45 号　　　　　　　　　　　　　　　　1932 年 6 月 3 日，沈阳

主席先生：

　　谨随函附上"中国排外"文件的法文本十份和英文本二十份，供您参考，并请您将其分发给调查团成员。

主席先生,请接受我最崇高的敬意。

吉田伊三郎

日本顾问

国联调查团主席李顿勋爵阁下

71. 吉田伊三郎致李顿函(1932 年 6 月 3 日)

国联调查团日本代表团

第 46 号　　　　　　　　　　　　　　　　1932 年 6 月 3 日,沈阳

主席先生:

　　应日本驻长春领事田代先生①(Tashiro)的要求,谨将迄今为止在满洲流通的各类货币(金属硬币、官帖、银票)寄给您,以供参考。在所附的说明中,您会看到这些货币的数量、流通区域,以及发行机构、汇率等。

　　主席先生,请接受我最崇高的敬意。

吉田伊三郎

日本顾问

国联调查团主席李顿勋爵阁下

---

① 编者按:即田代重德。

72. 东北地区流通的货币

货币名称	发行银行与发行年份	预计发行量	预计流通量	汇率(兑100银元)	货币面额	流通地区
(1) 银元纸币	东三省官银号,交通银行,中国银行,省银行(边业银行)和联合准备库(1929年5月由4家银行组成)	50 000 000 元	43 000 000 元	平价	1元,5元,10元	奉天省及其邻省
(2) 吉林官帖	吉林银元局,1898年	10 165 000 000 吊	6 000 000 000 吊	500 吊	1吊,2吊,3吊、5吊,10吊、50吊,100吊	吉林省
(3) 吉林永衡大洋票(大元)(也叫吉林永衡纸币)	吉林省银行(吉林永衡官银号),1918年	11 300 000 元	7 000 000 元	1.35元	1元,5元,10元	同上
(4) 黑龙江官帖	广信公司(半官方公司),1904年	10 730 000 000 吊	10 000 000 000 吊	1 800 吊	1吊,2吊,3吊、5吊,10吊、100吊	黑龙江省
(5) 哈尔滨大洋票	东三省官银号,省银号,银行,吉林官银号,永衡官银号,黑龙江官银行、中国银行和交通银行,1919年10月。	55 000 000 元	50 000 000 元	1.35元	1元,5元,10元	哈尔滨,中东铁路区和黑龙江省,吉林省
(6) 横滨正金银行银票	横滨正金银行,1902年					
(7) 大银元硬币	墨西哥元,北洋元,吉林大洋元,港元,大洋元,日本银元					
(8) 日本金票	朝鲜银行,1917年					

73. 日本顾问秘书处致李顿调查团函
（1932 年 6 月 3 日）

国联调查团日本代表团

　　日本顾问秘书处谨此向国联调查团转交五份关于满洲最近动乱的系列照片，并请将其分发给调查团成员，以用于任何有用的目的。

1932 年 6 月 3 日，沈阳

74. 李顿致吉田伊三郎函[1]（1932 年 6 月 1 日）

调查团

1932 年 6 月 1 日，沈阳

亲爱的吉田先生：

　　5 月 28 日来信收悉。

　　我相信您会赞同，如果我们的报告要充分公正地反映日本的情况，我们就必须从历史的角度来描述过去九个月发生的事件，并解释导致采取行动的一连串事件。我们的大部分报告将是历史性的，因此在编写报告时，我们必须能够随时查阅各自公使馆的档案，只有在这些档案中才能找到必要的资料。为了便于查阅其档案需要靠近公使馆，而且我们的机密文件也存放在那里，这必然限制了我们的选择范围。

　　我们还没有去过北戴河，因此我们不能断定我们能否接受那里的条件，但正如我告诉你的，我们打算在这周的返程中考察此地。

　　请允许我再次向您保证，我们青睐北戴河的唯一原因，是因为它是我们能与公使馆保持密切联系的唯一避暑胜地。但是，既然你强烈反对在那里居住，我们可以尽量满足你的愿望，把北平当作我们名义上的总部，在那里住上一段时间，如果天气热得受不了，我们就在适当的时候离开。正如我之前所说，我

---

　　① 编者按：原件未署名，但据内容看，应为李顿。

在北平的时候将考察青岛，看看那里的住宿和其他条件。

我希望您能向贵国政府转达促使我们最后作出决定的理由。我相信，他们不难理解这些考虑对我们工作效率的重要性。

此致

吉田伊三郎阁下

沈阳大和旅馆

S33 – 2

1. 吉田伊三郎致李顿函(1932 年 4 月 11 日)

国联调查团日本代表团

第 9 号   1932 年 4 月 11 日,北平

尊敬的主席先生:

关于我 3 月 23 日的信和昨天寄给您的备忘录,谨再次随函寄给您一些有关青岛和星浦(Hoshigaura)酒店的文件。

主席先生,请接受我最崇高的敬意。

签名:吉田伊三郎

日本顾问

国联调查团主席李顿勋爵

2. 吉田伊三郎致李顿函(1932 年 4 月 11 日)

国联调查团日本代表团

第 10 号   1932 年 4 月 11 日,北平

尊敬的主席先生:

关于您 4 日与日本驻汉口总领事坂根(Sakane)先生的会晤,谨随函附上六张印有反日口号的纸币,以及这些口号的翻译。

主席先生,请接受我最崇高的敬意。

吉田伊三郎

日本顾问

国联调查团主席李顿勋爵

3. 纸币上的反日口号①

1. 用此票买日货，非人类是冷血。

2. 誓死救国，不买日货。

3. 购买日货绝子灭孙。

4. 凭良心，此票勿买日货。

5. 此票买日本货者，男盗女娼，爹死娘嫁。

6. 与此票买日货者如有杀父之仇。

4. 关于青岛住宿的基本信息（1932 年 4 月 6 日）

1932 年 4 月 6 日，中国青岛

致汉口国联调查团：

关于青岛酒店业的翘楚青岛大饭店（Grand Hotels）、海滨旅馆（Strand Hotel）和海滨旅馆别墅（Strand Hotel villas）（均由青岛大饭店有限公司运营）的详情如下。

青岛大饭店主楼（如所附客房平面图"A"所示）

酒店配有最好的现代化设施，前排房间都直面海湾，每个房间都配有私人浴室和阳台，供应冷热水。同样，后排房间也配有私人浴室。

青岛大饭店东楼（如所附客房平面图"B"所示）

所有房间都配有私人浴室和阳台（没有热水供应）。前排房间面向大海。

青岛大饭店西楼（如所附客房平面图"C"所示）

无独立卫浴，每层十房三卫，前排房间面海，有门廊。

海滨旅馆（如所附客房平面图"D"所示）

最好的夏季度假酒店，坐落于凉爽安静的环境中，距海水浴场仅数步之遥，每个房间都配有私人浴室和阳台并且都有冷热水供应。每个晚上都会有

---

① 　编者按：原档案有纸币中文原件与翻译件两种，除第 6 条外，其他均据中文录入。

管弦乐队表演以供娱乐。

海滨旅馆别墅（如所附平面图"E"所示）

别墅坐落于森林中，在海滨旅馆后面与其隔着一条大道，非常安静和舒适。每栋别墅都有一间双人房、一间单人房、一间佣人房、浴室和阳台；家具齐全，并配有门童和佣人。饮食由海滨旅馆提供。

附注：

A）没有欧洲人计划在此度过整个夏季。

B）应尽早定好酒店和房间，最迟不晚于5月底，酒店最好是定海滨旅馆、海滨旅馆别墅和青岛大饭店的主楼。

C）根据规定，在预订和确认房间时需要支付押金。

关于青岛的私人住宅

从现在开始，青岛的各个地区有相当多的私人住宅在夏季出租，但绝大部分是被预定了整个夏季并且不配有家具。

租客必须自行购买家具和雇佣佣人。使用水电时，必须要向分别负责水电的公司交付订金。

上述房屋的租金根据房间的大小和周围环境而定，整个夏季至少需要700美元。

附件：

客房平面图	5份
酒店价目表	1份
青岛大饭店侧面照片	1张
海滨旅馆照片	1张
青岛大饭店餐厅照片	1张
青岛大饭店卧室照片	1张
海滨旅馆别墅照片	3张

华北青岛大饭店有限责任公司经理①

---

① 编者按：手写签名，辨识不清，疑是大岛甚三。

5. 吉田伊三郎致李顿函(1932 年 4 月 12 日)

副本

第 12 号　　　　　　　　　　　　　　　1932 年 4 月 12 号,北平

尊敬的主席先生:

　　关于您 4 日与我国驻汉口总领事坂根先生的谈话,我冒昧地寄给您四份总领事在谈话中已向您介绍的"关于中国在汉口的某些'非法行为'的备忘录"的副本。如果您能把它们转交给调查团成员,我将不胜感激。

　　主席先生,请接受我最崇高的敬意。

签名:吉田伊三郎
日本顾问

国联调查团主席李顿勋爵

6. 关于中国在汉口的某些"非法行为"的备忘录①
(1932 年)

索引

页码②

---

① 编者按:该文件是日本对中国的不实指控,其中不乏诬蔑之词,请读者注意甄辨。

② 编者按:指原文件的页码。

中国政府的革命纲领及以抵制为武器

每当国民政府面对要解决国际问题时,他们都会利用其革命纲领作为一种手段,煽动与其他国家断绝经济关系,从而试图通过武力手段获得他们想要的东西。如果达不到目标,他们就会通过威胁、对个人报复,从而迫使公众采取同样的行动。当一件无关紧要的国际事件发生时,党①的领导人通常会抓住机会发起类似的运动,结果是给其他国家的国民带来相当大的痛苦和损失。革命前,在华的外国人几乎没有理由感到不安,但现在由于抵制运动的威胁,即使是在由外国当局控制的租界地区,他们也不免焦虑。在武汉地区,已经组织了八次规模较大的抵制运动。

第一次,1915 年所谓"二十一条"。

第二次,1919 年所谓山东问题。

第三次,1923 年收回旅顺大连问题。

第四次,1925 年五卅事件。

第五次,1927 年 4 月 3 日汉口事件。

第六次,1928 年济南事件。

第七次,1929 年人力车夫事件。②

第八次,1931 年满洲事件③。

满洲事件发生时,国民政府当局企图阻遏日本政府针对满洲"土匪"④威胁而公开采取的所有"合法"行动,但国民党中央党部却向全国 50 万个地方党部发出秘密指令,命令他们采取行动以推动"非法"抵制活动。在采取这一行动时,他们没有告知 5 亿中国人民所遭受的损失,也没有得到合乎已颁布的刑法或临时约法的承认,但却被定义为爱国运动,以粉饰其外表。

学生运动

自满洲问题在全国激起反日情绪以来,各地学生之间的各种运动发展得非常激烈,并开始扰乱社会治安和国家安宁,这是国民政府打着爱国主义的旗

---

① 编者按:指中国国民党,下同。

② 编者按:指人力车夫水杏林案。

③ 编者按:指九一八事变,下同。

④ 编者按:日本人口中的"土匪""暴徒"等并不一定指真正意义上的"土匪""暴徒",有时也是对抗日爱国民众、共产党人等的蔑称,请读者注意甄辨。

号对外国采取不可容忍的行动的必然结果。由于学校和地方当局都忽视了学生运动的发展,认为这只是爱国义愤的可悲表现,其结果是他们最终无法应对由学生运动直接引起的"暴行"。与此相似的行为就是中国政府将抵制日本这一运动看成是一种爱国行为,结果他们发现,他们没有能力镇压这种侵犯个人权利、扰乱和平与良好秩序、扼杀商业和经济利益、增加失业人数的运动。

政府未能坚决地作出决定,以惩罚殴伤外交部长并迫使其辞职的肇事者。此外,上海市市长、上海市公安局局长等一些政府高官也发现,由于政府仍然无法依法处置肇事者,他们的职位也难以为继。从上海和其他城市涌入南京的学生,依靠他们的人数优势,占据了火车站和火车车厢,干扰了铁路的运行,并伤害了拒绝他们自由通行的车站站长,学生的这些行为严重威胁到了蒋介石政府,加速了他们的辞职。官员在这种恐吓下无法执行公务,因此不得不寻求权宜之计,请求学校校长和资深商人安抚学生,从而通过扭转局面改变整个事件所处的阶段。

在满洲事变后不久,武汉就发生了一起由军校学生发动的游行示威运动。在共产主义分子的煽动下,他们准备武装进攻日本租界,但武汉警备司令夏斗寅(Hsia Tau-yin)将军获悉了此事,他派遣军队包围了武昌的军校,解除了学生武装。此后,武汉警备司令部以镇压共产主义活动为借口,限制了城市中的示威游行和集会。学生们虽然组成了一个 150 人的代表团,并且这个代表团还去了南京并试图迫使政府向日本宣战,但令人高兴的是,这样的事件已经很少发生且显得无足轻重了。

"强制"收回汉口英租界

革命军北伐胜利后,广州国民政府迁到了这里。为了庆祝这一成功,政府委员们下令从 1927 年 1 月 1 日开始举行为期三天的庆祝活动。这一天,武昌举行了盛大的阅兵仪式,包括军政要员和各组织代表在内的 1 万多人参加了阅兵仪式。同时,武昌、汉口和汉阳召开了群众大会,随后人们发表了支持反英国和反基督教运动的激进演说。

为了吸引更多的人进入武汉参加庆祝活动,政府制定了内地农民免费乘坐火车的政策,这样武汉就出现了大批拥挤的人群。3 日清晨,作为鼓动的结果,英国租界被密集的人群所包围,而在人群中间工作的宣传团体的高谈阔论进一步搅动了人们的情绪。英国当局根据 1925 年 6 月 11 日事件后与中国当局达成的协议行事,占据第二道防线,把"暴民"挡在了防线外。根据该协议,英国不会占有边界道路,而是将其留给中国当局,中国当局则要承担在情势危急时驱散聚集人群的责任。

随着时间的推移,"暴民"的态度越来越咄咄逼人。据守防御点的英国海军陆战队受到了投掷石块和人身攻击,但在上级的严格命令下,他们没有开枪还击。尽管英国一再要求,但直到晚上7时,中国当局才试图履行协议,把"暴民"从边界道路上清除。然后,卫戍司令部专员带着一队士兵来到外滩现场,在他们没有采取任何行动的情况下,"暴徒"就消失了。卫戍司令部专员立即与英国海军当局对接租界的防务,并借口看到英国海军陆战队只会激怒苦力,而要求英国海军分队撤回到他们的舰上。

然而,在英国海军同意之前,卫戍司令部专员明确保证租界的不可侵犯性,直到中国军队和英国当局举行会议,安排合作行动以保护该地区。此次会议定于4日即周二上午9时举行,双方就具体事宜达成一致后,中国军队留在海关大楼前面执勤。

就在会谈进行的时候,原先在外滩的"暴民"转到了租界后面,并以提灯游行为借口穿过英军队伍,密密麻麻地聚集到了阜昌街(the Faucheong Road)。英国义勇队试图阻止他们深入租界中心,但很快他们就面临着一种选择,即要么被大批群众逼退,要么被迫开火。卫戍司令部专员赶到现场,站在"暴民"和防线之间,试图迫使中国人后退,这才挽救了局势。然而他恳求群众后退却无济于事,因为群众非常拥集,以至于根本不可能沿原路返回。之后,卫戍司令部专员保证,"暴民"会返回中国辖区,而不试图闯入租界,因此义勇队退回到湖南—阜昌街拐角处,并允许提灯游行按原路返回太平街和本市辖区。

在卫戍司令部专员保证不让人群进入租界的情况下,英国防卫部队后来从他们的路障中撤出。然而,4日凌晨1点,中国士兵都从租界边界沿线的哨所撤离了,到同一天早上6点,由于没有向英国当局透露调换队列的消息,租界遭到了一群大喊大叫的"暴民"的入侵。他们破坏了防御工事,驱赶了警察,玷污了纪念碑,甚至把英国国旗从领事馆的桅杆上扯了下来。英国义勇队占领了他们的总部,但他们不允许像海军一样行动,因为任何行动都意味着开火。晚上10点,英国义勇队在中方的护卫下前往外滩,他们的武器被交还给了海军。中国政府随即宣布,已从英国人手中收回了租界。到了周三,尽管英国方面没有透露出任何表明将租界归还中国的意思,但工部局大楼上的英国国旗已经在"暴民"的怒吼声中被扯了下来,取而代之的是中国国旗。同日,所有英国妇女和儿童被疏散。随后在 2 月中旬，谈判达成了"陈—欧马利协定"（the Chen-O'Malley Agreement）。据此协定，租界被收回。

中央政府当局是否与强行收回英国租界的"阴谋"有关，或地方军事当局在多大程度上受到了上级的指示，均不得而知。但是不久之后，蒋介石将军访问了武汉，他发表的以下讲话应该能给读者一些启示。1 月 12 日，蒋介石将军应邀参加了在武昌举行的群众大会。在这次大会上他向那些参加强行收回英国租界的群众表示祝贺，最后他说，在他看来，打倒帝国主义似乎并不难，他要求民众秉持同样的精神，从而为全国其他地区的人民树立良好的榜样。第二天，他又在汉口举行的群众大会上发表了类似的讲话。在这次大会上，他说他很高兴地得知，尽管群众在此次事件中遭受了伤亡，但他们依旧勇敢无畏并为胜利而坚决战斗。他还说，为了打倒帝国主义和资本家，商人应该同富农、贫农和工人联合起来。

针对汉口日租界的"阴谋"

当广东政府为了确保北伐的成功，争取群众支持时，他们向无产阶级提供了自由，以达到革命的目的。其结果是，这些"暴徒"如此肆意妄为，以致武汉中央政府失去了控制"暴民"违法活动的能力，居住在武汉的所有外国居民都在这种充满威胁的情况下经历了前所未有的焦虑。外国居民们还对他们的前途感到最深切的担忧，因为党领导人在俄国政府和第三国际成员的煽动下变得既不理智又无法接受。他们同"臭名昭著"的鲍罗廷（Borodin）和加仑（Galen）一道，提出了他们公开宣称的政策即对外打倒帝国主义，对内打倒资本家、劣绅和军阀。他们图谋在下层阶级中种下排外情绪和敌视富人阶级的的种子。因此，只要有机会，他们就会实施他们的计划，甚至连小孩子都蔑视外国人，对其采取不友好的态度。情况越来越糟，激进分子和共产主义分子利用这一趋势，煽动劳工和学生于 1927 年 1 月强行接管了英国租界。这极大地鼓舞了排外运动。

此时，无法无天的"暴徒"变得如此猖獗，以至于政府当局再也无法掌控其活动了，甚至出现了工人拒绝重新树立工会权威这样的现象。在这种情况下，武汉市区的状况是极度混乱的。中国外籍佣人工会（The Chinese association of servants employed by foreigners）组织了纠察队，向雇主提出了无理要求。他们如此迫切地要求雇主接受他们所提出的条款，以致当雇主拒绝承认哪怕是一小部分时，他们就会直接采取行动，因此有无数次日本居民被非法逮捕并关押在工会总部。纠察队员手持大棒,强行闯入日本租界,甚至闯入日本总领事办公室,强行命令领事馆的工作人员参加孙中山逝世两周年纪念活动,并妄图搜查我们的办公室。当领事馆的两名工作人员试图阻止时,纠察队员野蛮地将他们打倒在地,并用棍子把他们打得遍体鳞伤。

共产主义的码头苦力不让外国人提着他们自己的行李,而他们帮这些外国人搬运行李仅几十米远就要收取几美元报酬。黄包车苦力不让外国人走路,要求外国人坐自己的车,以搜刮外国人口袋里可能有的钱。在几起案件中,日本女士被"暴徒"用泥巴和污秽物砸伤,并受到撕毁衣服的攻击。此外,日本居民在街上受到侮辱、房屋被入侵、财产被打砸抢的事件也屡见不鲜。在这种情况下,日本官员和居民竭尽全力防止与无法无天的"匪徒"闹事,为此几乎所有的日本妇女和儿童在 3 月 30 日都撤回到了日本。

4 月 3 日,两名日本水兵在日本租界内散步时,几名中国孩子向他们投掷石块,并用言语辱骂他们。水兵被这种无礼的态度激怒了,进行了报复。一名大约 25 岁左右的中国青年靠近水兵,在没有任何警示的情况下袭击了其中一人。附近的人力车夫和苦力包围了水兵,在水兵和"暴民"的打斗中,一名中国人被打伤在地。随后,其中一名水兵躲在附近的一家餐馆,而他的同伴则回到了自己的舰上。

"暴民"涌向餐馆,见东西就砸。当他们发现那名水兵已经从后门逃走时,"暴民"开始破门而入,抢砸附近的其他餐馆及住宅,而日本行人则遭到了严重的殴打。就这样,一群"暴民"占领了这块租界,并迫使警察撤退到他们的驻地。"暴徒"中有三名煽动者举起红旗,领导了对工部局大楼的攻击。在这样做的同时,他们利用小孩子做盾牌,挡在他们的前面。

此时,日本海军陆战队被派往那里,他们用装有空包弹的步枪和机关枪进行了连续扫射。在这种情况下,"暴徒"开始后退,他们一边撤退,一边入侵了所有的日本住宅和商店,抢劫了里面的财产。被他们抓到的日本人被拖走并遭到毒打。

虽然随着海军的到来,租界已经清退了"暴民",但该地区内外的局势仍非常不稳定,几乎所有的日本居民都不得不撤离回日本。由于"暴民"的袭击,日本居民遭受的身体伤害和财产损失构成的直接损失就高达 100 多万美元,并且如果加上商业停顿一年左右所造成的损失,再加上中国商人不履行合同和不付款的情况,其总数将达到一个惊人的数字。

湖北省政府"篡夺"前德租界和前俄租界外国人
的既得权益而导致该地区的恶化

1928 年 12 月 31 日，湖北省政府发布公告，自次日起撤销汉口第一、二特区管理局，将其并入汉口市政委员会。

上述这种强制撤并这些外国人原本享有特权的特区的行径，实际上是地方政府的单方面行为，因为在移交纯粹的自治行政机关时，他们因此"篡夺"了外国人在前租界地区享有居住、就业和税收等方面的既得权益。所以，受此影响的外国人对该程序的"非法性"提出了愤怒的抗议。

1917 年通过中国对德国的宣言，汉口第一特区（原德租界）被无条件归还给中国。由于苏俄放弃了他们在中国的特权和权益，汉口第二特区作为前俄租界也无条件的归还给了中国。由于这些地区以前是外国租界，国民政府曾承认享有治外法权的条约国国民的各种既得权利和利益。因此，政府没有把这些地区完全划归到省级行政管理之下，而是在恢复主权之前给予了居住在这些地区的外国纳税人参与管理的权利。因此，这两个地区分别设立了一个由外国人和中国人共同管理的自治机构。此外，为了确保将这些地区置于当地政府的管辖范围之外，以保障这些地区不受任何干预或违法行为的影响，政府在每个前租界都设立了一个特区管理局，并将其置于中央政府的直接管辖之下。

在这些特别行政区的市政管理中代表权就是这样确立的。1917 年中国接管原德租界后，取消了该地区税赋收入支出的代表权和发言权。作为报复，外国纳税人拒绝再纳税，直到他们根据条约所享有的权利得到承认为止。因此，那里的未缴税款已经累积了 8 万美元。

此时，苏联政府放弃了俄国人在中国享有的特权并归还了俄国租界。从前德国租界的命运中吸取教训后，被交还的第二区的土地所有者和纳税人成功地通过驻北京的外交机构与中国政府谈判并达成了一项由中外自治机构管理该地区的协议。在汉口第二特区建立这一制度后，前德国租界的土地所有者和纳税人要求获得了类似的代表权和权利，以合作管理他们的地区。作为得到权利的回报，他们在特别行政区成立后就会立即将之前他们在那些年里不允许享受这些特权而累积的 8 万美元的未缴税款补缴给第 1 特区中外自治机构。管辖各区的协定中所载的条例规定，市政税收在征收之前必须获得纳税人的同意，市政支出必须编入预算，市政资金的支付必须由一名外国委员签字。

由于这两个特区的各种法规和细则已获得汉口领事机构（由享有治外法权的条约国领事组成）的一致批准或默许，并且允许这些法规和细则适用于享有治外法权的条约国国民，因此也允许向他们强制征税。

当政府废除了对这些地区实行自治的协议时，接管了这些地区控制权的汉口市政府试图任意征税并提高税率。这遭到了外国纳税人的抵制，但除了省政府任命具有代表性的外国租赁者担任汉口市政府的顾问外，这一行动被证明是徒劳的。在前德国租界，外国控制的 8 万美元外汇储备中还有 4 万美元的结余，尽管中国人下定决心要获得这笔钱，但这笔钱并没有直接存入汉口市的国库中，而是用于修建外滩公路和人行道，以造福这一地区。后来外国纳税人放弃了抵抗，并在抗议的情况下纳税，因为很明显，如果不这样做，就意味着整个地区将完全被摧毁和毁灭。

由此可见，撤销两个特区管理局并将这些地区纳入汉口市政府控制之下，以此来改变该地区的条例和细则，只有通过有资格的政府官员之间的谈判并且相互承认由此缔结的协议，才能合法地执行。我们只能认为，湖北省政府无视外国人的愤怒抗议，将特区移交给汉口市政府，其主要目的是挪用这些相对富裕地区获得的收入，以便在汉口市的其他地方挥霍掉这些资金，就像举世公认的中国城镇建设那样。其结果是，特区变得越来越破败，以致它们现在已不再具有前租界的面貌了。这些地区以前秩序井然，外国居民也都很体面。而现在的趋势是外国居民正从特区逐渐搬离到其他地方。

造成这一现象的主要原因是两个特区失去了开放港口的地位，并被当作普通的中国城镇地区对待。因此，在该地区的外国居民不仅是人身安全和居住无法得到保障，而且根据条约他们应该得到保障的权利也受到了侵犯。财产和投资的价值明显下降，造成抵押贷款领域的混乱，从而对债务和信贷产生了破坏性影响。

这种可悲的状况是当地政府意图攫取特区的必然结果，也是计划"篡夺"外国人的权利的革命政策的直接结果，这种革命政策无视这些外国租界设立并特别开发所依据的各种条件和环境。

戒严令和外国人

在中国，每当政局恶化或地方当局受到"土匪"或共产党的威胁时都会颁布戒严令。令外国人感到困惑的是，实施了戒严之后，他们很少看到解除戒严的公告,而通常是在前一个公告基础上的再次实施戒严的公告。

最近一段时间,当共产党军队在武汉周边活动并对当地居民构成威胁时,武汉已经颁布了无数次的戒严令。即使在实施军事管制期间,警备司令也会以另一份公告的形式反复更改禁止交通的时间。另一方面,只有当人们忘记紧急状态时,宣布的紧急状态才会正式消失。

这种程序不仅仅适用于武汉地区而且还影响了中国其他地区。宣布戒严令,是为了使驻军当局能够应付紧急状态或维持当地的和平,戒严令不仅适用于陆地上的中国人,而且还禁止水上交通,并且连岸上的外国人和海军舰艇、商业船只在内的外国船只也包括在内。所有人都必须在规定时间内服从命令。

根据中国加入的条约条款规定,有权对享有治外法权的外国国民发布命令或限制他们行为的一方是这些对其国民有管辖权的主权国家的公使或领事。同样的原则实际上也适用于外国商船和海军舰艇。

因此,将外国国民和船只置于戒严令之下是一种"非法"行为。另一方面,日本人的经验是,这些并没有造成太大的不便。这是因为一旦出现紧急状态,日本领事馆就会向日本臣民发布命令,让他们集中或避难于日本租界,以避免发生任何危险。日本领事馆通常还会与地方当局接触,要求向警察和士兵发出指示,允许日本人自由通行,不得妨碍他们避难。然而,沿街布设的未经训练和无知的哨兵对这些指示似乎完全没有反应。

汉口"强迫"归还法日租界的宣传

1930 年 9 月,时任外交部长王正廷博士(Dr. C. T. Wang)向法日两国驻华公使提出,要求法国和日本归还在天津和汉口的租界。他还向法国驻华公使提出,在江州(Kiangchow)的租界也应被收回。湖北各机关从当年十二月起,以报刊文章和通电为媒介,进行了持续六个月的宣传活动。在这场宣传中,有人威胁说,将通过使用武器或实施经济封锁来强制收回租界。

这个提议是长沙事件后不久提出的。因此,值得注意的是,在此期间,共产党人和"土匪"每天在街上甚至在租界被公开枪毙和斩首。与此同时,在汉口上下游的长江上航行的船只都受到了两岸的共产党军队和"土匪"的猛烈炮火。此外,还出现了非法征税的情况,名为"青帮"(chin pan)的武装走私者登上外国船只并干涉其官员执行职务。情况如此严峻,以致于日本船只必须搭载由一名海军军官指挥的海军陆战队组成武装警卫。否则,就无法应对来自两岸的炮火，以及由"青帮"（Ching pan）所造成的骚乱。

7. 吉田伊三郎致李顿函（1932 年 4 月 12 日）

第 11 号   1932 年 4 月 12 日，北平

主席先生：

　　谨随函附上六张以共产党人身份在汉口街头被中国当局处决者的照片，以供参考。请将将其交给调查团成员和秘书长，我将不胜感激。

　　主席先生，请接受我最崇高的敬意。

签名：吉田伊三郎
日本顾问

国联调查团主席李顿勋爵

8. 哈斯致吉田伊三郎函（1932 年 4 月 10 日）

1932 年 4 月 10 日，北平

尊敬的大使先生：

　　关于你在 3 月 31 日给调查团主席的信中提出的关于调查团从北平到沈阳的问题，谨随函附上中国顾问与调查团之间往来的信函副本。

　　大使先生，请接受我最崇高的敬意。

调查团秘书长

日本顾问吉田伊三郎先生

9. 顾维钧致哈斯函（1932 年 4 月 8 日）

在南京至北平的列车上

1932 年 4 月 8 日

尊敬的秘书长先生：

据我所知，中国铁道部很乐意将目前的列车交由调查团使用，直至这趟前往沈阳的旅程结束。在这种情况下，北宁路局宁愿自己将列车开行至沈阳而不更换机车，并且路局目前在奉山铁路线上还有备用机车。但是，如果需要的话，北宁路局也不会反对在山海关更换机车，并替换为路局目前在奉山铁路线上使用的机车，如果选择这种替代方案，则必须由"奉山路局"提供新的运行人员，并负责列车运行。目前的运行人员将留在列车上，就特殊材料的处理提供必要的技术建议。在这方面，我注意到目前的运行人员由一名列车长、一名旗手、三名刹车工和两名钳工组成。除运行人员外，目前的工作人员还有厨师、服务生和佣工，将继续负责奉山铁路线的工作。显然，当列车行驶出山海关时，日本当局须对列车和乘客的安全负全部责任。

我了解到，中国铁道部认为，该列车还可以在调查团的支配下，从沈阳沿南满铁路以外的线路继续行驶到长春。如果调查团想走南满铁路，铁道部仍会将列车交由调查团使用。

最后，我还了解到，中国铁道部认为，最好是在白天从北平到山海关。如果从山海关到沈阳也是在白天的话，那么列车将在夜间停靠山海关。

如果你能尽快告诉我，我是否正确理解了中国铁道部的观点，我将不胜感激。

您真诚的

顾维钧博士

调查团秘书长

10. 吉田伊三郎致李顿函（1932 年 3 月 31 日）

国联调查团日本代表团

第 9 号   1932 年 3 月 31 日，南京

主席先生：

在我们昨天的会谈中，我荣幸地向你介绍了为便利调查团由北平至沈阳的旅行而可能设想的所有安排。如前所述，我现在冒昧地向你确认。

希望能在中途不换乘火车的情况下完成这次旅行。毫无疑问，中国当局不会觉得由北平开往沈阳的火车会有任何不便；在这种情况下，只需在山海关更换机车和列车服务人员。

如果中国当局发现很难继续乘坐同一辆车旅行，那么一列新火车将从沈阳开往山海关，而调查团将不得不换车。

无论如何，在这次旅行中，最好是在早上到达山海关，以便在白天出关后进行第一阶段的旅行；为此，我们应该在晚上离开北平。

此外，如果调查团希望在途中视察锦州，火车可以在那里停留。

为了能够及时采取一切措施，我请求您，在北平出发的前八天告知我关于调查团的意图。

主席先生，请接受我最崇高的敬意。

吉田伊三郎

日本顾问

国联调查团主席李顿勋爵

11. 吉田伊三郎致李顿函(1932 年 3 月 25 日)

国联调查团日本代表团

第 8 号   1932 年 3 月 25 日，上海

主席先生：

谨随函附上日本驻上海总领事馆和帝国陆军司令部关于谣传日本飞机袭击杭州等地的声明。

主席先生，请接受我最崇高的敬意。

吉田伊三郎

日本顾问

国联调查团主席李顿勋爵阁下

12. 日本否认军机袭击杭州的声明(1932 年 3 月)

英文公报只是日语原文的粗略翻译

日本总领事馆

上海黄浦路 25—A

1932 年 3 月 22 日(下午)

公报(2)

军部声明：

在过去一两天内，来源于中国的消息说日本飞机使用机枪袭击杭州和笕桥①，这一消息已被广泛报道。但这是绝对错误的，因为自从 3 月 3 日日本陆军和海军司令部发布停战命令以来，飞行射击是绝对禁止的。

然而，确实有一些飞机被派往苏州及其附近地区进行侦察，因为中国人正在苏州地区和沿黄浦江北岸修建军事阵地。由于这些飞机只是为了侦察，它

---

① 编者按：原文为"Chienchow"，据下文内容看，疑指"笕桥"。

们不仅被禁止射击,而且没有携带任何炸弹。

1932 年 3 月 25 日

日本陆军司令部参谋声明

(1) 据 3 月 20 日飞往杭州进行侦察的一名军官称,安装在飞机后部的机枪已被拆除,而飞机前部的机枪仍处于空载状态。当飞机在笕桥①附近飞行时,其高度低至 500 米。当为了提高飞行高度而对机器进行必要的操作时,它突然发出噪音,中国人似乎认为这是机枪射击的声音。

(2) 鉴于上述事实,我们认为,所谓中国平民在笕桥附近被日本飞机开火击伤的报道,完全是出于宣传目的而捏造的。

1932 年 3 月 25 日

日本陆军司令部声明

3 月 20 日,我军一架飞机飞行至杭州进行侦察,并于中午在 500 米高空飞越了笕桥附近地区。飞机在途中没有开火,这是一个绝对的事实。

13. 吉田伊三郎致李顿函(1932 年 3 月 25 日)

国联调查团日本代表团

第 7 号　　　　　　　　　　　　　　　　　1932 年 3 月 25 日,上海

机密

主席先生:

关于 22 日你在上海与日本商会成员的谈话,谨随函附上中国交通部天津航政局 1931 年 9 月 30 日训令日本东海轮船公司的六张照片,该公司无意中被误认为是一家中国公司;您可以在已经提交给调查团的《中国反日抵制运动》一书的第 8—9 页找到这一训令的译文。

请将这些照片转给调查团成员,我将不胜感激。

---

① 编者按:原文作"Chienchao",似与上文之"Chienchow"同指"笕桥"。

主席先生,请接受我最崇高的敬意。

吉田伊三郎

日本顾问

国联调查团主席李顿勋爵阁下

14. 交通部天津航政局训令东海轮船公司
(1931 年 9 月 30 日)

事由:为首都各界反日护侨大会议决交通部收回内河航权并劝人民不坐日船不为日本装运货物。

交通部天津航政局训令　字第九号

令东海轮船公司:

为令知事。案奉交通部第二七零八号训令内开:"为令行事。准南京特别市执行委员会样代电开:'本月廿二日上午八时,首都各界代表为此次日韩暴民残杀我国侨胞事件在国民大戏院开首都各界反日护侨救国大会,当经议决即电交通部收回内河航运权,并劝导人民不坐日船,不为日船装运一切货品在案,特此电达,即祈查照办理。'等因前来,除分行并函复外,合行令仰该局转饬各航商一体分别遵办。此令。"等因。奉此,除分令外,合亟转令该航商一体知照。此令。

陶毅

交通部天津航政局关印

中华民国二十年九月三十日

15. 李顿调查团致吉田伊三郎函（1932 年 3 月 24 日）

1932 年 3 月 24 日，上海

大使先生：

调查团了解到预期将陪同您从上海至北平的人员名单，并请我提醒您注意，调查团认为在这次访问期间不宜与日本顾问就其研究的实质性问题进行讨论。因此，热烈欢迎您出席的同时，您最好仅由一个有限的私人秘书团陪同。

大使先生，调查团相信，经过进一步的研究之后，您会完全理解调查团的心情。在感谢您为尽可能充分地满足调查团的意望而作出努力的同时，大使先生，请接受我对您的崇高感情。

调查团日本顾问吉田伊三郎先生

16. 哈斯致盐崎观三函（1932 年 3 月 24 日）

1932 年 3 月 24 日，上海

秘书长先生：

3 月 23 日来信收悉。您在信中说，日本驻北平公使馆参赞矢野先生（M. Yano）希望接待调查团成员，我已将此转知调查团。

调查团认为，目前无法决定在北平的行程，但希望今后能尽量避免官方招待会、晚餐或午餐。

秘书长先生，请接受我最崇高的敬意。

R. 哈斯
调查团秘书长

日本代表团秘书长盐崎先生

17. 盐崎观三致哈斯函（1932 年 3 月 23 日）

国联调查团日本代表团

1932 年 3 月 23 日，上海

秘书长先生：

日本驻北平公使馆参赞矢野先生刚刚通知我，他希望调查团在北平逗留期间为他们举行招待会和晚宴。

他请我向您转达这一愿望，以便调查团在拟订计划时予以考虑。

秘书长先生，请接受我最崇高的敬意。

盐崎

日本代表团秘书长

国联调查团秘书长罗伯特·哈斯先生

18. 吉田伊三郎致李顿函（1932 年 3 月 23 日）

国联调查团日本代表团

第 6 号

1932 年 3 月 23 日，上海

主席先生：

如您所见，上海的墙上挂着许多欢迎调查团到来的海报。

然而，最近几天，这些海报上到处贴着来自共产党的小标语，其内容都是针对调查团的。谨随函附上贴在海报上的这些标语的副本，供调查团参考。

其内容一般如下：

"1. 反对帝国主义强盗瓜分中国的国联调查团！

2. 反对瓜分中国的一切谈判、调解和密约！

3. 民众自动武装起来，驱逐国联调查团！

4. 民众自动武装起来，扩大反日战争！

5. 打倒投降帝国主义出卖民族利益的国民党！

6.组织革命军事委员会,建立民众政权!

中国共产党江苏省委印,3 月 16 日。"①

主席先生,请接受我最崇高的敬意。

吉田伊三郎

日本顾问

国联调查团主席李顿勋爵阁下

附"欢迎李顿调查团的海报":

"欢迎国联调查团!

拥护国联公约、非战公约、九国协约!

制止日本破坏国际条约的暴行!"

19. 李顿致吉田伊三郎函（1932 年 3 月 24 日）

1932 年 3 月 24 日,上海

大使先生:

感谢您 3 月 23 日的来信,并附带了一份粘贴在海报上的反对调查团的标语,以供调查团参考。

大使先生,请接受我最崇高的敬意。

李顿

调查团主席

调查团日本顾问吉田伊三郎

---

① 编者按:该文据中文原文录入。

20. 吉田伊三郎致李顿函（1932 年 3 月 21 日）

国联调查团日本代表团

第 4 号　　　　　　　　　　　　　　　　　1932 年 3 月 21 日，上海

主席先生：

　　我刚收到了东京外务省寄来的由上海印制的"中国国耻日日历"的中文原文与英、法译本；这些文件是东京商会根据您在东京期间提出的要求编写的。我将把每一份文件都寄 14 份副本给您，请您将它们转交给调查团其他成员。

　　主席先生，请接受我最崇高的敬意。

吉田伊三郎

日本顾问

国联调查团主席李顿勋爵

21. 李顿致吉田伊三郎函（1932 年 3 月 24 日）

1932 年 3 月 24 日，上海

大使先生：

　　来函收悉。您建议调查团起草报告书的合适地点，调查团秘书长已受命进行调查，以便调查团在北京期间作出决定。您想与我分享的有关星浦和青岛的资料将非常有助于这次调查。

　　此外，秘书处正在进一步收集有关北戴河的资料，以及其他可选择地点的资料。

　　尊敬的大使先生，请接受我最崇高的敬意。

调查团主席李顿

调查团日本顾问吉田伊三郎

22. 吉田伊三郎致李顿函(1932 年 3 月 23 日)

国联调查团日本代表团

第 5 号   1932 年 3 月 23 日,上海

机密

主席先生:

关于调查团撰写报告书的合适地点,调查团在昨天会议时曾提出了几个地点,包括北戴河和青岛。

关于北戴河,需要注意的是,该镇及其周围地区处于张学良少帅开展反"满洲"活动的地区。此外,还有人说要对新"满洲国"进行惩罚性讨伐。在这种情况下,北戴河和周边地区将处在中国军队向"满洲"进军的路上。由于这些原因,我认为有必要声明,如果选择该地作为起草报告的地点,我们是不会满意的。

与北戴河相比,青岛具有相当大的优势。

但是,我冒昧地指出另一个我认为更适合调查团起草报告的地方,即星浦(Hosigaura)。这座海滨度假胜地远离行政或政府中心,调查团在撰写报告时,能够享有安静的环境和特别怡人的气候。另一方面,由于星浦靠近大连,调查团可方便地与外界保持联系。

随函附上有关青岛和星浦及其设施的小册子。

主席先生,请接受我最崇高的敬意。

日本顾问吉田伊三郎

国联调查团主席李顿勋爵

23. 哈斯致于先生函（1932 年 5 月 20 日）

调查团

1932 年 5 月 20 日，哈尔滨

亲爱的于先生（Mr. Yu）：

谨向您递交一份备忘录，请转交大桥先生（Mr. Ohashi）。该备忘录说明了调查团会晤马占山将军的意图和活动。

敬上。

调查团秘书长

哈尔滨于先生

附：

备忘录

由于我们曾表示希望在离开满洲之前采访马占山将军，这引起了新闻界和其他方面的一些评论，因此我们认为有必要将我们在这件事上的意图和活动记录在案。

冲突双方对满洲现况有不同的看法，我们在现阶段不会采纳任何一方的观点，但有必要听取所有人的意见。

为了公平起见，并获取各方面的信息，我们询问了"满洲国"政府官员，也希望尽可能给予马占山将军向我们提供信息的机会。

然而，由于战争状态的存在，以及任命我们的决议明确禁止我们干预军事行动，所以我们认为应将我们的意愿告知日本顾问和大桥先生（他作为谢介石先生的个人代表陪同我们）。我们预料到在执行过程中可能会遇到一些实际困难，但没有预料到我们的意图会被误解。

24. 盐崎观三致哈斯函（1932 年 6 月 24 日）

国联调查团日本代表团

　　　　　　　　　　　　　　　　　　　　　1932 年 6 月 24 日,北平

秘书长先生:

　　谨随函附上一份关于东北四省的司法组织、监狱和警察的概况,这是根据
开脱·盎葛林诺先生(Mr. de Kat Angelino)的调查问卷编写的。

　　秘书长先生,请接受我最崇高的敬意。

　　　　　　　　　　　　　　　　　　　　　　　　　　　　　盐崎观三

国联调查团秘书长哈斯

25. 吉田伊三郎致李顿函（1932 年 6 月 26 日）

副本

第 62 号　　　　　　　　　　　　　　　　　　1932 年 6 月 26 日,北平

主席先生:

　　根据日本驻华各领事馆提供的信息,谨随函附上关于共产党军队在厦门
地区活动的报告六份,供您参考。

　　请将这些文件分发给国联调查团成员,我将不胜感激。

　　主席先生,请接受我崇高的敬意。

　　　　　　　　　　　　　　　　　　　　　　　　签名:吉田伊三郎
　　　　　　　　　　　　　　　　　　　　　　　　日本顾问

国联调查团主席李顿勋爵

26. 江西共产党军队在厦门地区的活动①

1. 共产党军队的活动

虽然共产党军队控制了他们已经征服的江西省的三分之一，但他们在国民党军队的"围剿"之下，被逼到了闽粤边界一角。然而，到 1931 年 10 月，随着驻守闽西的张贞（Chang Cheng）部的撤离，他们恢复了活动。

共产党军队有一个习惯，即夏天在江西省外作战，其他季节则呆在省内。因为人们对出现在厦门地区的红军有截然相反的看法，所以很难知道它真正的性质和力量。然而，我们还是可以从各种渠道收集的信息中大致推断出它是由以下部分组成的：

1）龙岩闽西苏维埃政府主席张鼎丞（Chang tiang-cheng）所部，虽然他们在 1930 年被第 49 师击溃，分散于永定和上杭，但他们一直在伺机恢复元气；

2）中华苏维埃政府主席毛泽东、副主席项英和司令员朱德所部，该部于 1931 年 7 月被中央军击溃；

3）季振同（Li Chen-tung）所部，原属以英勇著称的中央军孙连仲（Sun Lien-tung）部，后起义参加红军。

这支红军的兵力大约有两万人。中国共产党的军队最初集中在整个长汀地区，但自去年三月以来，他们在江西省、福建省西部和北部、潮州和梅县等地遭到反共军队的"围剿"，弹尽粮绝，陷入了困难境地。因此，他们必须找到一条出路。

鉴于驻守龙岩的张贞第 49 师实力较弱，红军决定向它发起进攻。林彪被任命为远征军总司令，率其所部 5 000 人南下，沿途还有其他红军队伍加入。4 月 10 日，林彪部攻占了龙岩，解除了第 49 师杨逢年（Yang Feng-nien）两个独立营的武装，缴获了大量的先进武器。

林彪部在补充新的力量后，继续追击第 49 师，并于 4 月 19 日击败该师占领了漳州。同月 23 日，进至厦门附近隶属于长泰地区的石码和海澄。

---

① 编者按：本文件是日本站在敌视的立场上，对中国共产党及其武装的诋毁之言，其中有诸多不合史实和诬蔑的内容，请读者注意甄辨。

共产党军队攻占龙岩后,维持了良好秩序,没有对城里的居民采取暴力行为。表面上,这似乎是在努力安抚居民的不安情绪。然而,该军一进入漳州,不仅要求富户缴纳军费,而且还纵容了一切可能的野蛮行为。

例如:

首先军队要求城里的富商巨贾支付 100 万元军费。但有些人已经出走避难,他们把财物藏在了安全的地方。

由于军队不能如愿以偿地收到那么多钱,而且此处的地理位置不适合作为根据地,因此它声称要"消灭一毛不拔的地主和臭名昭著的商人"。于是,军队就把大型财产和商行交给无产者处置,任由他们掠夺。大约有十几人因拒绝缴纳军费而被捕并被枪杀。此外,通过妇女团体的宣传,它使许多妇女深受其害。为了宣传男女之间的自由和平等,它对外国修女和其他基督教徒进行了最可恶的攻击,声称他们几十年来一直是它的敌人。

从此,凡红军经过的城镇和村庄,都遭受了与漳州一样的命运。居民稍有反抗,它就放火烧毁城镇和村庄,将其夷为平地。

在军队掠夺了漳州和石码地区后,那里什么都没有了。

5 月 25 日,红军林彪部在得知第十九路军即将进入福建省后,就借口向第十九路军在上海的抗日行动表示敬意为由,开始主动地全面撤离。同月 28 日,红军从漳州完全撤离,返回到龙岩和长汀地区。

最后,从 6 月 1 日起,厦门解除了戒严令。

2. 厦门的防守

中国当局一度成功地阻止了红军的进攻。然而,张贞部由于内讧而几乎没有抵抗力,粤军出于自身利益,也不愿再取攻势。至于国民政府,它并没有采取任何行动来制止共产党的活动。其结果就是,林彪的军队顺利到达厦门地区,使厦门处于危急之中。

据报道,由于来自大陆的难民不断涌入,厦门的人口在 4 月 21 日达到了6 万人。不断上涨的生活成本,给工人阶级提出了一个严重的社会问题。

军官和士兵以及许多文职人员已经四个多月没有拿到工资了。

尽管其中一些人被中国当局逮捕和枪杀,但仍有大约 500 名共产党员成功进入该市。因此,有必要在城市内外进行严密的监控。于是,中国当局派遣了 6 艘军舰,由第一舰队司令陈季良指挥,负责海上的监视;至于陆上的监视,则交给了林总司令。

在得知漳州沦陷的消息后,日本、英国、美国领事向南京政府指出,南京政府有责任采取必要措施以保卫公共租界,保障外国侨民的生命财产安全。

此外,外国领事和外国舰队司令还讨论了在这种令人担忧的情况下应该采取何种措施。各大国向厦门派遣了多艘军舰,于 4 月 25 日准备开始行动,其组成如下:

1)日本海军 3 艘驱逐舰和 1 艘巡洋舰;

2)英国海军 1 艘航空母舰、1 艘巡洋舰和 4 艘驱逐舰;

3)美国海军 1 艘炮艇、1 艘驱逐舰和 4 艘潜艇;

4)法国海军 1 艘巡洋舰和 1 艘炮艇。

英国和美国还派出了海军陆战队登陆,以协助其国民从厦门对面的海岸上撤离。

(以上系根据日本驻华各领事馆提供的资料,北平日本驻华公使馆撰写的报告)

27. 盐崎观三致哈斯函(1932 年 3 月 19 日)

国联调查团日本代表团

1932 年 3 月 19 日,上海

哈斯先生:

谨随函附上《上海事件》六份,请转交调查团成员。

秘书长先生,请接受我最崇高的敬意。

日本代表团秘书长盐崎观三

国联调查团秘书长罗伯特·哈斯先生

28. 吉田伊三郎致李顿函（1932 年 3 月 19 日）

国联调查团日本代表团

第 3 号   1932 年 3 月 19 日，上海

主席先生：

　　谨向您提供 14 份关于"上海事变"的相关文件，这是 3 月 15 日寄给您信中提及的"上海事变"的后续。请将这些文件转交给调查团其他成员，我将不胜感激。

　　主席先生，请接受我最崇高的敬意。

日本顾问吉田伊三郎

　　国联调查团主席李顿勋爵

29. 哈斯致吉田伊三郎函（1932 年 3 月 17 日）

1932 年 3 月 17 日，上海

大使先生：

1932 年 3 月 15 日来函收悉，您随函向我提供了由日本公使馆编写的秘密文件"上海事变"的 14 份副本。

　　应您的要求，该文件已分发给国联调查团成员。

　　大使先生，请接受我最崇高的敬意。

国联调查团秘书长 R. 哈斯

　　国联调查团日本大使吉田伊三郎

30. 盐崎观三致派斯塔柯夫函（1932 年 3 月 15 日）

国联调查团日本代表团

1932 年 3 月 15 日，上海

尊敬的先生：

我冒昧地向您提交关于"上海事变"的 14 份副本，请将其转交给国联调查团成员，我将不胜感激。

亲爱的先生，请接受我最诚挚的问候。

外务省书记官盐崎观三

国联调查团秘书弗拉基米尔·派斯塔柯夫（Vladimir Pastuhov）先生

附：

1932 年 3 月 17 日

这封信旨在取代之前给派斯塔柯夫的那封信。

31. 吉田伊三郎致李顿函（1932 年 3 月 15 日）

国联调查团日本代表团

1932 年 3 月 15 日，上海

主席先生：

请恕我冒昧地将日本公使馆起草的秘密文件"上海事变"14 份交给您。请将其转交给国联调查团成员，我将不胜感激。

主席先生，请接受我最崇高的敬意。

日本顾问吉田伊三郎

国联调查团主席李顿勋爵

32. 盐崎观三致派斯塔柯夫函（1932 年 3 月 19 日）

日本政府顾问

1932 年 3 月 19 日，上海

尊敬的先生：

谨随函给您 10 份《中国疯了吗?》。请将其分发给调查团成员，我将不胜感激。

亲爱的先生，请接受我最诚挚的问候。

盐崎观三

国联调查团秘书派斯塔柯夫先生

33. 李顿致吉田伊三郎函（1932 年 3 月 17 日）

1932 年 3 月 17 日，上海

大使先生：

1932 年 3 月 16 日来函收悉，不胜荣幸。

我留意到，您在信中提及日本驻华公使向调查团提交的关于国民政府外交政策的报告。我也注意到，您打算在准备工作完成后立即向我提供关于中国和"满洲"的其他文件。

关于您信中第 3 段的内容，除调查团在东京与日本政府成员会见时要求提供的资料外，我将在适当的时候通知您，调查团还希望收到哪些特别文件，或关于一些具体问题的资料。

大使先生，请接受我最崇高的敬意。

调查团主席李顿

国联调查团日本大使吉田伊三郎

34. 吉田伊三郎致李顿函(1932 年 3 月 16 日)

国联调查团日本代表团

1932 年 3 月 16 日,上海

机密

主席先生:

我非常荣幸地已经向国联调查团提交了旨在便利其开展工作的各种文件。

目前我们正在为调查团准备有关中国和满洲的文件,不久将把这些文件交给您;同时,由日本驻华公使编写的国民政府外交政策报告也将很快提交给调查团。

鉴于我目前远离东京,如果调查团想获得某些特别文件或关于某些具体问题的资料,我希望能够尽早得到通知,以便收集必要的文件。

主席先生,请接受我最崇高的敬意。

日本顾问吉田伊三郎

国联调查团主席李顿勋爵

35. 吉田伊三郎致李顿函(1932 年 3 月 16 日)

国联调查团日本代表团

1932 年 3 月 16 日,上海

主席先生:

谨向您提交"中国和蒙古的共产主义"五份和"关于日本在满蒙权益的条约"五份。

主席先生,请接受我最崇高的敬意。

日本顾问吉田伊三郎

国联调查团主席李顿勋爵

36. 哈斯致吉田伊三郎（1932 年 3 月 17 日）

1932 年 3 月 17 日，上海

大使先生：

1932 年 3 月 16 日来函收悉，您随函提供了"中国和蒙古的共产主义"和"关于日本在满蒙权益的条约"各五份。

大使先生，请接受我最崇高的敬意。

国联调查团秘书长 R. 哈斯

国联调查团日本大使吉田伊三郎

37. 吉田伊三郎致李顿函（1932 年 3 月 19 日）

国联调查团日本代表团

1932 年 3 月 19 日，上海

第 2 号

主席先生：

应上海日本人协会的请求，谨向您提供该协会出版的《日本立场简介》10 份。

主席先生，请接受我最崇高的敬意。

日本顾问吉田伊三郎

国联调查团主席李顿

38. 吉田伊三郎致哈斯函（1932 年 3 月 17 日）

国联调查团日本代表团

1932 年 3 月 17 日，上海

秘书长先生：

您今天下午告诉我，您已将我提交给调查团的文件转交给了中国顾问，以便利其工作。

我认为，这些文件可能会有助于中国顾问的工作，正如您善意地将他提交的文件转达给我一样，但这些文件主要是供调查团成员使用的，因此我必须请求您要求中国顾问保护这些文件的私密性。

对于我今后提交给您的文件，我希望您在将其转交给中国顾问之前，事先与我达成一致。

秘书长先生，请接受我最崇高的敬意。

日本顾问吉田伊三郎

国联调查团秘书长罗伯特·哈斯

39. 哈斯致盐崎观三函（1932 年 3 月 17 日）

1932 年 3 月 17 日，上海

尊敬的先生：

1932 年 3 月 15 日来函收悉，随函您向我转交了一份调查团日本顾问随行代表团完整的新名单。

亲爱的先生，请接受我最崇高的敬意。

调查团秘书长 R. 哈斯

日本代表盐崎先生

40. 盐崎观三致哈斯函(1932 年 3 月 15 日)

国联调查团日本代表团

1932 年 3 月 15 日,上海

尊敬的先生:

鉴于日本参与国联调查团的工作人员发生了变动,谨随函附上我国代表团最新完整的名单。

亲爱的先生,请接受我最崇高的敬意。

大使馆书记官盐崎观三

国联调查团秘书长罗伯特·哈斯

41. 参与国联调查团日本代表团名单
(1932 年 3 月 15 日)

顾问:

吉田伊三郎先生,大使。

日本代表:

盐崎观三先生,大使馆一等书记官。

堀内干城先生(Tateki Horiuchi),公使馆一等书记官。

林出贤次郎先生(Kenjiro Hayashide),公使馆二等书记官。

森乔先生(Mr. Takashi Mori),大使馆二等书记官。

好富正臣先生(Masaomi Yoshitomi),外务省书记官。

木村勇祐先生(Yusuke Kimura),书记生。

陈新座先生(Shinza Chin),书记生。

贵布根康吉先生(Yasuyoshi Kifune),前副领事。

欧仁·佩潘先生(Eugène Pépin),外务省法律顾问。

渡久雄先生(Hisao Watari),步兵大佐。

澄田睞四郎(Raishiro Sumida),炮兵中佐。

佐藤市郎先生(Ichiro Sato),海军大佐。

汤野川忠一先生(Chuichi Yunokawa),海军大佐。

河相达夫(Tatsuo Kawai),关东厅外事课长。

金井清先生(Kiyoshi Kanai),南满洲铁道株式会社嘱托。

江间江守先生(Emori Ema),南满洲铁道株式会社事务员。

42. 向日本顾问提出的经济问题(1932 年)

(1) 日本顾问能否向调查团提供在日本控制下进行的地质调查结果的简要概述? 最好是按以下两种情况简述:a) 正在开采的矿产资源;b)尚未开发的矿产资源。如果有可能的话,简述应表明各种主要资源的情况,并以粗线标出其地质分布。

(2) 日本顾问能否向调查团提供以下三个主题的资料?

a) 移民"满洲"的中国人:移民的原因;中国移民在"满洲"的分布情况;永久定居和返回中国的比例,并说明后者的原因;他们从事什么行业、职业(如有可能,用数字表示);中国农民在"满洲"的经济、金融和社会地位。

b) 移民"满洲"的朝鲜人:与 a)要求相同

c) 移民"满洲"的日本人:日本人是否自发移民"满洲"? 已经做出了哪些努力去促进日本人移民"满洲"? 取得了哪些成果,尤其是对于那些没有被雇用担任与矿山、工业或铁路有关的官方职务的日本人?

(3) 日本顾问能否向调查团提供一份备忘录,说明自 1931 年 9 月以来,日本军事当局首先采取的财政经济政策,以及"满洲国"政府随后采取的政策? 关于"满洲国"政府的国家经济和金融发展计划是什么? 据日本媒体报道,银行业、大型工业和商会组织了广泛的调查,结果制定了在各个领域进行新的私人投资计划。在这方面有什么明确的进展吗? 还有人提到,"新政府"打算建立"中央银行"以干预该国的货币状况。能否向调查团提供这方面可能已经拟定的计划? "新政府"打算如何组织"新国家"的财政?

(4) 日本顾问能否向调查团提供一份备忘录,简要介绍在满洲的主要中日合资企业(铁路除外)的历史,并说明它们的成功或失败,以及失败的原因?

（5）日本顾问能否向调查团提供一份备忘录,解释一下为什么即使有"门户开放"和"机会均等"的原则,"满洲"的对外贸易和企业发展程度还不如中国本土的对外贸易和企业的原因?

（6）日本顾问能否就日本在中国的经济和金融利益向调查团提供一份备忘录(但不应过于详细)? 日本顾问能否通过统计表说明中国抵制运动对这些利益的影响? 能否单独提供贸易、航运、工业和银行业等方面的信息?

（7）日本顾问是否可以向调查团提供一份备忘录,详细解释其在文件"中国现状"第 55 页所提出的指控,即中国的抵制运动是非法的?

S33－3

1. 吉田伊三郎致李顿函（1932 年 6 月 1 日）

国联调查团日本代表团

第 44 号 　　　　　　　　　　　　　　　　1932 年 6 月 1 日，沈阳

主席先生：

　　谨随函附上我刚刚从我国政府那里得到的"中日全权大臣会议东三省事宜节录第 11 号"及其附件（译自中文）。

　　尊敬的主席先生，请接受我最崇高的敬意。

　　　　　　　　　　　　　　　　　　　　　　　　　日本顾问吉田伊三郎

国联调查团主席李顿勋爵

2. 日中会议东三省事宜节录第 11 号（1905 年 12 月 4 日）

　　（译自日文原文）①

　　明治三十八年十二月四日、光绪三十一年十一月初八日下午三点八分开议。

　　入座人员：

　　大日本国全权大臣　　小村大使

　　　　　　全权大臣　　内田公使

　　　　会议参赞官　　山座局长

　　　　　　　　　　　　落合书记官

　　　　　　　　　　　　郑书记官

　　　　　　　　　　　　高尾书记生

---

　　① 　编者按：该句为英文原文所注，以下内容则按中文原文录入。中文原文参见：「日清交涉會議録（第一號～第二二號）/分割 1」JACAR（アジア歴史資料センター）Ref. B13090909900、満洲に関する條約（C25_6）（外務省外交史料館）

　　大清国全权大臣　　瞿尚书
　　　　全权大臣　　　袁总督
　　　　会议参赞官　　唐侍郎（会办）
　　　　　　　　　　　邹右丞
　　　　　　　　　　　杨参议
　　　　　　　　　　　金检讨
　　　　　　　　　　　曹主事

中国全权大臣庆亲王因病未到。

　　两国全权大臣磋商中国全权大臣所拟交之增添条款第七条，彼此允定此条不列入约款内，将下开声明之语存记会议节录内：

　　"所有营口洋关所征税项，现归日本国正金银行收存，应俟届撤兵时交中国地方官查收。至于营口常关所征税项以及各地方捐款，原系充作地方公共各事之用，亦俟届撤兵时将收支单开交中国地方官备案。"

　　两国全权大臣言明，将日本国全权大臣所拟交之增添条款磋商，由中国全权大臣按该增添各条开列所拟意见（附件第一号）交日本国全权大臣阅看。

　　其增添条款第一条商订联络铁路营业事务，在中国全权大臣并无异议，即作为确定。其第二条嗣后在南满洲地方筑造铁路一事，彼此磋商后，允定此条不列入约款内，将下开声明之语存记会议节录内：

　　"中国政府为维持东省铁路利益起见，于未收回该路之前，允于该路附近不筑并行干路及有损于该路利益之枝路。"

　　其增添条款第三条经营电线一事，经两国全权大臣彼此商酌后，因尚有应查之处，允定本条容俟另日再商。

　　其增添条款第四条铁路所需材料以及保护铁路兵队军需豁免税捐一事，因中国全权大臣拟商欲将保护铁路兵队军需一节删除，在日本国全权大臣欲将铁路所需材料免税一节作为确定其保护铁路兵队军需免税一节，拟俟护路兵队之条商定后再作确定，中国全权大臣允之。

　　其增添条款第五条准杂粮出口一事，经两国全权大臣磋商后，允定此条删除。

　　其增添条款第六条商定如左：

　　"日中两国允凡正约暨另件条约所载各款，遇事均以彼此相待最优之处施行。"

日本国全权大臣云，自从开议以至本日，所有拟交之大纲共十一条及增添条款共六条，中国全权大臣拟交之增添条款共七条，业经笼统议过一次。至于各条款内彼此未能合拢之条，欲由下次会议再行商酌。中国全权大臣允之，并云尚有前日即十二月初三日会议时，另行拟交之增添一条未及商酌，特为叙明。

下次会议定于十二月初六日下午三点钟开议。

下午七点五分散会。

小村寿太郎

内田康哉

庆亲王

瞿鸿禨

袁世凯

（译自中文原文）

附件第一号

（中国全权代表）准备同意日本全权代表提出的补充条款，但须根据以下情况对其文本进行修订：①

第一款　应允照列。

第二款　改如下：

日本国政府允在东省铁路合同期限内，如在南满洲即辽河以东各地方修造铁路等事，预先向中国政府商准，以期维持铁路利益。

第三款　改如下：

中国允由旅顺至烟台海底电线在借地期限内作为中日暂行合办，日本专管旅顺之一端，中国专管烟台之一端，彼此各收报费，无庸划拨。其在南满洲沿铁路各电线照旧存留，但只可传递铁路关涉各事，不准收有费之商报。所有中国在庚子以前原有各官商电线产业，日本政府一律交还中国接管，中国并得

---

①　编者注：该句中文原文为"日本国全权大臣续加条款拟允拟改如左"，以下内容均按中文原文录入。中文原文参见：「日清交涉會議録（第一號～第二二號）/分割1」JACAR（アジア歴史資料センター）Ref. B13090909900、満洲に関する條約（C25_6）（外務省外交史料館）

以随时扩充电线及邮政利权。

　　第四款　应删去"以及护路兵队所需一切物件"一句。

　　第五款　应改如下：

中国政府为居住旅大借用界内华民民食起见，允满洲地方各杂粮得运入借用界内以资接济，惟不得运出外洋。

　　第六款　中日两国政府互允于正约及另件条约商定各事认真施行。

3. 吉田伊三郎致李顿函(1932 年 6 月 1 日)

国联调查团日本代表团

第 43 号　　　　　　　　　　　　　　　　　1932 年 6 月 1 日，沈阳

主席先生：

　　谨随函附上中日两国关于打虎山—通辽铁路和吉林—海龙铁路的往来照会译文。

　　主席先生，请接受我最崇高的敬意。

日本顾问吉田伊三郎

　　国联调查团主席李顿勋爵

4. 中日交涉修筑打通铁路之往来照会①(1926—1927 年)

密件

（译稿）

　　(1) 大正十五年（1926 年）九月十七日，日本驻沈阳总领事吉田茂先生(Shigeru Yoshida)致张作霖大帅之第 597 号照会。

　　(2) 中华民国十五年（1926 年）十月二十七日，张作霖大帅致日本驻沈阳总领事吉田茂先生之第 8 号照会。

―――――――――

　　① 编者按：该部分文件与 S33－1 的内容相同，中方照会从略，其具体内容请参见 S33－1。

（3）大正十五年（1926 年）十一月五日，日本驻沈阳总领事吉田茂先生致张作霖大帅之第 733 号照会。

（4）昭和元年（1926 年）十二月二十八日，日本驻沈阳代理总领事蜂谷辉雄先生致张作霖大帅之第 861 号照会。

（5）昭和二年（1927 年）五月七日，日本驻沈阳总领事吉田茂先生致张作霖大帅之第 297 号照会。

（1）大正十五年（1926 年）九月十七日，日本驻沈阳总领事吉田茂先生致张作霖大帅之第 597 号照会。

（译自日文原文）

谨此声明：据我所知，去年九月中国政府在《交通公报》上宣布了一项从打虎山、新立屯，经彰武至白音太拉（通辽）的铁路建设项目。该拟建铁路建成后，自然会与四洮铁路（四平—洮南）、洮昂铁路（洮南—昂昂溪）相连，显然这是一条与南满铁路干线构成竞争性的平行线，而且这两条竞争线路的平均距离不超过七十英里。回顾 1905 年中日缔结"会议东三省事宜条约"时，中国政府曾作出声明，承诺不在南满铁路附近修建任何平行干线，也不修建任何可能损害该铁路利益的支线。正在审议的铁路项目无疑与中国政府的上述声明背道而驰，而且还必须指出，四洮铁路和洮昂铁路是由南满洲铁道株式会社提供资金和技术建造的。建设这样一条新铁路，将和上述两条铁路一起，直接地与南满铁路干线构成平行线，这是日本政府最不希望发生的事情。此外，必须要注意到过去有一个先例，即英国政府在修建北宁铁路（北京—沈阳）朝阳支线时，曾寻求与日本政府达成谅解。如果正在考虑的铁路建设计划成为事实，那么它与南满铁路的距离将远小于朝阳线，日本政府不会默忍这样的项目。因此，如果阁下能向我提供该计划的确实信息，我将不用感激。

（2）中华民国十五年（1926 年）十月二十七日，张作霖大帅致日本驻沈阳总领事吉田茂先生之第 8 号照会。

（略）

（3）大正十五年（1926 年）十一月五日，日本驻沈阳总领事吉田茂先生致张作霖大帅之第 733 号照会。

（译自日文原文）

阁下 10 月 27 日第 8 号照会内载关于打虎山、通辽之间敷设铁路问题的答复,大意是目前没有这样的项目,但如果将来为了开发奉天省而有必要兴建上述铁路,届时再视情况而定。

在我给阁下的上一份照会中,我说明了日本政府难以默忍上述项目的原因。日本政府一方面希望为开发满洲建设更多的铁路,另一方面也希望日本和中国相互尊重现有的约定。我将向我国政府转交你的照会,并在收到通知后再与你联系。

(4) 昭和元年(1926 年)十二月二十八日,日本驻沈阳代理总领事蜂谷辉雄先生致张作霖大帅之第 861 号照会。

(译自日文原文)

阁下在 1926 年 10 月 27 日第 8 号照会中就打虎山—通辽铁路的敷设计划向我们作出了答复,大意是目前没有在上述两地之间进行铁路建设的任何计划。然而,我们最近获悉,中国有关当局正在加快建设新立屯至彰武的线路,预计很快就会完工,而且为了跟进建设彰武至通辽之间的铁路,他们计划在明年完成更换沟帮子和沈阳之间的铁轨后,利用现有的旧铁轨来修建彰武以北的路段。如果这是真的,所考虑的项目不仅完全无视我们的抗议,而且也否定了您自己的答复。之前我们一再提醒您注意,日本在任何情况下都不会默忍上述项目。总领事在 1926 年 11 月 5 日第 733 号照会中反复说明了这一点,现在我又收到了我国政府严厉的电报指示。所以,我谨请您尽快调查此事,并严格指示中国有关当局立即放弃目前实际开展的工作和上述未来计划。请您尽快向我提供您采取行动的结果,以便我就此事报告于我国政府,我将不胜感激。

(5) 昭和二年(1927 年)五月七日,日本驻沈阳总领事吉田茂先生致张作霖大帅之第 297 号照会。

(译自日文原文)

关于修筑彰武至通辽的铁路问题,蜂谷先生在 1926 年 12 月 28 日第 861 号照会中指出,该建设违反了条约规定。根据日本政府的意见,我们亦曾在不同场合直接向阁下提出口头抗议。您个人很明确地向我保证,并无此事,且你在 1926 年 10 月 27 日第 8 号照会中也有类似的答复。

我谨此声明,据报道,拟议中的铁路建设已于今年 4 月初开工,目前正在积极推进彰武至通辽之间的铁路建设。奉我国政府的电报指示,谨再次请求您尽快向我方提供上述报告的确切信息。

5. 中日交涉修筑吉海铁路之往来照会^①
（1926—1927 年）

密件

（译稿）

（1）大正十五年（1926 年）十一月十五日，日本驻沈阳总领事吉田茂先生致张作霖大帅之第 748 号照会。

（2）中华民国十六年（1927 年）正月十八日，张作霖大帅致日本驻沈阳代理总领事蜂谷辉雄先生之第 1 号照会。

（3）昭和二年（1927 年）正月二十五日，日本驻沈阳总领事吉田茂先生致张作霖大帅之第 43 号照会。

（1）日本驻奉天总领事吉田茂先生于大正十五年（1926 年）十一月十五日致张作霖元帅的第 748 号照会。

（译自日文原文）

拜启陈者，吉林省政府计划在吉林和海龙之间敷设铁路，并在去年 10 月 26 日《吉林省政府公报》上宣布任命了吉海铁路筹办处总办与帮办。关于这条计划中的铁路，我冒昧地指出，根据 1918 年中日关于满蒙四铁路借款之换文，日本拥有为该铁路提供必要贷款的权利。而且，正如阁下所知，日本已经为此向中国政府提供了预付款。这一约定是中日两国在 1905 年北京会议时达成的谅解，即中国不得修建与南满铁路平行的铁路线。从维护南满铁路利益的角度来说，日本对拟建铁路表示严重关切。关于满蒙铁路问题的条约和协定，尚有许多未能付诸实施。如果中国进一步不顾上述约定，继续建设日本认为严重违反约定的铁路项目，那么日本对此表示无法理解和最大的遗憾。

---

①　编者按：该部分文件与 S33 - 1 的内容相同，中方照会从略，其具体内容请参见 S33 - 1。

奉我国政府指示,请阁下尽快调查上述项目是否确实在进行中,如果是的话,请尽快采取措施暂停执行该项目,并适当地将上述情况告知所有相关人员。

(2) 中华民国十六年(1927 年)正月十八日,张作霖大帅致日本驻沈阳代理总领事蜂谷辉雄先生之第 1 号照会。

(略)

(3) 昭和二年(1927 年)正月二十五日,日本驻沈阳总领事吉田茂先生致张作霖大帅之第 43 号照会。

(译自日文原文)

阁下今年 1 月 18 日第 1 号照会收悉,该照会内载您对修建吉海铁路一事的答复。

阁下指出,在奉海铁路建设之初,日本政府已表示同意,且该路之建设无异为南满铁路营业上的发展,日本政府自应批准该项目,以利于当地之开发。然而,关于吉海铁路之建设,我们必须指出,正如我在之前给您的照会中所提到的,根据 1918 年日中关于满蒙四铁路借款之换文中的明文规定,日本无疑拥有为修建上述铁路提供必要贷款的权利。

日本从未放弃提供有关贷款的权利,如果中国声称日本放弃了该权利,中国最好能确切地证实这一所谓的事实。为了开发满蒙,日本希望修建尽可能多的铁路,但这种愿望绝不是使其对中国藐视条约的行为视而不见。如果中国无视两国之间现有的协定而强行建设该铁路,日本则认为中国必须承担违约的全部责任。

6. 日军缴获东北义勇军之委任状、军旗等的照片

(1) 黄显声将军签发的委任"土匪"头子为义勇军指挥官的委任状

A

辽宁省警务处委任状 第一七四号

兹委杨世丰为义勇军第十四路副司令。此状。

处长黄显声

(辽宁警务处印)

中华民国二十年十二月廿三日

B

东北民众反日救国会委任状　　会字第三七号

兹委周景涛为凤城一带民团指挥。此状。

东北民众抗日救国军（印）

中华民国二十一年二月十二日

C

东北民众反日救国会委任状　　会字第　号

兹委青山为……此状。

东北民众抗日救国军（印）

中华民国年月日

（2）反吉林军败兵使用的军旗和臂章

吉林收编游击第二队二营

（3）"土匪"金山好所部使用的军旗和臂章

A

东北边防联合自卫救国军第一大队第九队十五班山头平东□

金山好

B

民众义勇军三十一师□队十班班长保山

金山好

C

东北民众义勇军第三十师第九队第十五班班长山头占海

金山好

D

东北联合边防民众救国军总司令金山好

秧子房□□□□□福

（4）"土匪"占亚洲所部使用的军旗和臂章

A

东北国民义勇军第三十师第二旅右翼大队第一班

B

裕民军大队部总参山头□字

占亚洲

    (5) 横行"奉天省"的"匪贼"使用的军旗和臂章

A

辽宁省农民自卫军第二队勤务旗第一号

B

占亚洲裕民军

C

第四队

D

东北农民自卫军司令部副官钻天燕子

(6) 1932 年 3 月 10 日被抓获的"土匪"所携带的吴家兴签发的委任状

委任状

东北国民义勇军总司令部 委任令第一一二号

兹委任焦天朗为本军第三十七师中校谘议。此令。

总司令吴家兴(印)

师长张国樑

中华民国二十一年三月六日

    (7)"土匪"金山好所部使用的军旗和臂章

金山好总司令部独立炮队炮队长天易

    (8) 1931 年 10 月 13—14 日"叛乱分子"在巨流

        河附近的战斗中遗弃的青天白日旗

A

打倒日本,恢复中华

B

中山炮队讨日义勇军

    (9) 1932 年 3 月 27 日,被捕的"土匪"所携带的

        由黄显声将军签发的委任状。

A

东北民众反日救国会委任状 会字第三七号

兹委周景涛为凤城一带民团指挥。此状。

中华民国二十一年二月十二日

B

辽宁省警务处任命状　第　号

兹委周景涛为义勇军第二十一路司令。此状。

处长黄显声（印）

中华民国二十一年二月十二日

C

义勇军救国军第一混成旅第一武卫连连长周镇江

东北自卫军之关防（印）

(10) 1932 年 1 月 9 日在打虎山缴获之义勇军物品

A

辽宁省第五路义勇军第二支队第一中队第一班邢占元

B

东北民众抗日救国军第一总队第四大队军士飞龙

(11)"土匪"占亚洲所部使用的军旗和臂章

裕民军第□炮队独立队

7. 吉田伊三郎致李顿函（1932 年 6 月 1 日）

国联调查团日本代表团

第 42 号　　　　　　　　　　　　　　　　1932 年 6 月 1 日，沈阳

主席先生：

谨随函附上日本驻吉林总领事石射先生（Ishii）编写的有关近年来吉林省抗日、反朝运动的报告（日文）。

主席先生，请接受我最崇高的敬意。

日本顾问吉田伊三郎

国联调查团主席李顿勋爵

（附件略）

8. 吉田伊三郎致李顿函（1932 年 6 月 1 日）

第 41 号   1932 年 6 月 1 日，沈阳

主席先生：

　　谨随函附上《中国的排外教育》法文本 10 份和英文本 20 份，敬请分发给调查团成员，以供参考。

　　主席先生，请接受我最崇高的敬意。

日本顾问

国联调查团主席李顿勋爵

9. 吉田伊三郎致李顿函（1932 年 6 月 1 日）

副本

第 40 号   1932 年 6 月 1 日，沈阳

主席先生：

　　谨随函附上以下文件的照片及其译文："行政院院长蒋中正（蒋介石）就反日行动工作给各省市党部的机密指示（1931 年 9 月 25 日）。"

　　我已经把这份文件的原件给调查团随员莫斯（Moss）先生查看过了。

　　主席先生，请接受我最崇高的敬意。

签名：吉田伊三郎

日本顾问

国联调查团主席李顿勋爵

10. 行政院训令各省市政府之密电
（1931 年 9 月 25 日）

（译稿）

行政院训令各省市政府之第 04582 号密电

兹经国民党中央执行委员会制定《各级党部指导反日救国行动工作纲要》，除电令颁行外，特由秘书处抄同全文函达国民政府文官处（总秘书处），即希密饬各省市政府知照为荷。

国民政府文官处奉国民政府主席谕，除函复外，相应以第 7863 号函密达本院，即希迅予办理。

除函复文官处外，相应迅即电饬各省市政府查照为荷，并密饬各有关团体遵照办理。副本附后。

行政院院长蒋中正

（行政院印）

民国二十年九月二十五（1931 年 9 月 25 日）

监印毕继沅

校对杨文鸿

附:《（国民党）各级党部指导反日救国行动工作纲要》副本一份

11. 国民党各级党部指导反日救国行动工作纲要①
（1931 年 9 月）

甲、指导

一、各级党部应指导当地原有之民众团体组织反日救国会。

---

① 编者按:本文以中文原文录入，原文参见:《国民党各级党部指导反日救国行动工作纲要》(1931 年 9 月)，台北"国史馆"藏国民政府档案，典藏号:001－014000－00013－009。

二、各地反日救国会应斟酌当地情形,拟订实际行动计划,商承当地高级党部之允许后努力实行。

三、各级党部委员及全体工作人员应一致参加反日行动工作。

四、各地反日救国会活动时,对于日本商店及日人不能捣毁殴击。

乙、调查

一、各级党部暨各地反日救国会应严密组织日本在华工厂、洋行、公司、各地领馆及其他机关服务之中国员工,侦察日人一切行动及其诡谋,随时密报。

二、各级党部暨各地反日救国会应指明干员,成立秘密调查团体侦察消息,并注意当地日本人行动及其他特务工作。

三、担任调查工作之人员于各种集会时负纠察责任,并严缉奸细。

丙、宣传

一、各级党部暨各地反日救国会与各民众团体应组织宣传队,轮流分发演讲及散发宣传品,其宣传大纲或要点,由当地高级党部密令颁发之。

二、各地宣传队应编制剧本,组织新剧团及化装演讲队描写日本在华暴行,以唤起人民之注意。

丁、通讯

一、各级党部及反日救国会应特设一通讯组负通讯之责。

二、各地通讯组应负责将该地工作情形随时报告上级党部。

三、通讯组应将各地反日消息汇编新闻发表,唤起民众之注意。

12. 吉田伊三郎致李顿函
(1932 年 5 月 31 日)

国联调查团日本代表团

第 39 号   1932 年 5 月 31 日,沈阳

主席先生:

谨随函附上一份关于铁路平行线问题的说明,以补充先前于 1932 年 4 月 26 日发出的说明。

随函另附上 1907 年和 1908 年中日两国关于新民屯—法库门

(Hsinmintun-Fakumen)铁路往来照会的译文。

主席先生，请接受我最崇高的敬意。

日本顾问吉田伊三郎

国联调查团主席李顿勋爵

13. 日本顾问关于"平行线"问题的说明
(1932 年 5 月 31 日)

1932 年 5 月 31 日，沈阳

1. 关于中国政府在 1905 年会议节录中就平行线所作的承诺，日本政府在 1932 年 4 月 26 日照会中已经阐明了它的有效性。

2. 为了表明中国政府已承认上述承诺为中国政府的最终承诺，日本顾问谨向调查团转交 1907 年和 1908 年日本驻北京公使与中国外务大臣就新民屯—法库门铁路问题往来照会的译文。

3. 这条铁路是在 1907 年计划兴建的；日本政府认为，兴建这条铁路有违中国政府在 1905 年所作的承诺，遂于 1907 年 4 月 18 日提出抗议，相应的附件如下。

4. 从该照会中可以看出：

a) 中国政府没有对"北京会议节录"所载承诺的存在或有效性提出异议；此外，1907 年 11 月 12 日第 4 号照会还指出，中国邮传部的答复"没有任何违反中日会议节录约定的内容"；1907 年 9 月 10 日第 2 号照会和 1908 年 4 月 2 日第 7 号照会甚至转述了所作承诺的条款。它说，"关外"铁路的扩建，既不涉及在南满铁路附近修建一条与其平行的干线，也不涉及可能损害它利益的支线。

b) 两国政府之间的讨论并不涉及承诺书的有效性，而只涉及新民屯—法库门铁路的建造是否违反承诺书，以及应该如何理解"平行"和"邻近"这两个词。

c) 并不存在 1905 年关于铁路平行线距离的协定。日本临时代理公使在

1908年6月26日第8号照会中回顾说,中国声称以欧美惯例为基础是毫无根据的,而且将欧美惯例认可的铁路平行线作为满洲的标准亦是不妥,但中国铁路却另有先例,根据合同规定(1908年华俄银行与中国之间关于正太铁路的合同以及同年北京福公司(Peking Syndicate)与山西当局签订的合同),在线路两侧100华里的范围内,不得建造任何竞争线。

5. 在此且不论当时提议的铁路建设是否违反了所作的承诺,我们只需指出,今天提出的照会明确承认了中国政府1905年所作承诺的有效性,甚至承认其条款,并以声明的形式纳入了北京会议节录。

14. 中日交涉新民屯—法库门铁路之往来照会
(1907—1908年)

密件

(译稿)

中日交涉新民屯—法库门铁路之往来照会

(1)明治四十年(1907年)八月十二日,日本驻华临时代理公使阿部守太郎(Moritare Abe)先生致中国外务部庆亲王之第61号照会。

(2)光绪三十三年(1907年)八月初三(中国历法),中国外务部回复阿部先生之照会。

(3)明治四十年(1907年)十月十二日,日本驻华临时代理公使阿部守太郎先生致中国外务部之第79号照会。

(4)光绪三十三年(1907年)九月十一日(中国历法),中国外务部之复函。

(5)明治四十年(1907年)十一月六日,日本临时代理公使阿部守太郎先生致庆亲王之第84号照会。

(6)明治四十一年(1908年)一月二十日,致中国外务部之第5号照会。

(7)光绪三十四年(1907年)四月七日(中国历法),庆亲王致日本外务大臣林董男爵(Baron Hayashi)之复函。

(8)明治四十一年(1908年)六月二十六日,日本临时代理公使阿部守太郎致庆亲王之照会。

(1) 明治四十年八月十二日(1907 年 8 月 12 日)，日本驻华临时代理公使阿部守太郎先生致中国外务部庆亲王之第 61 号照会。

（译自日文原稿）

谨启者。据悉，贵国在不久前计划将"关外"铁路由新民屯向北延伸，从而敷设一条新线。我不知道该计划将在何时及何种情况下实施，但有消息说，东三省总督正筹划向外国举借外债，这就令人不免怀疑该笔借款是用于敷设计划中的铁路。如贵国政府所知，中国全权代表在前年举行的中日满洲问题会议上曾声明，为了保护南满铁路的利益，中国政府在收回该铁路之前，不在其附近修建任何与之平行的干线，也不修建任何可能损害其利益的支线。该声明作为证据被记录于上述会议的第 11 号议定书内。对上述"关外"铁路向北延伸的消息，日本政府不能不予以关注。我立即于 9 日拜访了贵部，以了解该铁路计划与东三省总督举借外债两个消息之间的关系。我很高兴受到尚书吕先生和侍郎汪先生[①]的接见，但在回答我的询问时，他们却对此一无所知。因此，我要求他们全面调查此事，并口头声明，日本政府在任何情况下都不能默许中国修建与南满铁路平行或损害其利益的任何铁路线，中国当局必须充分考虑到这一点。

谨此以书面确认上述情况。

(2) 光绪三十三年(1907 年)八月初三(中国历法)，中国外务部回复阿部先生之照会。

（1907 年 9 月 10 日收到）

（译自根据中文转译的日文[②]）

为照复事。本年七月初五日接准照称："闻关外铁路有由新民屯敷设新线往北延长之说，其办法如何？又闻东三省总督有借外债之说，是否为此路之用？本代理使曾请详查，并声明敷设与南满洲铁路并行之路或侵害该路利益

---

　① 编者按：指吕海寰和汪大燮。

　② 编者按：该句为英文原文所注，以下内容按中文原文录入。中文原文参见「新法鉄道関係雑纂 第一巻 分割 1」JACAR(アジア歴史資料センター)Ref. B04011007500、新法鉄道関係雑纂 第一巻(1-7-3-100_001)(外務省外交史料館)

之支路,断难承认。"等因。当经本部咨行东三省总督、奉天巡抚查照核复。兹准复称:"东三省拟借外债,将来是否作为此路之用,系为中国内政所关。至铁路如何敷设,现在尚未定议,惟延长关外路线,为我关内交通便利起见,与南满洲铁路毫不相涉,既非于该路附近另设并行之干线,亦非侵害该路利益之支线。请照复日本国驻京大臣,毋庸过虑。"等情前来。相应照复贵代理大臣查照可也。

(3) 明治四十年十月十二日(1907 年 10 月 12 日),日本驻华临时代理公使阿部守太郎先生致中国外务部之第 79 号照会。

(译自日文原稿)

8 月 12 日致庆亲王之第 61 号照会称,据闻贵国正计划将"关外"铁路延伸至法库门及其以北地区。根据中日会议满洲问题之议定书,日本政府声明,在任何情况下都不能默许贵国建设任何与南满铁路平行或可能损害其利益的铁路线。9 月 10 日收到中国外务部之照会称,兹据东三省总督、奉天巡抚之回复称,铁路如何敷设,现在尚未定议,惟延长关外路线,为中国关内交通便利起见,与南满铁路毫不相涉,既非于该路附近另设并行之干线,亦非侵害该路利益之支线。因此,让我方对此毋庸过虑。

为此,经向我国政府请示,现奉命照会贵部。中国外务部仅照督抚一己之意见,而似乎毫不在意中国政府在此事上之责任,日本政府对此深表遗憾。"关外"铁路无论是延伸至法库门还是延伸至其以北更远的地方,显然都构成了一条与南满铁路平行且有损于其利益的铁路线。因此,日本政府根据中日会议议定书明确声明,在任何情况下都不能默许上述铁路线的延伸,特此训令我事先向贵国政府再次声明。

(4) 光绪三十三年(1907 年)九月十一日(中国历法),中国外务部回复日本临时代理公使阿部先生之照会。

(1907 年 11 月 19 日收到)

(译自根据中文转译的日文①)

为照复事。本月初六日,接准来照以关外铁路往法库门方面迤北延长,与

---

① 编者按:该句为英文原文所注,以下内容按中文原文录入。中文原文参见:「新法铁道関係雑纂 第一巻 分割 1」JACAR(アジア歴史資料センター)Ref. B04011007500、新法铁道関係雑纂 第一巻(1-7-3-100_001)(外務省外交史料館)

南满洲铁路并行，有害利益，本问题关中国政府之责任，仅照东省督抚一己之意见，帝国政府最为遗憾等因。

查此事前准贵代理大臣七月初五日来照，经本部咨行该省督抚核复时，并行知邮传部查照。旋准该部复称："本部综理路政，所有各路路线，自当急筹扩充，以期推广，完全自有之利益。就关内外一路而论，应行添造接展之路线甚多，将来如有筑造，拟即照光绪二十四年八月二十五日与华英公司所订合同第三条办理。盖展筑铁路，乃为增益本路营业进款起见，凡系不合宜之附近并线，断无敷设以妨害自己利益之理。若如所虑该路附近另设并行干线，是不独损南满洲铁路公司之利益，且有碍关内外铁路之利益，皆非本部所乐闻。现在本部计划，如将来在关外铁路敷设新线之时，其附近南满洲干路之距离，总不减于欧美各国现有铁路两线间距离之数之通行惯例，以期彼此无碍。"等前来。

查邮传部所称以上各节，与东省督抚等义意相同，均与中日会议录所载不相违背。兹准前因，相应照复贵代理大臣查照，即□转达贵国政府可也。

（5）明治四十年十一月六日（1907 年 11 月 6 日），日本临时代理公使阿部守太郎先生致庆亲王之第 84 号照会。

（译自日文原稿）

我曾在 12 日第 79 号照会中再次声明，"关外"铁路延伸至法库门及其以北地区，都明显形成了一条与南满铁路平行的铁路线，从而损害南满铁路之利益，且日本政府根据中日会议议定书之约定，明确表示在任何情况下都不能接受上述延伸之铁路线。贵部 17 日照会称，邮传部就此事向贵部表达了意见。邮传部的说法含糊不清，但大致可以理解为，如果将来"关外"铁路扩建，所建线路与南满铁路之间的距离不小于欧美国家现有铁路两线间距离之通行惯例。贵部和邮传部的意见，与我以前所了解的东三省总督和奉天巡抚的意见在本质上是一致的，且与北京会议录所载不相违背。如果邮传部与督抚的意见相同，那么日本政府同样不满意于邮传部的的观点。关于此事，日本政府已多次声明，在任何情况下都不能默许修筑南满铁路平行线路或有损于南满铁路利益的支线，如将"关外"铁路延伸至法库门及其以北地区的计划。

谨此致函阁下，再次重申上述声明。

（6）明治四十一年一月二十日（1908 年 1 月 20 日），致中国外务部之第 5 号照会。

（译自日文原稿）

谨启者。自去年八月以来，我一再向贵国政府声明，"关外"铁路延伸至法库门及其以北地区，显然会形成一条与南满铁路平行而损害其利益的铁路线，日本政府根据中日会议满洲问题议定书明确声明，在任何情况下都不会默许上述铁路的延伸。因此，我相信贵国政府已经充分了解了日本政府在此事上的立场。然而，中国邮传部似乎无视中日之间现有的协议以及日本政府根据该协议所作的上述声明，依然希望将"关外"铁路由新民屯延伸至法库门。根据可靠的消息来源，中国当局于去年 11 月 8 日就上述延线与英国签订了合同。该消息令日本政府感到十分意外。暂且假定英国人不知中日间现有协议不允许进行上述扩建工程，但鉴于中国政府在 1905 年北京会议上明确承诺，为了保护南满铁路的利益，中国政府同意不在其邻近地区和与之平行的地方修建任何干线，也不修建任何可能损害其利益的支线，故贵国官宪自然地都必须受本协议约束，且贵国政府有义务防止任何人违反该协议。

日本政府相信，鉴于中日两国之间存在的协议和日本的多次声明，中国政府将履行在这一问题上的义务。但是，如果中国蓄意无视协议并损害南满铁路的利益，日本政府将视情况而被迫随时采取必要的行动，以维护自身的利益。奉我国政府指示，特此补充声明。

(7) 光绪三十四年(1907 年①)四月初七(中国历法)，庆亲王致日本外务大臣林董男爵(Baron Hayashi)之复函。

（译自根据中文转译的日文②）

照会事。案查关外铁路接展至法库门一事，上年十二月十九日(中国历法)接准来照，以按照日清交涉会议录所载，日本政府断不能承认，会议订明承认保护南满洲铁路之利益，不在该路附近敷设并行干线，并不敷设有害该路利益之枝线，中国官宪有遵守此约、监视毋违之责务，特再声明等因。查中国拟于关外铁路由新民屯敷设新线延长往法库门，系为交通便利发达地方，及增益本路营业进款起见，与南满洲路线毫不相涉，既非附设并行之干线，亦非侵害

---

① 编者按：英文原文如此，为"1908 年"之误。

② 编者按：该句为英文原文所注，以下内容按中文原文录入。中文原文参见：「新法鉄道関係雑纂　第一巻　分割 3」JACAR(アジア歴史資料センター)Ref. B04011007700、新法鉄道関係雑纂 第一巻(1-7-3-100_001)(外務省外交史料館)

利益之支线，其距离该路总不减于欧美各国现有铁路两线间距离之数之通行惯例，业经本部于上年八九月间，准该省督抚暨邮传部来文，先后照会在案。乃贵大臣迄援中日会议录为据，谓中国政府置成约于不理，有侵害南满洲铁路利益之举动，不知当日中日两国全权大臣商订此条时，中国全权即以并行二字范围甚广，必须定以里数，言明在若干里以内，不能筑造并线。日本全权以为若定里数，自他国视之，若有限制中国造路之意。继又请按照欧美通例定出并行线相距里数，又以通例亦不一律，不必载明，并由日本全权声明，中国将来凡有发达满洲地方之举，日本决不拦阻等语。前言属在出于至诚，及友邦最笃之谊，自应彼此共遵。夫发达地方，孰若添筑铁路，利便交通为最要，该路与南满洲铁路相距甚远，实不能作为附近并行，谓有害干路之利益。不特无害也，而且与有利。缘枝路愈多，则干路之生意愈旺，吉长铁路之与南满洲铁路其一例也。且查新法铁路直接关外路线，所经海口为营口、天津，俱属封河之口，南满洲铁路直达大连，为不冻之口，满洲所有出口之出产，必多取道南满洲之铁路直达大连，以期利便。矧法库门以西，俱属蒙境，若通铁路则往来便利，货物充轫，南满洲铁路生意必因之愈盛，凡此皆确凿可据。所以中国欲实行发达地方之要政，必自延长铁路始。讵南满洲铁路公司漫不加察，竟执定为有害该路之利益，致令贵国有拦阻中国发达地方之行动，殊非中国政府所能料及也。所有中国拟修新法铁路，意在发达地方，暨交通利便，并无侵损南满洲铁路利益之处，仍烦贵大臣查照，转达贵国政府为荷，须至照会者。

（8）明治四十一年（1908 年）六月二十六日，日本临时代理公使阿部守太郎致庆亲王之照会。

（译自日文原稿）

关于敷设新民屯—法库门铁路，谨提及殿下光绪三十四年四月初七和五月初六（中国历法）的照会，我在六月八日（日本历法）第 70 号照会中，对上述照会作了临时回应。现据我国政府关于此事的训令，将其意见转达给你。

自去年八月以来，日本政府一再声明，在任何情况下都不能默许修建新民屯—法库门铁路。尽管这些声明所依据的事实和论据是无可争议的，但中国政府仍未能纠正其一贯坚持的态度，而且进一步照会日本，为建设上述铁路的态度作辩护。日本政府深感遗憾的是，被迫进一步努力驳斥中国政府的说法。

中国政府声称，修建新民屯—法库门铁路与南满铁路没有任何关系，并且将拟建铁路视为与南满铁路平行或损害其利益的看法是不恰当的。他们还表示,这两条铁路之间的距离不小于欧美现有两条铁路之间距离之通行惯例。然而,实际情况是,法库门地区,即所谓的辽西地区,有不少货物是由南满铁路经昌图、铁岭等运输的。如果修建新民屯—法库门铁路,那么不仅是辽西的全部货物,而且辽东的一部分货物都将会转移到该铁路运输。除此之外,根据英国驻北京代理商务专员霍西先生(A. Hosie)今年春天发表的报告,可以看到"关外"铁路在与南满铁路的竞争中取得了成功。"关外"铁路的现状就是如此,毋庸置疑,如果铁路向北延伸至法库门,那么南满铁路的劣势将更大。而且,由于南满铁路是外国公司在中国运营的铁路,中国地方当局和人民可能会将货物转移到邻近地区的中国铁路,从而损害南满铁路的利益。同样,根据我们自己的调查,新民屯—法库门铁路与南满铁路之间的距离,如通常所说,平均不超过 35 英里;新民屯与奉天之间的距离为 32.3 英里,法库门与铁岭之间的距离为 27.3 英里,从南满铁路新台子(Hsintaitzu)至新民屯—法库门铁路的最近距离也不超过 24.8 英里。即使如中国政府所说,这两条铁路之间的距离不小于欧美任何现有两条铁路之间的距离,但毫无疑问,将欧美的铁路标准适用于工业生产尚未发达的满洲是不恰当的。在这方面,可以参考中国政府在过去给予外国人修建铁路的权利时所提供的先例,即关于竞争性线路所要遵守的距离的证据。根据 1898 年华俄银行与中国政府签订的正太铁路合同,以及根据当年北京福公司与山西省当局达成的协议,禁止在中国正太铁路两侧 100 华里范围内修建任何竞争线路。换言之,100 华里范围内被划为了禁区,在该区域内不得建造其他竞争性铁路线。此为最好的先例,它打破了中国政府在新民屯—法库门铁路问题上引用欧美铁路之间距离标准作为论据的基础。

关于"平行"一词,中国政府提到,两国全权代表在北京会议时曾谈及该词,但该谈话是没有事实依据的,无论是在两国交换的议定书正副本中,还是会谈记录中,均没有此谈话内容的记载。事实上,日本全权代表小村男爵说:"日本已经获准经营南满洲铁路,并且经营过程中必须要获得适当的利润。如果中国采取任何蓄意损害该铁路利益的行动,那么南满铁路是不可能建设的。所以,我想就这一点作出规定。"中日全权代表就此事交换意见后,中国全权代表袁先生回答说:"总之,中国在任何情况下都不会采取有损于南满铁路利益的行动,不建设任何可能与贵国管理的铁路相竞争的铁路。如果采取任何此类行动,贵国将有权提出反对。毋庸置疑,这条铁路的利益必须受到保护。"小村男爵随后表示，最好能明确这一点并将其记录在案，例如在会议的各项议定书中加以说明，尽管不一定要写入"条约"本身，因此才有了现在状态。在两国全权代表会谈时，"平行"一词首次出现于中国代表提交的草案中。必须指出，当时对这一特定词没有进行任何讨论。

中国政府以吉林—长春铁路线为例，认为支线越多，干线的利润就越大，并辩称新民屯—法库门铁路亦是如此。他们还说，法库门以西是未开发地区，新铁路建设后这些地区的货物运输量将随之增长，南满铁路也将因此而获利。然而，由于新民屯—法库门铁路不是南满铁路的支线，这些说法是没有任何根据的假设。以上表明，新民屯—法库门铁路反而会成为平行竞争线路，对南满铁路产生诸多不利影响。此外，关于铁路与海港之间的关系，中国政府认为南满铁路在这方面具有优势，但由于延建的"关外"铁路能够与南满铁路竞争，且营口和天津封冻期并不长，此外还有不冻港秦皇岛，因此我认为新民屯—法库门铁路不可能不会损害南满铁路的利益。

总之，可以说，日本政府毫不犹豫地再次重申，他们无意为中国开发满洲而采取的任何合法措施设置障碍，但在任何情况下也不会默许中国无视现有协议和日本政府的多次警告，而与第三方签订合同，以敷设一条侵害南满铁路利益的竞争性线路。另一方面，如果中国政府放弃拟建的新民屯—法库门铁路线，并修建一条从法库门至南满铁路的支线，日本政府倾向于接受此一提议，因为这样一条支线，与吉林—长春铁路一样，并不会与南满铁路构成竞争线，但又有助于辽西和蒙古地区的发展。

以上是日本政府的观点，我衷心希望中国政府能以开放的心态重新考虑，并接受日本政府的友好建议，从而一举解决该问题，为增进日中两国之间的友好亲密关系作出贡献。

15. 吉田伊三郎致李顿函（1932 年 5 月 31 日）

副本

第 39 号　　　　　　　　　　　　　　　　　　1932 年 5 月 31 日，沈阳

主席先生：

谨随函附上一份关于铁路平行线问题的说明，以补充 1932 年 4 月 26 日

之信函。

另附 1907 年和 1908 年中日两国关于新民屯—法库门铁路之往来照会的译文。

主席先生,请接受我最崇高的敬意。

(签名)吉田伊三郎
日本顾问

国联调查团主席李顿勋爵

16. 吉田伊三郎致李顿函(1932 年 5 月 31 日)

副本

第 38 号 　　　　　　　　　　　　　　　　　　1932 年 5 月 31 日,沈阳

主席先生:

谨随函附上《中国海盗》法文本 10 份和英文本 20 份,请将其分发给调查团成员,以供参考。

主席先生,请接受我最崇高的敬意。

签名:吉田伊三郎
日本顾问

国联调查团主席李顿勋爵

17. 李顿调查团致吉田伊三郎函
(1932 年 6 月 2 日)

调查团

　　　　　　　　　　　　　　　　　　　　　1932 年 6 月 2 日,沈阳

尊敬的阁下:

《中国海盗》法文本 10 份和英文本 20 份均已收到,并已分发给了调查团成员。奉李顿勋爵之命,谨向您表示感谢。

很荣幸为阁下效劳。

吉田伊三郎

沈阳大和旅馆

18. 吉田伊三郎致李顿函（1932 年 5 月 30 日）

副本

第 37 号　　　　　　　　　　　　　　　　1932 年 5 月 30 日，大连

主席先生：

　　谨通知你，我于 5 月 28 日收到我国政府关于调查团编写最终报告书地点的最新电报。

　　日本政府相信，调查团已考虑到日本坚决反对选择北戴河的理由了，故日本政府要求我问你，在那些被认为可以接受的城市中，最终选择了哪一个城市？

　　如果你能让我尽快通知我国政府，我将会感到很高兴。

　　主席先生，请接受我最崇高的敬意。

签名：吉田伊三郎

日本顾问

国联调查团主席李顿勋爵

19. 日本反对李顿调查团在北戴河撰写报告书的备忘录
（1932 年 5 月 20 日）

国联调查团日本代表团

　　关于前天晚上和主席先生的谈话，日本顾问认为有必要再次重申，日本政府反对选择北戴河作为起草调查团报告书的地点的理由：

　　首先，北戴河位于张学良元帅数万军队驻扎地区的中心地带，而且他们敌视日本和"满洲国"。当然，日本顾问不会认为调查团的公正性和独立性会因

任何军队的存在而受到影响。日本顾问充分理解,调查团为了顾及世界舆论和中国的意见,不可能愿意在日本军队中草拟报告。所以,日本政府希望调查团明白,选择北戴河也不会得到日本舆论的认同,更何况它还可能会给世界舆论留下负面印象。

其次,北戴河没有可供日本方便联系的通讯设施。调查团或许认为,在起草报告这一重要时期内,日本顾问与中国顾问可以使用相同的设施,特别是在通过电报与日本政府建立直接和迅速的联系方面,但是北戴河只有陆路电报,没有直通日本的电缆。此外,该地还没有定期的航运线。

在这种情况下,日本顾问相信,调查团在作出选择之前,将会全面权衡日本政府坚决反对将北戴河作为编写调查团报告书地点所提出的依据。日本顾问还指出,他并没有坚持要求在日本起草报告书,而是提议在中国的另一个城市青岛。在他看来,相较于北戴河,青岛没有任何不利之处。特别是从交通通信的角度来看,青岛的通讯网更为集中,铁路和航运线路使得去日本旅行像在中国旅行一样方便,而且通过直达电缆可确保与日本的电报联系。

至于物质设施,调查团可以从先前发给它的文件中了解到,它会在青岛找到所有理想的便利设施。

1932 年 5 月 20 日,哈尔滨

20. 吉田伊三郎致李顿函(1932 年 5 月 24 日)

副本

第 37 号   1932 年 5 月 24 日,沈阳

主席先生:

谨随函附上《中国违反条约的重要案例》法文本 10 份和英文本 20 份,如果您能将其转发给国联调查团成员,我将不胜感激。

主席先生,请接受我最崇高的敬意。

签名:吉田伊三郎
日本顾问

国联调查团主席李顿勋爵

21. 日本代表团致李顿调查团函
（1932 年 5 月 25 日）

国联调查团日本代表团

应大阪商工会议所主席稻畑胜太郎（Inabata Katsutaro）先生的请求，日本代表团秘书处谨送上乔治·邦诺（Georges Bonneau）先生编写的《日本与满洲》20 份，以供记录之用。

1932 年 5 月 25 日，沈阳

22. 哈斯致吉田伊三郎函（1932 年 5 月 20 日）

调查团

1932 年 5 月 20 日，哈尔滨

调查团秘书长谨随函附上一份备忘录副本，该备忘录载明，调查团已经将希望与马占山将军会谈的意向记录在案。

23. 李顿调查团希望与马占山会谈的备忘录①
（1932 年 5 月）

由于我们表达了在离开满洲前与马占山将军会谈的愿望，这引起了新闻界和其他方面的一些讨论，因此，我们认为有必要将我们在此事上的意图和行动记录在案。

关于满洲现状，不同派别各有各的看法。我们在现阶段不会采纳其中任何一种观点，但我们必须要听取所有人的意见。

为了公平起见，并从各个相关来源获取信息，我们采访了"满洲国"政府成

---

①　编者注：原件无日期。

员,如果可能的话,也希望给马占山将军一个向我们提供信息的机会,他亦曾有此请求。

然而,由于存在战争条件,且我们的任命条款明确禁止我们干预军事行动,所以我们认为应将我们的意向告知日本顾问和大桥先生(Mr. Ohashi)(作为谢介石先生的私人代表陪同我们)。我们预料到在执行过程中可能会遇到一些实际困难,但我们没有预料到我们的意图会被误解。

24. 盐崎观三致哈斯函(1932 年 5 月 25 日)

国联调查团日本代表团

1932 年 5 月 25 日,沈阳

亲爱的哈斯先生:

谨随函附上由沈阳日本商工会议所编写的《中国军阀与经济混乱》20 份,该商会主席非常乐意在即将与调查团举行的会谈中回答调查团成员可能向他提出的任何问题。

尊敬的先生,请接受我最崇高的敬意。

代表团秘书长盐崎观三

国联调查团秘书长罗伯特·哈斯先生

25. 吉田伊三郎致李顿函(1932 年 5 月 11 日)

第 34 号

1932 年 5 月 11 日,哈尔滨

尊敬的主席先生:

谨随函附上由日本驻哈尔滨总领事馆编写的《中日关系》15 份。

尊敬的主席先生,请接受我最崇高的敬意。

日本顾问

国联调查团主席李顿勋爵

26. 吉田伊三郎致函李顿调查团之备注
（1932 年 5 月 1 日）

副本

第 33 号　　　　　　　　　　　　　　　　　1932 年 5 月 1 日，沈阳

　　日本顾问向调查团成员提供关于"满洲国"组织概况的简介，以供其参考。

　　该简介注明了在"满洲国"政府担任职务的日本人的名字。

　　该文件的完整文本将在长春提交给调查团。

　　　　　　　　　　　　　　　　　　　　　　　　　　　　日本顾问

27. "满洲国"组织结构

（执政教令第 1 号）

执政…………参议府

（咨询）

（教令第 4 号）

立法院	国务院	法院	监察院
组织法尚未公布	教令第 5 号和第 6 号	组织法尚未公布	教令第 2 号①
	机构详情见下表		部门：
			总务处
			监察部
			审计部

国务院

　A. 国务院包括：

　（1）国务总理，所属总务厅②下设 4 个处：

---

① 编者按：原文如此，应为"教令第 7 号"。

② 原文注：驹井德三（Tokuzo Komai est le）先生是该部门负责人。

秘书处

人事处

主计处

需用处

(2) 各部总长分别职掌以下七个部门之一：

民政部

外交部

军政部

财政部

实业部

交通部

司法部

B. 以下部门隶属于国务院：

法制局（制定与批准法律）①

附置统计处

资政局（为资各部施政畅达之处）

兴安局（包括内蒙古旗务）下设三处：

总务处

政务处

劝业处

C. 设国务院会议，由国务总理主宰，并由以下人员组织之：

各部总长

总务长官

法制局长

兴安局总长

资政局长

外交部

（教令第 6 号第三章）

置下列三司：

---

① 原文注：松木侠（Kyô Matsuki）先生是该局负责人。

总务司①

通商司（包括侨民、领事）

政务司（条约、国际会议等）

另置以下职位作为外交部的一部分：

A. 在满洲设 2 名外交特派员：

1 名在沈阳负责处理与南满、关东、朝鲜有关的外交事务

1 名在哈尔滨负责处理与北满有关的外交事务

B. 在满洲以外委派 2 名"满洲国"代表：

1 名在东京负责日本与"满洲国"之间的谈判

1 名在中国适当的城市负责中国与"满洲国"之间的谈判

民政部

（教令第 6 号第二章）

置下列六司：

总务司②

地方司

警务司

土木司（包括土地收用）

卫生司

文教司

军政部

（教令第 6 号第四章）

（掌理国防及用兵）

置下列二司：

参谋司

军需司

财政部

（教令第 6 号第五章）

置下列三司：

---

① 原文注：总务司长大桥忠一先生（Chuichi Ohaoshi）。

② 原文注：总务司长中野琥逸先生（Koitsu Nakano）。

总务司①

税务司②

理财司（货币、国有财产）

实业部

（教令第 6 号第六章）

（农业、林业、矿业、商业、工业）

置下列三司：

总务司

农矿司

工商司

交通部

（教令第 6 号第七章）

（适用于所有交通方式）

置下列四司：

总务司（包括航空）

铁道司③

邮务司（电报、电话）

水运司

司法部

（教令第 6 号第八章）

（司法行政机构）

置下列四司：

总务司

法务司（法院的设置和废止；民事和刑事案件等）

行刑司（包括监狱）

---

① 原文注：总务司长阪谷希一先生（Kiichi Sakatani）。

② 原文注：税务司长源田松三先生（Matsuzo Genta）。

③ 原文注：铁道司司长森田成之先生（Nariyuki Morita）。

省公署

（教令第 13 号）

各省置省长 1 人（除兴安省）。

省公署置以下各厅：

总务厅

民政厅

警务厅

实业厅

教育厅

各省公署置参事官不超过六名（教令第 14 号）。

28. 日本代表团应沈阳日本新闻协会的要求向李顿调查团转交报告的备忘录（1932 年 4 月 26 日）

国联调查团日本代表团

　　日本代表团秘书处谨应沈阳日本新闻协会的要求，向国联调查团秘书处转交该协会编写的报告。

1932 年 4 月 26 日，沈阳

29. 满洲问题①

　　沈阳新闻协会对国联调查团成员及其随员表示热烈欢迎，十分荣幸能有机会与诸君会面，并共同讨论世界和平与远东福祉。

　　长期以来，日本一直受到人口问题的困扰。日本的过剩人口移居国外，屡屡遭到世界各国的拒绝。世界上那些尚未承认民族平等原则的大国，绝不会想到封闭的满蒙也反对日本，从而把一个日益发展的国家逼向绝境。

---

① 编者按：该文件是日本对中国的诋毁与诬蔑，存在诸多不实之词，请读者注意甄辨。

目前,这些土地是世界上唯一可供我国过剩人口使用的土地。没有满蒙,日本根本就不可能生存。从任何角度来说,以及从我们的信仰来看,满蒙都是我们赖以生存的"生命线"。我们真诚希望调查团成员能充分理解我国的这种情况。

中国政府,特别是张学良将军领导下的东北旧政权,千方百计地压迫日本居民,其遭受的苦难难以言状,此类事例不胜枚举,毋庸赘述。然而,世界上没有任何国家或组织想过干预此事并制止这种严重的不公正现象。撤出这片领土,对我们来说意味着死亡,但除非如此,否则不难看出,我们除了自救之外别无选择。

关于日本与满蒙在历史上、地理上的渊源关系,自不待言。过去的两场战争,日本均以这片土地作为自己生存的赌注。对领土的野心不会促使一个有自尊心的国家发动如此规模的战争。我们一次又一次地受到侮辱、威胁与挑衅,直到最后我们发现,如果我们再拖延下去,就意味着我们的毁灭。直到此时,我们才下定决心,拔剑出鞘。就是在这样的情况下,我们被迫进行了两场战争。因为我们为这两场战争付出了全部,所以我们取得了令世人惊讶的胜利。我们为这片土地付出了如此大的牺牲,并且它又是我们国家安全的重要保障,那么我们在此拥有巨大利益不是很自然的事吗?我们要求在满蒙享有特殊地位,难道不合适吗?

没有人能够否认日本在过去四分之一世纪中为该世界一隅的开发在经济文化方面所做的贡献。迄今为止,日本在满洲的投资额达 17 亿之巨。这些巨大的投资,建成了铁路,开采了矿山,发展了商业。每年都有数十万移民从中国其他地区涌入,粗略估计,过去 20 年总人口增长了 1 000 万人左右。对外贸易从无到有实现了跨越式发展,现在贸易额占整个中国的 35%。满洲目前堪称是中国最富裕的地区,那里的居民享受着和平与富足,这一切都得益于日本人的努力。所谓"两个民族共存共荣",至少对我们来说不是一句话。这些事实使人能够理解,日本人为什么对满蒙问题如此敏感。

自古以来,向远东扩张就是俄国人的国策。她不满足于亚洲太平洋沿岸唯一的海港符拉迪沃斯托克,于是通过威胁和欺骗满清政府,横扫北满和南满,以达大连和旅顺,从而危及日本安全,扰乱东亚和平。当然,这些都是旧沙皇俄国干的,但谁又能说现在取代旧政权的苏联会长期对满洲置之不理呢?日本目前在防止这种突发事件方面所起的作用不仅是为了自身,而且也是为了维护世界的和平。

使世界"赤化"是苏联的基本国策。苏联曾一度采取各种手段试图使中国赤化，虽然由于某些原因，这种尝试以失败告终，但其并没有放弃这一企图。我们现在经常听到在该国几个地区肆虐的"赤匪"，显然是苏联宣传家播下的种子在成长。众所周知，外蒙古现在完全处于苏联的控制之下，而今天他们的"黑手"实际上又伸向了华北和间岛（Chientao）。如果对他们放任不管的话，此时他们肯定已经成功地把远东大部分地区置于共产主义的控制之下了。因制止共产主义宣传的猛烈攻击，难道日本不可以自诩为世界和平与人类福祉做出了一点小小的贡献吗？如果日本退出满洲，那么谁将代替她充当保护者的角色，以抵御这些危险思想的攻击呢？

谁能信任中国？按照国家一词的一般含义，谁又会把中国当作一个国家？中国年复一年的混乱，不是说动乱，又意味着什么呢？自从所谓1912年革命以来，中国从未享受过一天的和平秩序，也从未有过一个稳定的政府。中国一直走在国家崩溃的道路上，且毫不掩饰对条约权利的漠视，绝不能指望其保证外国生命和财产的安全。事实上，列强仍然选择保留对中国海关的控制权，在主要城市和港口保留自己的租界，好像也不急于放弃其"治外法权"——这一切除了表明他们对中国的不信任外，还意味着什么？

中国的确不值得得到大国的信任。假设我们把维护满洲和平与开发国家的任务交给中国，我们自己的国家会变成什么样子呢？

目前满洲事件①爆发的真正原因有其根源所系，只有肤浅的旁观者才会对我们的军事行动指手画脚，认为其违反了《国联盟约》及其他条约。

我们与中国人生活在一起，经常有机会观察他们之间的争吵和争斗。在这些争吵和争斗中，无论是苦力还是军阀，他们的惯用伎俩都是试图通过向第三方申诉自己的立场来获得优势。"奸诈地"利用别人的帮助，而后"背信弃义"，是中国传统外交政策的基础，任何对中国历史稍有了解的人对此都心知肚明。这种利用第三方的"自私行为"是中国人的处世哲学，也是中国人与他人打交道时爱耍的鬼把戏之一。凡不能为自己谋利的东西，对他们来说都是毫无价值的。

经历华盛顿会议之后，中国已经学会了如何利用国际会议。如今，在不抵

---

①　编者按：指九一八事变。

抗与热爱和平的幌子下,中国再次试图通过国际联盟的援助来压制日本的正当要求。就像治好一个被宠坏的孩子的坏习惯,使他成为一个独立而通情达理的人的最好办法,就是对他所有想要引起长辈注意并想要达到的目的充耳不闻,所以国联为中国所能做的最好的事情就是保持冷静,不要那么轻易地听取她的诉求,这些诉求总是添油加醋,言过其实。回顾中日两国在满蒙问题上的争端历史,我们发现,如果中国放弃这种无视条约权利的做法,以及她最喜欢的反日运动外交政策,这些问题曾经可以轻而易举地得到解决。但是,从那以后,情况发生了变化,事态的发展迫使我们改变解决这些问题的方法。现在双方实际上已经交火了,张将军正试图用武力破坏满洲秩序,同时一个"新的国家"正在建立之中,因此,在别处寻求令人满意的解决这些问题的办法是正当和自然的。

如果不适当考虑这种变化的情况,满洲问题就永远无法圆满解决。因此,首先必须要全面、准确地了解满洲的一切情况,无论是现在还是过去。为了全面了解事物的真实状况,必须从种族、经济、历史和地理等所有可能的角度仔细研究中国本身,尤其是满洲的现在和过去。仅对当前事件的前因后果进行调查是远远不够的。简而言之,只有首先回答了那个著名的问题即"中国是什么?"的问题,才能圆满解决满洲问题。这种对中国和满洲的研究不仅有助于解决满洲问题,而且有助于国联更好地了解远东地区,这将极大地有利于推动国联实现保卫世界和平的崇高使命。

30. 盐崎观三致哈斯函(1932 年 6 月 8 日)

国联调查团日本代表团

1932 年 6 月 8 日,北平

亲爱的秘书长先生:

日本政府和"民选执政府"刚刚问我们:

(1) 调查团拟经过朝鲜前往日本的行程计划;

(2) 参加这次旅行的人员姓名。

如果您能尽快回复,以便我及时采取一切措施,使调查团能顺利访问日本,我将不胜感激。

我想提醒您，以前认为在日本逗留至少三周是可取的，更不用说还要加上到达日本所需的时间了。

同时，我冒昧地起草了一份沈阳至下关（Shimonoseki）的行程计划草案，我很乐意能尽快收到您对此计划的意见，以便立即做出必要的安排：

第 1 天　从沈阳出发，在安东停留。

第 2 天　早晨抵达京城（Keijo）。

第 3 天　住在京城。

第 4 天和第 5 天　参观金刚山（Mont Kongo-san）。

第 6 天　从京城出发。

第 7 天　经由釜山（Fousan）抵达下关。

亲爱的秘书长，我在此表示衷心的感谢，请接受我最崇高的敬意。

盐崎观三

北平，国联调查团秘书长罗伯特·哈斯先生

31. 吉田伊三郎致李顿函（1932 年 4 月 30 日）

副本

第 31 号　　　　　　　　　　　　　　　　　　1932 年 4 月 30 日，沈阳

主席先生：

应日本驻上海总领事的要求，谨随函附上我早些时候寄给你的同名文件"上海事件（三）"的十五份副本。

主席先生，请接受我最崇高的敬意。

签名：吉田伊三郎

日本顾问

国联调查团主席李顿勋爵

32. 吉田伊三郎致李顿函（1932 年 4 月 30 日）

副本

第 30 号 　　　　　　　　　　　　　　　1932 年 4 月 30 日，沈阳

主席先生：

　　谨随函附上由日本海军省编写的《上海事变与中日局势》20 份。

　　主席先生，请接受我最崇高的敬意。

签名：吉田伊三郎

日本顾问

国联调查团主席李顿勋爵

33. 盐崎观三致哈斯函之备忘录（1932 年 5 月 20 日）

国联调查团日本代表团

　　日本代表团秘书长向调查团秘书长致意，并就日本警察当局在南满铁路地区采取的措施通报如下：

　　日本顾问惊讶地获悉，中国政府及其驻日内瓦和其他地方的代表歪曲了日本警察当局为确保中国顾问及其代表团成员在沈阳和长春时的人身安全而采取的措施。

　　日本政府曾向国联调查团保证，将采取一切可能的手段来确保其行动的安全，而现在看来，它原本打算给予中国顾问同样的保护是多余了。

　　然而，在调查团访问沈阳和长春期间，日本警察当局发现自己在执行任务时处境非常艰难。事实上，顾博士进入"满洲国"的问题是当时谈判的主题，而且不断有报道指出，"满洲人"对他的反感非常强烈。此外，日本管辖的地区不仅与"满洲国"的领土相邻，而且被其包围。出于这些原因，日本警察当局有义务采取特别预防措施，并保持高度警惕，以确保中国顾问的人身安全，防止其遭受意外袭击。

　　所采取的一切措施都受到当时复杂局势的严格限制，日本警察当局一直

努力确保在这种情况下，中国顾问在铁路区内行动自由。

日本顾问相信，中国顾问能够充分理解日本警察当局在他身处不安全的情况下保护他的的真实意图和努力。

这份备忘录可以传达给中国顾问。

此外，日本代表团秘书长附上了从日本当局收到的关于在长春大和旅馆发生的事件的正式报告，以供调查团参考。

1932 年 5 月 20 日，哈尔滨

附：日本警察当局的报告节选

"5 月 3 日下午 4 时 40 分左右，在大和旅馆值班的日本警察三上义彦（Yoshihiko Mikami）先生接到报告，称有两名外国人刚刚进入顾博士的房间。三上先生为了确保这些访客不具有危险性，便走向顾博士的房间。中国代表团的施先生站在门前拦住了三上先生，问他想要干什么。三上先生回答说，有两名访客，一男一女，在顾博士的房里，他想知道他们的名字。然后，施先生问三上先生他是谁，三上先生递给施先生一张名片。就在这时，刘先生从隔壁房间出来，他用日语问三上先生要干什么，他是谁。施先生把三上的名片给了他，刘先生说他要去日本代表团找人来。三上先生等了半天，不见刘先生回来，于是他敲了顾博士的房门。顾博士打开门，问他要干什么。三上先生看到了房间里的客人，觉得他们并不危险。然而，当博士问他来访的目的时，他告诉顾博士说，他想知道访客的姓名。三上先生'没有坚持进入房间'。当顾博士向他索要名片时，三上先生回答顾博士说，已经把名片给了他的一个代表团成员。"

34. 吉田伊三郎致李顿函（1932 年 4 月 30 日）

副本

第 32 号 1932 年 4 月 30 日，沈阳

尊敬的主席先生：

谨随函附上六份刊登在《华盛顿星报》（Washington Star）上的一篇题为"抵制——是战争吗?"的文章。

主席先生，请接受我最崇高的敬意。

签名：吉田伊三郎

日本顾问

国联调查团主席李顿勋爵

35. 吉田伊三郎致李顿函（1932 年 4 月 30 日）

副本

第 28 号   1932 年 4 月 30 日，沈阳

主席先生：

　　谨随函附上《亚洲先驱报》(The Herald of Asia)主编的《中国抗日运动的起源与历史》一文六份。

　　主席先生，请接受我最崇高的敬意。

签名：吉田伊三郎

日本顾问

国联调查团主席李顿勋爵

36. 日本代表团向国联调查团返回修正照会的备忘录
（1932 年 4 月 28 日）

国联调查团日本代表团

　　关东军司令部对国联调查团昨晚转交来的照会作了一定的修正，日本代表团谨随函附上修正后之照会。

1932 年 4 月 28 日，沈阳

附1：照会原件

9 月 18 日，在南满铁路区的日军人数为 10 690 人。

12 月 10 日，铁路区内部队人数 4 000 人，铁路区外部队人数 8 900 人。

4 月下旬，铁路区内 6 600 人，区外 1 800 人。

3 月底，在齐齐哈尔/辽源/洮南铁路、沈阳/山海关铁路、哈尔滨以东中东

铁路、吉林/敦化铁路北段，"满洲国政府军"有8.5万人，主要驻扎在长春、沈阳、洮南、齐齐哈尔、敦化等地区和中东铁路沿线地区——不言而喻，因为这些部队的态度不明确，所以8.5万这个数字并不确切。

地方警察部队11.5万人，其中6万人是"地方保安团"。

还要说明的是，留在长城外的原中国正规军中，有6万人加入了"满洲国军"，有3万人在吉林东北部地区与日军、"满洲国军"对抗，还有2万人可能加入了所谓的"义勇军"。

该报告还将利用日本提供的关于以下武装力量估计人数的信息：

a）原中国军队中不承认"满洲国"者；

b）义勇军；

c）"土匪"，估计有4万人。此外，吉林东北部地区"特别土匪部队"还有1.2万人。

附2：修正后之照会

调查团在编制初步报告书时，建议使用由日本提供的以下信息：

1931年9月18日，在南满铁路区的日军人数为10 590人。

1931年12月上旬铁路区内，日军人数4 000人，铁路区外8 900人。

4月下旬，铁路区内6 600人，区外1 800人。

3月底，在齐齐哈尔—洮南—辽源铁路区、沈阳—山海关铁路区、哈尔滨以东中东铁路区、吉林—敦化铁路北段地区，"满洲国政府军"有8.5万人，主要驻扎在长春、沈阳、洮南、齐齐哈尔、敦化和中东铁路沿线地区——不言而喻，由于这些部队的态度不明确且其人数还在增加，很难获得准确的数字，所以8.5万这个数字并不确切。

据估计，"满洲国"的警力约为11.9万人。

还要说明的是，留在长城外的原中国正规军中，有6万人加入了"满洲国军"，有3万人在吉林东北部地区与日军、"满洲国军"对抗，还有2万人可能加入了所谓的"义勇军"。

该报告还将利用日本提供的关于以下武装力量估计人数的信息：

a）原中国军队中不承认"满洲国政府"者大约有4万人。

b）加上义勇军在内的"土匪"大约有10万人

总之，在长城外抗击日军、"满洲国军"的总兵力估计有14万人。

37. 日本代表团秘书处向李顿调查团转送文件的备忘录
(1932 年 5 月 3 日)

国联调查团日本代表团

应南满洲铁道株式会社的要求,日本代表团秘书处谨将下列文件送交国联调查团秘书处。

1932 年 5 月 3 日,长春

文件清单

5 份《满洲土地利用地图》,由村越信夫(Nobuo Murakoshi)先生和格伦·托马斯·特雷瓦莎(Glenn T. Trewartha)先生编撰。

15 份《中国违反条约协定与不履行义务之案例》,由南满洲铁道株式会社研究部编撰。

15 份《满洲的经济发展》,由南满洲铁道株式会社太平洋关系研究会阿部勇(Isamu Abe)先生编撰。

15 份《满洲科学文化的发展》,由南满洲铁道株式会社太平洋关系研究会松尾先生(M. Matsuo)编撰。

15 份《关于满族情况的几点看法》,由满洲启蒙社（Manchuria Enlightening Society)编撰。

15 份《中国新教科书中的反洋教义》,由草国社(Sokokusha)汇编。

38. 盐崎观三致哈斯函(1932 年 4 月 28 日)

国联调查团日本代表团

1932 年 4 月 28 日,沈阳

秘书长先生:

谨就总领事在即将与调查团面谈时的解释要点通知如下:

(1) 张学良元帅时期满洲与中国本部之关系。

(2) 共产党在满洲的活动及其与日本安全之关系。

（3）满洲的土地租赁权问题。

（4）中国人在满洲对朝鲜人的"压迫"。

（5）满洲的"非法"征税问题。

（6）满洲铁路的各种问题。

（7）1931 年发生的各种问题（九一八事变之前）。

（8）九一八事变后"土匪"的活动情况。

（9）九一八事变后对日韩侨民的"伤害"。

如果可能的话，请您准备好有关事项的问卷，这会极大地促进对话的进展，我将不胜感激。

秘书长先生，请接受我最崇高的敬意。

日本代表团秘书长盐崎观三

国联调查团秘书长哈斯先生

39. 吉田伊三郎致李顿函（1932 年 4 月 27 日）

国联调查团日本代表团

第 27 号　　　　　　　　　　　　　　　1932 年 4 月 27 日，沈阳

秘密

主席先生：

关于我们本月 10 日和 14 日在北平就平行线进行的会谈，我谨向你送交"关于平行线承诺有效性的说明"6 份秘件，并请你将其转交调查团成员和秘书长。

主席先生，请接受我最崇高的敬意。

日本顾问吉田伊三郎

国联调查团主席李顿勋爵

40. 日本顾问关于平行线承诺有效性的说明

（1932 年 4 月 26 日）

1932 年 4 月 26 日，奉天

（1）如标题所示，载有中国对平行线承诺的文件是一份会议节录，该会议节录是根据会议议事规则起草的，其第二条内容如下：

"每次会晤用中日两国文存记会议节录，两国全权大臣彼此签名为证，且此项会议节录只将会议纲领记录。"

此外，分别保存于日本和中国政府档案中的第 11 号会议节录的两个文本，均以两种语言签署，内容完全相同。因此，这份文件的真实性是不容置疑的。

（2）从一般意义上讲，会议节录或议定书是记录会议期间所发生事情的文件，除讨论摘要外，还载有各种决定、决议、声明或承诺的记录。如果议定书或会议节录本身不是国际承诺，其中记录的决定、决议、声明或承诺则应具有其自身价值。

（3）许多案例表明，载有决议、声明或承诺的会议议定书从未成为所签署的外交文书的主题——更不用说批准了——但其作为一项国际承诺的法律价值从未受到质疑。例如，1921—1922 年华盛顿会议通过的宣言、决议或决定就是这样，它们只是会议记录的一部分；该会议的逐字记录甚至没有全权代表的签字，他们只是批准了提交的文本。

（4）同样，在 1905 年的北京会议上，宣言或决议也被纳入了会议节录。

（5）在日本和中国两国代表团提出的拟加入条约的条款中，有些条款成为 1905 年 12 月 22 日附约中的一部分；其他条款则以声明的形式列入会议节录。因此，在 12 月 4 日会议（第 11 次会议）上，全权代表们在本文件所附的临时译文中表示：

a) 首先对中国代表团所提交的草案进行审查，决定不将拟议的关于营口海关的第 7 条列入"条约"，而是以声明的形式将其列入会议节录（这是 1906 年 2 月日本秘密提交给英国和美国政府的第 16 号文件）；

b) 接着讨论了日本代表团提交的草案，关于联络铁路营业事务的第一条被保留下来,列入附约成为第七条;所讨论的草案第 2 条提到了平行线。

（6）关于草案第 2 条,第 11 次会议节录的内容如下:

"嗣后在南满洲地方筑造铁路一事,彼此磋商后,允定此条不列入约款内,将下开声明之语存记会议节录内:

中国政府为维持东省铁路利益起见,于未收回该路之前,允于该路附近不筑并行干路,及有损于该路利益之枝路。"

（7）毋庸赘言,中国作出的承诺没有列入条约,而是经双方全权代表共同商定,采用了声明的形式。该声明是一项国际承诺,其本身就具有最终有效性。

日本顾问

41. 日本代表团秘书处致李顿调查团秘书处函
（1932 年 4 月 27 日）

国联调查团日本代表团

日本代表团秘书处谨通知国联调查团秘书处,南满洲铁道株式会社希望调查团访问其在沈阳的各种机构:

动物疾病研究所

满洲医学院

满洲医学院附属医院

南满洲华文中学

华文小学

南满洲铁道株式会社图书馆

1932 年 4 月 27 日,沈阳

42. 吉田伊三郎致李顿函（1932 年 4 月 30 日）

副本

第 29 号   1932 年 4 月 30 日，沈阳

主席先生：

我荣幸地通知您，海军大佐伊藤整一（Seiichi Ito）先生已被任命为日本代表团成员。

主席先生，请接受我最崇高的敬意。

日本顾问吉田伊三郎

国联调查团主席李顿勋爵

43. 吉田伊三郎致李顿函（1932 年 4 月 26 日）

国联调查团日本代表团

第 26 号   1932 年 4 月 26 日，沈阳

主席先生：

我荣幸地通知您，日本公使馆一等书记官杉下裕次郎（Yûjirô Sugishita）先生已被任命为日本代表团成员。

主席先生，请接受我最崇高的敬意。

日本顾问吉田伊三郎

国联调查团主席李顿勋爵

44. 吉田伊三郎致李顿函（1932 年 4 月 25 日）

国联调查团日本代表团

第 25 号　　　　　　　　　　　　　　　　　　1932 年 4 月 25 日，沈阳

主席先生：

　　我很荣幸地提请您注意日本驻福州总领事向我提供的以下信息。

　　4 月 17 日晚上 11 点，四名身穿欧式服装的中国青年——似乎是"救国会"的成员——乘坐汽车来到了福州一名 30 岁的日货经销商刘永俤（Liu Young-ti）的家中。他们要求该商人到街上去，被拒绝后，他们就用枪打死了他。

　　据报，这是国民党下令对从台湾进口日货的人所采取的恐吓措施之一，事实上，国民党的命令阻碍了福州从台湾进口日货的所有贸易。

　　主席先生，请接受我最崇高的敬意。

日本顾问吉田伊三郎

国联调查团主席李顿勋爵

45. 吉田伊三郎致李顿函（1932 年 4 月 25 日）

副本

第 24 号　　　　　　　　　　　　　　　　　　1932 年 4 月 25 日，沈阳

主席先生：

　　应曾与调查团会谈的旅沪日侨代表的要求，我荣幸地将他们准备的文件转给您，该文件完成了他们在上述谈话中的陈述。

　　主席先生，请接受我最崇高的敬意。

签名：吉田伊三郎
日本顾问

国联调查团主席李顿勋爵

46. 吉田伊三郎致李顿函(1932 年 4 月 25 日)

副本

第 23 号 1932 年 4 月 25 日,沈阳

主席先生：

　　继本月 4 日您与日本驻汉口总领事坂根先生会晤后,谨随函再附上第十一警察分局对中国人李昌年(Li Chang-nien)罚款 10 美元的收据照片和译文(一式六份)。

　　3 月 17 日,该名中国男子携带汉口日本泰安纱厂生产的棉织品离开日租界时被捕。他被第十一警察分局带走,因交易日货扰乱公共秩序而被处以罚款。

　　对此,坂根先生向汉口警察局提出了口头抗议。

　　作为抗议的结果,10 美元的罚款被退回,裁决被撤销,并为未来提供了保证。

　　此外,负责此事的官员也受到了惩罚。第十一警察分局局长因病缺席,实施罚款的副局长受到训斥。

　　交涉后的次日,警察局派秘书向坂根先生表达了歉意。

　　主席先生,请接受我最崇高的敬意。

签名:吉田伊三郎

日本顾问

国联调查团主席李顿勋爵

47. 吉田伊三郎致李顿函(1932 年 4 月 24 日)

副本

第 22 号 1932 年 4 月 24 日,沈阳

主席先生：

　　谨在严格保密的基础上,将金尼(Kinney)先生所撰的《内蒙古人民希望

受益于"满洲国"政府——蒙古证人被迫向调查团作证》五份副本送给您。

　　主席先生，请接受我最崇高的敬意。

签名：吉田伊三郎

日本顾问

国联调查团主席李顿勋爵

48. 吉田伊三郎致李顿函（1932 年 4 月 24 日）

副本

第 21 号　　　　　　　　　　　　　　　　　　1932 年 4 月 24 日，沈阳

主席先生：

　　谨随函附上 20 份《被"歪曲"的上海事件》和《通往远东的敌对行动之路》的副本，请将其转交调查团成员。

　　主席先生，请接受我最崇高的敬意。

签名：吉田伊三郎

日本顾问

国联调查团主席李顿勋爵

49. 吉田伊三郎致李顿函（1932 年 4 月 23 日）

副本

第 20 号　　　　　　　　　　　　　　　　　　1932 年 4 月 23 日，沈阳

主席先生：

　　谨随函附上文件《日本与满洲之关系》10 份法文本和 20 份英文本。

　　主席先生，请接受我最崇高的敬意。

签名：吉田伊三郎

日本顾问

国联调查团主席李顿勋爵

50. 吉田伊三郎致李顿函(1932 年 4 月 18 日)

国联调查团日本代表团

第 19 号 　　　　　　　　　　　　　　　　　　1932 年 4 月 18 日,北平

主席先生:

应日本驻上海总领事馆的要求,谨随函附上总领事馆就上海事件发表的公报汇编六份,供您参考;如果您能将它们转交给调查团成员和秘书长,我将不胜感激。

主席先生,请接受我最崇高的敬意。

日本顾问吉田伊三郎

国联调查团主席李顿勋爵

51. 吉田伊三郎致李顿函(1932 年 4 月 18 日)

国联调查团日本代表团

第 18 号 　　　　　　　　　　　　　　　　　　1932 年 4 月 18 日,北平

主席先生:

谨随函附上南满洲铁道株式会社调查课课长伊藤武雄(Takeo Itoh)先生编写的《中国在满洲的挑衅》11 份,请将其转交调查团成员。

主席先生,请接受我最崇高的敬意。

日本顾问吉田伊三郎

国联调查团主席李顿勋爵

52. 吉田伊三郎致李顿函(1932 年 4 月 18 日)

国联调查团日本代表团

第 17 号   1932 年 4 月 18 日,北平

机密

主席先生:

　　谨向你转交日本驻华公使重光葵(Shigemitsu)先生向外相芳泽谦吉(Yoshizawa)先生提交的机密文件《中国的革命外交政策》的译文 5 份。如果你能将它们转交调查团成员,我将不胜感激。

　　主席先生,请接受我最崇高的敬意。

日本顾问吉田伊三郎

　　国联调查团主席李顿勋爵

53. 吉田伊三郎致李顿函(1932 年 4 月 16 日)

国联调查团日本代表团

第 16 号   1932 年 4 月 16 日,北平

主席先生:

　　关于今天您接见日本驻北平公使馆武官永津(Nagatsu)中佐一事,谨随函附上他的发言稿六份,并请您将其转交调查团成员。

　　主席先生,请接受我最崇高的敬意。

日本顾问吉田伊三郎

　　国联调查团主席李顿勋爵

54. 吉田伊三郎致李顿函(1932 年 4 月 15 日)

国联调查团日本代表团

第 15 号　　　　　　　　　　　　　　　　　1932 年 4 月 15 日,北平

机密

主席先生:

　　关于昨天您在北平、天津与日本当局的会谈,谨随函附上日本驻北平公使馆参赞矢野(Yano)先生、驻天津总领事桑岛(Kuwashima)先生和天津驻屯军参谋长中佐武内(Takeuchi)先生在天津事件发生时提交的声明和文件的六份副本。如果您能将它们转交给调查团成员,我将非常感激。

　　主席先生,请接受我最崇高的敬意。

　　　　　　　　　　　　　　　　　　　　　　　　　日本顾问吉田伊三郎

　　国联调查团主席李顿勋爵

55. 吉田伊三郎致李顿函(1932 年 4 月 15 日)

国联调查团日本代表团

第 14 号　　　　　　　　　　　　　　　　　1932 年 4 月 15 日,北平

机密

主席先生:

　　我刚刚从外务大臣芳泽谦吉先生那里收到修订过的他与调查团成员的会谈记录,我会尽快将该会谈记录交给您。

　　主席先生,请接受我最崇高的敬意。

　　　　　　　　　　　　　　　　　　　　　　　　　日本顾问吉田伊三郎

　　国联调查团主席李顿勋爵

56. 李顿调查团在东北的调查计划及其之后的行程
（1932 年 4 月）

关于在满洲的调查计划及其之后的行程，调查团已将其交给两名顾问，以征求他们的意见。如有必要，该计划亦会对日期作进一步调整。

4 月 15 日晚上或 16 日早上从北平出发。

不迟于 17 日抵达沈阳。

4 月 25 日从沈阳出发前往吉林。

（第一次在沈阳停留，主要是与初步报告有关。）

4 月 25 日下午从吉林出发前往长春。

4 月 28 日晚上从长春出发前往哈尔滨。

（从哈尔滨发送初步报告。）

5 月 5 日上午从哈尔滨出发前往齐齐哈尔。

齐齐哈尔/沈阳之旅：5 月 8 日抵达沈阳。

8 日晚上至 13 日晚上，第二次在沈阳停留。

14 日至 18 日，在大连。

大约 5 月 19 日，从大连出发前往北平。

5 月 21 日至 6 月 5 日，第二次在北平停留。

（秘书处部分人员和专家可能会提前返回北平整理文件，主要是讨论编写报告的要点。）

6 月 5 至 6 月 15 日，北平/日本之旅，途经韩国（包括在韩国短暂停留）。

6 月 15 日至 6 月 30 日，第二次到日本。

7 月初至 8 月初，起草和通过最后报告。

预留 15 天。

57. 吉田伊三郎致李顿函（1932 年 4 月 13 日）

副本

第 13 号　　　　　　　　　　　　　　　　　1932 年 4 月 13 日，北平

主席先生：

应大阪商工会议所主席稻畑先生的要求，谨随函附上他写给你的信。

主席先生，请接受我最崇高的敬意。

签名：吉田伊三郎
日本顾问

国联调查团主席李顿勋爵

58. 吉田伊三郎致李顿函（1932 年 4 月 12 日）

副本

第 12 号　　　　　　　　　　　　　　　　　1932 年 4 月 12 日，北平

主席先生：

关于本月 4 日您与我国驻汉口总领事坂根先生的谈话，谨向您递交 4 份《关于中国在汉口的一些非法行为的备忘录》，总领事和您谈话时已经向您介绍过该备忘录。如果您能把它们转交给调查团成员，我将不胜感激。

主席先生，请接受我最崇高的敬意。

签名：吉田伊三郎
日本顾问

国联调查团主席李顿勋爵

59. 哈斯致盐崎观三函（1932 年 4 月 12 日）

副本

1932 年 4 月 12 日，北平

亲爱的盐崎先生：

　　根据我们上次的谈话，调查团对日本公使馆代办、日本驻天津总领事和其他日本代表的听证会将于 4 月 14 日星期四上午 11 时举行。

你亲爱的罗伯特·哈斯先生

盐崎先生
北平饭店

60. 吉田伊三郎致李顿函（1932 年 4 月 12 日）

国联调查团日本代表团

第 11 号　　　　　　　　　　　　　　　　　　1932 年 4 月 12 日，北平

主席先生：

　　谨随函附上六张在汉口街头被中国当局处决的共产党人的照片，供您参考。如果你能将其转交给调查团成员和秘书长，我将不胜感激。

　　主席先生，请接受我最崇高的敬意。

日本顾问吉田伊三郎

国联调查团主席李顿勋爵

（照片略）

二、李顿调查团档案，S49 卷宗选译

S49 - 2

1. 便笺（1932 年①）

请调查团成员在阅读后将所附的会谈记录交还给派斯塔柯夫（Pastuhov）先生。

2. 李顿调查团与芳泽谦吉的会谈记录②
（1932 年 3 月 8 日）

绝密

（本记录不包括日本代表团的更正内容）

1932 年 3 月 8 日
下午 2:15—4:00
东京，外务省
内阁外务大臣

---

① 编者按：原件无日期。
② 编者按：芳泽谦吉在谈话过程中对中国大加指责，存在诸多不实之处，请读者注意甄辨。以下五篇谈话记录均有此种问题，合并说明，不再另注。

出席者：芳泽先生

　　　　调查团全体成员

　　　　日本顾问吉田先生

　　　　哈斯先生

　　　　盐崎先生

　　　　派尔脱先生

李顿勋爵在回答芳泽先生在前一次会议上提出的问题时向后者保证，调查团认为他们与外务大臣的谈话记录是绝对保密的。然而，他解释说，调查团自然须要把芳泽先生的声明概要传达给中国顾问。芳泽先生将此完全留给调查团自行决定，但条件是不得向中国顾问出示会谈记录的实际文本。

李顿勋爵问芳泽先生，是否觉得在谈话过程中还有什么问题没有提出来。

芳泽先生向李顿勋爵说，日前为了使双方就上海事件达成一致，调查团提供了非常友好的帮助。想必调查团已经看到了【国联】大会通过的建议召开圆桌会议的决议，但不幸的是，在上海的中国政府代表表示反对。日本政府明确希望停战，并在此基础上达成协议，以使争端在将来可能得到解决。然而，考虑到中国的态度，他们不会支持这一方案。日本政府想撤军，但只要敌对行动没有完全结束，他们就不能撤军。芳泽先生希望调查团在抵达上海后能与中国当局讨论这一问题。

李顿勋爵向芳泽先生保证，调查团将竭尽全力将此事交由大会所设想的【圆桌】会议处理。调查团始终觉得，他们不能忽视上海事件。但他认为，他们不必直接参与谈判。如果调查团抵达上海时，【圆桌】会议还没有举行，他向芳泽先生保证，他们会看看能做些什么。

芳泽先生解释说，在上海的中国代表顾维钧先生要求日军立即完全撤退。现在，日军不能无条件撤退，当然也不能在没有事先安排好保护撤出区域的情况下撤出。日本当局不允许中国军队向上海推进。中国人似乎希望利用日内瓦现在盛行的空气，芳泽先生认为，这是一个相当不幸的发展。

李顿勋爵指出，中国政府的态度一直是，只要日军占领中国领土，他们就不能与日本政府进行谈判。这是他们处理满洲事件①的态度，对上海事件似乎也是如此。因此，他问芳泽先生，在撤军之前日本政府准备提出什么条件。

_____

① 编者按：指九一八事变。

只要在撤离区日本的利益、和平和秩序没有正式确立,日军就不能撤出,他的这种说法是否正确? 他了解到,在公共租界划分给日本的防区内有日军,在较远的沪北和沪西亦有部分日军。他想知道,中国人是只要求撤走后者,还是所有日军?

芳泽先生解释说,在英国"肯特"号巡洋舰上举行第一次会议时,日本当局要求中国军队撤退。从那时起,中国军队就被打败了,日军取得巨大胜利,而现在又要求日军撤退。

李顿勋爵问道,从日本方面来看,在将要撤离的地区设立中立观察员是否足够,或者他们是否要求一支有效的部队占领该地区。

芳泽先生回答说,日本当局打算在停战后立即撤退到租界的边缘。然而,中国政府要求全部撤军。

李顿勋爵问道,如果日军存在的对象以其他方式出现,那么是否有必要使用军队?

芳泽先生解释说,日本当局希望确保对将要撤离的地区以及公共租界的保护,防止中国民族主义者的军事活动。他认为,即将开始的谈判必须分为两个阶段,第一是达成明确的停战协议,第二是确保日本侨民的生命财产安全。然而,不幸的是,目前甚至连第一个阶段都还没有完成。会谈甚至还没有开始。不过,他保证,达成停战协定后,日军将从他们现在占据的上海以外的地区撤走,条件是确保该地区的日本国民的安全而免受攻击。

李顿勋爵问道,要撤离的部队将去往何处? 日本政府肯定不希望所有部队在公共租界日本防区维持治安吧? 他问芳泽先生能否说明,依他看如何才能建立他所要求的安全性。

芳泽先生回答说,在任何条件下都不应该允许中国军队进入现在要撤离的地区,即使在这个地区建立安全保障的安排已经完善;只要圆桌会议还没有明确的结论,撤军就会有危险。

李顿勋爵解释说,在相互对峙的两国军队中任何一方的压力下,和谈都无法进行。如果双方都撤军,日本政府会满意吗?

芳泽先生告诉调查团,几天前,在日内瓦【国联】大会的一次会议之后,艾冯诺(Avenol)先生对杉村(Sugimura)先生说,五大国(英国、法国、意大利、美国、日本)的军队可以驻扎在撤离地区,直到圆桌会议有了结果时。日本政府对这一建议没有异议,事实上,也同意任何其他类似的安排。

李顿勋爵建议,为了避免有碍圆桌会议和发生"事端",或许两国军队都可撤走。

马柯迪伯爵指出,中国军队已经撤退。鉴于在日内瓦通过的决议,他不认为有任何理由进一步撤销这些决议。他认为,目前有两个问题需要解决:停战与和谈。至于后者,希望能由中立军队进驻。

芳泽先生借助上海地图解释说,只要中国军队不前进,日军就准备后撤20公里。

马柯迪伯爵问,应如何保护要撤离的区域?

芳泽先生回答说,这正是日本和中国之间要讨论的问题。

马柯迪伯爵的结论是,日本政府要求达成停战协议,然后组织撤离的地区。

芳泽先生的回答是肯定的。

马柯迪伯爵想知道,公共租界日本区的所有日军是否可以撤走。

克劳德将军解释说,他认为有必要通过缔结停战协定来确立原则,即尽可能不使双方目前的优势受到任何损失。当然,这只是一个纯粹的军事观点。他刚刚描述的原则是所有友好的基础。至于细节问题,将来可在现场解决,他认为调查团不可能在目前的谈话中有效地处理这些问题。现在需要的是一份临时停战协定。

哈斯先生指出,还应该考虑到中方关注的一个问题,即为撤离地区建立的制度的性质和期限。

李顿勋爵同意克劳德将军刚才提出的原则,但他想知道是否有可能让两支军队面对面处于相对有利的位置。

克劳德将军解释说,在停战的情况下,人们一般会在平等的条件下安排撤军,不会让一方相对于另一方处于不利地位。在这方面,他同意马柯迪伯爵提出的原则。

芳泽先生说,关于这部分谈话,他希望请外务省亚细亚局长谷正之(Tani)先生作介绍,他熟悉此事的所有细节。

谷先生解释说,根据大会决议,须采取三个步骤:第一,签订临时停战协定;第二,将此临时协定改为最终协定;第三,安排日军撤离。

关于第一点,他认为,日本军事当局已经下达了停战的命令,而没有附加任何条件。关于第二点,他说,日本当局希望确保中国军队不会再次进攻。这就需要对撤离的区域做出安排。有各种可能性：这个区域可以由国际军队占领，或由上海义勇军占领，或由公共租界警察占领。他认为最后一种情况是比较可取的，在这种情况下，日军作为警察部队而非军队，将不得不参与占领。

李顿勋爵问，假如有了这样的安排，日军是否会留在公共租界内。为了得到中国的同意，这一点确实很重要，因为中国始终认为，只要日军还在中国领土上，他们就不能开始谈判。

谷先生解释说，日军将以与其他大国军队相同的身份留在公共租界，但也许不会以目前的人数留在那里。

麦考益将军说，如果中国军队撤走，并且实现国际社会对该地区的占领，那么日军似乎就没有必要再驻留在此地了。有海军陆战队是否就足够了呢？

谷先生回答说，在正常情况下，这确实是足够的，但他回顾说，当上海开始出现混乱时，海军的力量并不够用。在日本当局就这一问题作出决定之前，他们首先想知道秩序是否能维持下去。此外，他还补充说，由于部分海军陆战队员从事件一开始就在服役，所以他们已经被送回国了，并由其他部队取代。总之，他希望调查团明白，日本当局的态度中没有"假设"。

李顿勋爵想知道日本当局为什么要留驻军队，以及有多少军队。

谷先生回答说，保留军队只是为了维持治安。他们的人数只能由现场决定。考虑到公共租界日本防区的扩大，这个数字无论如何都要比以前多。

因此，李顿勋爵的理解是，留驻日军的目的完全是为了维护日本防区的秩序，而不是为了防止外来的入侵？

哈斯先生想知道，日本当局在谈到建立一支必要的国际武装以明确停战时，使用"明确"一词是什么意思。

谷先生回答说，日本必须充分保护其国民安全，这意味着中国人必须明确承诺不再进攻。

哈斯先生问道，这支国际武装必须在要撤离的地区留驻多长时间。

谷先生回答说，它必须在圆桌会议期间留驻。然而，这一点也取决于其他有关国家的态度。

马柯迪伯爵指出，国际联盟以及调查团本身首先希望结束上海事件，在他看来，如果能够安排一支国际武装占领该地区，日本军队就可以撤走。这样，留在上海的日军就会和其他大国的军队处于完全相同的地位，然后圆桌会议就可以达成最终协议。

麦考益将军注意到，日内瓦的【国联】大会对日本在这一事件中的态度颇有微词。他认为，如果马柯迪伯爵的建议能够得到执行，对日本来说可能是一个好的举措。

李顿勋爵了解到，双方的军事指挥官都已下达了停战的命令。两国政府现在必须确认一点，即被国际武装替代后，日军从撤离地区撤出。然后，一部分日军将作为警察部队留在上海，与其他国家的军队完全一样。如此以来，圆桌会议就可以达成最后的解决方案了。

谷先生同意这个观点，但要达成的安排技术性很强，细节只能在现场解决。日军人数众多，不知道他们是否能立即全部撤出。日本政府指出，撤退至吴淞—上海一线，这并没有在原则上改变撤退的想法。

芳泽先生解释说，日本准备尽可能多地撤军。他同意麦考益将军的意见，认为这是可取的，因为这将改善世界舆论对目前局势的印象。他再次要求调查团牢记这一切，并在必要时给予协助。然而，目前日本面临的问题是，中国不愿同意这种政策。

李顿勋爵指出，当调查团到达满洲时，它将面临一个类似的问题。他就此问道，日军在什么条件下可以撤回铁路区内。他不期待今天能得到这个问题的答复，但他希望芳泽先生能记住这一点。

芳泽先生请调查团给他一些时间，以便对这个问题作出答复。去年秋天，日本政府希望能够在铁路区外的安全得到保障后立即撤走其部队。但现在情况并非如此，因此，日本政府尚未能作出决定。

谈话结束后，他表示日本政府真诚地感谢调查团为他们提供了非常有价值的帮助，以便解决悬而未决的问题。他还感谢调查团耐心地听取他的解释。

李顿勋爵在答复中表示，调查团感谢芳泽先生为他们提供的非常有价值的信息，并为他们在日本逗留期间受到的最热情的接待表示感谢。

3. 李顿调查团与芳泽谦吉的会谈记录

(1932 年 3 月 7 日)

机密

第 4 号

> 1932 年 3 月 7 日,星期一
>
> 下午 2:15—4:00
>
> 东京,外务省
>
> 内阁外务大臣

出席者:芳泽先生

调查团全体成员

日本顾问吉田先生

哈斯先生

盐崎先生

派尔脱先生

李顿勋爵提到,日本政府一贯主张,在可能的情况下通过直接谈判的方式解决与中国政府之间的难题,他认为日本政府希望调查团和国际联盟能够协助双方达成共识。

芳泽先生的回答是肯定的。

李顿勋爵问道,在这种情况下,是否需要与中国政府就包括满洲在内的所有问题进行谈判。

芳泽回答说,日本政府认为没有任何理由偏离其代表去年秋天在国联理事会所采取的政策。但他想指出,满洲的事态似乎正在发生变化。随着"自治政府"的建立,一个新的局面出现了,在回答李顿勋爵的问题之前,他要求调查团给他一点时间。鉴于这种新情况,日本政府目前正在考虑如何处理。日本政府采取这种态度是为了谨慎起见,但在短时间内能够让调查团了解日本政府的态度。

李顿勋爵想澄清的是,为了了解日本政府是否希望调查团向中国政府转达就所有分歧进行谈判的愿望,他才提出这个问题。

芳泽先生对此十分理解。

李顿勋爵接着问，关于违反条约的问题，顾问吉田先生是否能够向调查团提供关于这些案件的完整文件，说明日本政府采取了什么行动，不一定是在所有案件中，而是在重大案件中。他指出，顾问交给调查团的这本小册子并没有提供太多关于这个问题的详细信息。

芳泽先生保证吉田先生能够提供这些信息。

李顿勋爵随后问道，如果有的话，日本政府过去曾因为中国违反某些条约寻求过什么补救措施？例如，1905 年议定书。某些竞争性的铁路已经建成。日本政府希望得到什么补偿？

芳泽先生解释说，日本政府通过其驻沈阳领事反复抗议此类侵权行为，但其抗议被置之不理，并没有要求物质赔偿。

李顿勋爵问道，在最终和解中，日本政府是否会要求任何赔偿，如果会，又会是什么？

芳泽先生告诉调查团，与中国当局的谈判已经持续了几年，其间，日中铁路之间的关系正在讨论。在这些讨论中，日本的权利一直被保留。

李顿勋爵说，他只想确定，吉田先生能够代表日本提出哪些要求以告诉调查团。

芳泽先生对此表示赞同，吉田先生说他完全理解主席所表达的观点。

李顿勋爵注意到，最近日本向满洲派出了几个技术代表团，以考察商业和工业企业的能力，例如开采矿山等。他是否可以认为，日本政府不会支持这些考察团可能达成的任何结论，或者认为这与《九国公约》规定的"门户开放"政策相抵触？

芳泽先生问主席指的是什么代表团。日本派出了许多代表团到满洲进行考察，包括政府和私人代表团。对于主席所提到的那种性质的谈判，有些可能已经开始进行，但他认为这些谈判都没有违反"门户开放"和"机会均等"的原则。他想明确指出，根据这一原则，日本政府始终认为，任何其他国家的国民都不会被排除在向日本国民开放的可能性之外，日本过去曾多次声明，欢迎其他国家的资本流入满洲，这仍然是日本的政策。此外，他补充说，目前在满洲的军事当局也完全实行同样的政策。

李顿勋爵指出，陆军大臣也做出了类似的声明，他明确表示不希望对外国参与满洲的发展设置任何实际的或法律的障碍。

芳泽先生说，日本的政策不仅限于"门户开放"和"机会均等"的原则，而且日本在"满洲"的政策是使其成为各族人民的和平之地。

李顿勋爵问芳泽先生，他能否告诉调查团更多关于去满洲的私人代表团的情况。如果他们签订了合同，是否需要得到日本政府的同意？在提出这个问题时，他特别想到了这些代表团可能签订违反《九国公约》的合同的情况。

芳泽先生不知道有任何需要日本政府特别批准的合同。他向调查团补充称，大型企业在与中国当局签订合同之前，一般都会事先征求外务省的意见，并获得它们的同意。他本人曾是外务省政治局局长，后来外务省分为亚洲局和西方局。他成为了亚洲局局长，因此与这些事务密切相关。在签订合同之前，曾有几个资本家找过他。也许有些情况下，事先没有得到批准，但他不能肯定。

李顿勋爵认为，日本政府不会同意违背日本利益的合同。

芳泽先生："当然不会。"

麦考益将军指出，调查团在与芳泽先生的谈话中尚未认真讨论除 1905 年和 1915 年条约以外的现有条约的问题；例如，1913 年条约尚未被纳入讨论。此外，关于"新满洲国"将如何影响现有条约的问题也没有被讨论过。

芳泽先生个人认为，除非签署国明确同意修改这些条约，否则这些条约不会因建立"新国家"而受到任何影响。

李顿勋爵问芳泽先生是否意味着"新政府"将继承中国政府现有的一切义务。

芳泽先生回答说，这是他个人的观点。

李顿勋爵提醒芳泽先生，在之前的谈话中，他曾表示，履行条约义务是日本的主要要求，但可能还会有更多要求。芳泽先生能不能解释一下这样表达的意思？

芳泽先生说，他以此来表示维护和平与秩序对日本来说非常必要。维护和平与秩序在履行条约义务之后，其本身并不是一项条约义务，但同样重要。

李顿勋爵问芳泽先生这样回答是否意味着，只要条约义务得到履行，和平与秩序得到维持，日本政府就会得到满足，但是，如果和平与秩序没有得到充分维持，日本可能会提出新要求，即建立一个能够维持和平与秩序的政府。

芳泽先生提醒调查团他已经说过的话，即日本的满洲政策基于三个原则：

1. 维持和平与秩序；

2. 尊重日本人民对满洲情况的感情和利益;

3. 履行有关日本权益的义务。

李顿勋爵问,他是否可以将这些原则串联起来考虑? 假设中国能够说服日本相信其有能力维持和平与秩序,那么,鉴于芳泽先生已经告诉调查团他并不关心满洲的政府形式,日本是否会感到满意?

芳泽先生观察到,在过去的二十年中,中国一直处在混乱的状态中。

李顿勋爵认为,如果中国无法在满洲维持和平与秩序,日本政府一定会考虑其他选择。从理论上讲,有各种各样的可能性,例如日本吞并;国际联盟控制下的建立国际管理机构以及最后一个选项,建立地方自治政府。芳泽先生对这些选择有何看法? 李顿勋爵补充说,由于日本政府宣称他们在满洲没有领土野心,他认为日本的吞并行为被排除在外。

芳泽先生对此表示赞同。

李顿勋爵问,建立一个国际管理机制是否有可能,以及日本在情感上能否接受这种机制。

芳泽先生不这么认为。他提醒调查团,日本在满洲土地上发动了两次战争,且由于战争和发展国家的目的,日本在满洲花费了大量的金钱,人民为此流血牺牲。因此,一个国际政权将不符合日本在这个问题上的感受。

李顿勋爵认为,如果是这样的话,就只剩下建立一个自治的地方政府的可能性了,但他理解芳泽先生会说,由于最近成立的政府还处于组建阶段,他还不能就其是否有能力满足日本的要求发表意见。

麦考益将军注意到,到目前为止,在这些对话中,芳泽先生和调查团成员一直在谈论整个满洲。此外,从有关这一问题的现有文件来看,日本的利益不仅受限于与中国签订的条约,而且受限于与俄国签订的条约。我们不得不把苏联的存在看作是这个问题背后的一个阴影。芳泽先生能向调查团提供这方面的信息吗?

李顿勋爵笑着说,他并没有考虑苏联吞并满洲的替代方案。

麦考益将军回答说,尽管如此,还是要考虑苏联吗?

李顿勋爵问道,在谈到满洲时是否是指东三省?

芳泽先生回答说,当中国人谈论满洲时,他们指的是东四省,包括热河特区。内蒙古也应该被考虑在内。

李顿勋爵问道,如果现任政府确定成立,日本希望自己的利益如何得到保护。日本是会为此目的与现政府缔结条约,还是会要求在"新政府"中享有特殊权利,使其能够保护自己的利益不受任何外来侵略?

芳泽先生解释说,日本人或日本政府还没有研究过这个极其重要的问题。但是,他认为"新政府"无法抵御外国侵略。

李顿勋爵明白,日本人的观点是,如果"新政府"能够维持和平与秩序,那么防止外国侵略的安全问题仍将存在。日本最终打算如何保护自己的利益免受后者的侵害?芳泽先生已经解释过,在正常情况下只有经济利益的某些满洲铁路,在危机时期可能会成为战略利益。

麦考益将军认为,这种观点在军事术语中被称为"战略前沿理论"。

李顿勋爵问芳泽先生的意思是否是说,日本需要保留在这个战略边界上部署军队的权利,以便在危机时刻进行防御。

麦考益将军希望得到更多的关于长春—吉林铁路的资料,该铁路到目前为止还没有延伸到沿海,尽管还有另一条铁路从沿海开始,一直延伸到长春—吉林线几英里以内,只剩下相对较小的一部分线路需要建造以连接这两条现有路段。这条铁路显然具有战略意义。他问芳泽先生,中国人是否阻止日本人建造这条线路。

芳泽先生的回答是肯定的。关于这个问题,日本方面与中国的谈判已经进行了很多年——十五或二十年了。很久以前,日本在原则上获得了连接这两条铁路的权利,但多年来,中国不允许日本签订允许开始实际建设的详细合同。然而,最近日本获得了该项权利。

李顿勋爵询问这项权利是何时获得的。

芳泽先生已经忘记了确切的日期,但不久前,南满铁路为此与老帅张作霖签订了合同。

麦考益将军解释说,早在1921年至1922年,他在与田中(Tanaka)将军、佐藤(Sato)将军进行的三次谈话中,第一次了解到这个问题。在那次会谈中,他们非常坦率地谈到了可能给日本和美国之间带来困难的各种问题。他们一致认为,这种困难的存在并没有超出外交解决的可能性。但田中将军当时非常明确地指出,危险来自苏俄方面对日本的威胁。他特别提到了具有战略性质的危险,以及共产主义宣传的危险。在第一次会谈中,他还谈到了麦考益将军刚才提到的铁路问题。

芳泽先生解释说,这条铁路的建设在日俄战争后就已经开始考虑,但中国直到最近还一直在制造困难。

麦考益将军问,在芳泽先生看来,中国反对的背后是否有苏联的支持。

芳泽先生不这么认为。然而,日本的满洲政策不得不向前看,为此日本不能放弃铁路建设计划。在沙皇政府统治下,俄国对满洲采取了军事侵略政策。虽然现政府的政策采取了不同的形式,但日本不可能偏离日俄战争后立即制定的铁路建设政策。

在进一步讨论之前,他想指出,他现在是以特别保密的方式非常坦率地说话。他希望调查团能考虑到这一点。

李顿勋爵问道,张作霖元帅何时授权日本修建从吉林到海岸的铁路?

芳泽先生回答说,日本在 1928 年获得这一特许权。他明确表示,当时张作霖元帅只是确认了日本政府在 15 至 20 年以前已经获得的权利。然而,在1928 年,铁路建设的合同实际上已经签订。

希尼博士询问工程是否已经开始。

芳泽先生的回答是否定的。

麦考益将军想知道芳泽先生刚才提到的苏联的新政策是什么。记得田中将军曾告诉他,苏联政府正在逐渐恢复旧的沙皇政策。

芳泽先生解释说,在中日甲午战争结束时,日本得到了辽东半岛,但在三个大国的干涉下不得不放弃了,而俄国是这三个大国的领导者。俄国在迫使日本放弃半岛之前,修建了一条南满铁路的支线,向南延伸到大连,从而实际上有可能把满洲变成了俄国的"保护国"。当这一点变得清晰时,日本发动了日俄战争,结果是俄国的军事侵略政策走到了尽头。苏联政府并没有继承这种对满洲的政策。另一方面,日本政府非常清楚苏联宣传的危险性。日本政府重申其在以前的场合已经解释过的内容:如果满洲布尔什维克化,朝鲜将面临巨大的危险。日本民众非常清楚这种危险。他提醒调查团,去年秋天,苏联政府在满洲事件①上采取了中立态度,日本对此深表赞许。然而,日本认为谨慎的做法是不偏离 20 年前制定的政策。

李顿勋爵问道,日本是否认为苏联的宣传是目前的主要危险。

芳泽先生回答说,这可能不是主要的危险,但无论如何,日本必须考虑到这一点。几年前,满洲的朝鲜居民发生了共产主义暴乱,他们与来自边境另一

---

① 编者按:指九一八事变。

侧的俄国宣传机构有过接触。这是一次糟糕的经历。然而,日本目前与苏俄保持着良好的关系。

李顿勋爵想知道日本是否认为其可以保护自己免受这种宣传的影响。芳泽先生的回答是肯定的,并补充说,满洲的日本当局几乎每年都逮捕涉嫌宣传的人。希尼博士问这是否是第三国际组织的宣传。

芳泽先生对此并不确定。据说,目前苏联的宣传总部设在上海,秘密特使正从那里被派往朝鲜和日本。

麦考益将军补充说,菲律宾也是如此。

芳泽先生认为,由于日本当局采取的预防措施,俄国的宣传运动从未能够发展起来。日本曾多次就此问题与苏联政府接触,但总是被告知第三国际与苏联政府截然不同。

李顿勋爵注意到,这种情况就像中国的国民党一样。他从芳泽先生刚才的话中得出结论,宣传问题是日本在"满洲新政府"中的利益之一?

芳泽先生对此表示赞同,并补充说,如果日本不关注"满洲政府",远东的局势可能会变得非常危险。中国的民族主义宣传正从南方威胁满洲,而共产主义宣传正从北方渗透进来。如果这两种宣传成功的话,满洲和朝鲜的局势将被完全颠覆。他提醒调查团,国民党在研究了苏联的宣传方法之后,在长江流域造成了严重的破坏,蒋介石元帅本人也在俄国研究过这些方法。当芳泽先生本人在中国时,广东发生了非常严重的共产主义暴乱,结果有数千人被杀。中国政府当时感到害怕,蒋介石元帅在这个问题上反对国民党。结果,俄国特工不得不离开中国,从那时起,中国的民族主义运动和国民党的广州分部就有了区别,但是浩劫已经造成,中国的共产主义宣传仍在继续。中国有成千上万的"共产主义匪徒",蒋介石元帅试图镇压他们,但没有成功。

芳泽先生还提醒调查团注意最近的新闻报道,根据这些报道,国民党再次表达了与苏联政府达成协议的意愿,而日本政府得到的消息是,苏俄特工在上海附近再次活跃起来。

4. 李顿调查团与芳泽谦吉的会谈记录
（1932 年 3 月 5 日）

绝密

（本记录不包括日本代表团的更正）

第 3 号

1932 年 3 月 5 日

下午 3:30—4:30

东京，外务省

内阁外务大臣

出席者:芳泽先生阁下

调查团全体成员

日本顾问吉田先生

哈斯先生

派尔脱先生

盐崎先生

会议开始时，芳泽先生向调查团成员出示了 1915 年条约中文原件，并附有中国的批准书，即加盖中华民国国家元首和国务总理签名的印章。芳泽先生解释说，这个条约的名称是"二十一条"，但这个名称是中国人起的。该条约实际上包括 13 条条款。

李顿勋爵理解，芳泽先生想从总体政策的角度向调查团介绍满洲的情况。

芳泽先生宣读了第一次会谈记录中他关于满洲的声明，并说该记录无误。此外，他还指出，违反条约的案件数量只是估计，确切的数字可以在日本驻沈阳总领事的报告中找到，该报告可以交给调查团。

李顿勋爵表示，确切的数字或那些案件目前并不重要。然后他解释说，今天上午他向陆军大臣询问日本在满洲拥有的战略利益，他得到的答复是，首先是和平，陆军大臣说，只要和平得到保障，日本就满意了。然而，调查团想知道，满洲的和平是由现政府来维护，还是根据最有关的各方即日本、中国和苏联之间缔结的条约来维护。此外，调查团还想知道日本希望如何确保其在满洲的经济利益。

芳泽先生问，他是否正确理解到，李顿勋爵在满洲事件①中要求日本提供和平条件？

李顿勋爵解释说，他只想知道在什么基础上可以在那个地区达成永久和解。他理解日本的观点是希望看到满洲有一个足够强大的政府来保护日本的利益，但他想知道是否还需要其他东西。

芳泽先生的回答是肯定的。日本最想要的是对条约义务的尊重。然而，由于这个问题极其复杂，他需要一点时间来准备一个确切的方案来回答李顿勋爵的问题；但是他想向调查团保证，尊重条约义务是第一位的。

李顿勋爵问道，日本需要什么样的永久解决方案。他认为日本只是想要尊重条约义务和一个有能力贯彻这一政策的政府，这样理解是否正确？

芳泽先生认为这还不够：新政府还必须真诚地履行其条约义务，而不仅仅是在纸上。在张学良时期，满洲政府相当强大，但日本政府从未得到对其申诉的直接答复，与此同时，中国当局肆意违反条约。

李顿勋爵问道，从日本的角度来看，张作霖时期的情况是否比张学良时期更令人满意。

芳泽先生回答说，当时的情况并不完全令人满意，但总比少帅时期要好。在后者的统治下，情况变得更糟，特别是从他与南方达成谅解的那一刻起。

李顿勋爵问今天的情况如何。

芳泽先生回答说，日本还不能把军队撤回铁路区，因为日本想让军队在铁路区外镇压"土匪"。此外，满洲不仅有"土匪"，而且还有来自中国正规部队的威胁。

李顿勋爵问，满洲是否还有中国正规军。

芳泽先生解释说，就在最近，驻扎在哈尔滨的中国正规军才"反叛"了他们在吉林的指挥官，甚至宣布戒严。8名日本人被杀，10多人被扣留，一些房屋被洗劫一空。应日本驻哈尔滨总领事的要求，日本军队被派去保护侨民。即使在今天，北满的局势依然岌岌可危。几天前，哈尔滨东部一面坡的日本侨民不得不撤离到哈尔滨。该地区的朝鲜和日本侨民都处在危险之中。

李顿勋爵询问，日本现在是否能在满洲各地行使足够的权力以维持秩序，

---

① 编者按：指九一八事变，下同。

甚至在铁路区之外也是如此。

芳泽先生回答说,在铁路区外,日本当局不能完全维持秩序,因为没有中国当局。这使日本当局不得不采取某些措施。

李顿勋爵问,日本当局之所以这么做,是不是因为没有人能采取这种措施?

麦考益将军问,日本是否已经组织了特别警察,或者日本是否使用正规军来维持秩序。

芳泽先生回答说,目前军队维持着秩序,但是正在考虑组建一支新的部队。

李顿勋爵问,芳泽先生刚才的声明是否意味着情况与去年秋天理事会会议期间不同。如果他对日本当时的态度理解正确的话,日本随时准备将军队撤回铁路区内,条件是中国当局能够承担维持秩序和保护生命财产的全部责任。现在看来,日本军队似乎不得不采取这种措施了。

芳泽先生对这个问题的细节知之甚少。然而,他指出,在铁路区外,除了日本军队之外没有其他可用的力量。

李顿勋爵认为,如果把这一观点摆在中国驻日内瓦代表面前,他可能会说,维持铁路区外的秩序是中国当局的事。

芳泽先生回答说,在理事会议席上的中国代表可能会这样说,因为这是他一贯的做法。遗憾的是,考虑到这种说法与事实不符,所以这种说法并不可信。

李顿爵士总结说,自去年12月以来,情况肯定发生了变化,因为在日本政府看来,现在只有日本军队才有能力维持秩序?

芳泽先生认为,现在驻扎在满洲的日本军队甚至不足以达到这个目的,因为他们只是驻扎在铁路区外的有限数量的点,如吉林、哈尔滨、锦州。别忘了满洲的三个省份比日本还大,而日军只有2万人。

李顿勋爵解释说,他之所以一直问这些问题,是因为中国当局很可能会问,日本当局有什么权利在铁路区外部署军队。

麦考益将军注意到日本承诺撤军。日本驻日内瓦代表有没有发表任何声明,解释为什么没有履行这一承诺?

李顿勋爵认为,国际联盟正在等待本调查团关于这一问题的报告。

芳泽先生告诉调查团,今天上午他收到了一份来自日内瓦的电报,报告了前一天特别大会通过的决议。该决议没有提到满洲。从报纸的报道来看,联盟似乎在等待调查团的报告,芳泽先生认为这是正确的。

李顿勋爵问,如果中国问,日军有什么权利继续驻扎在铁路区外,日本会怎么回答。

芳泽先生回答说,这些部队仍然在铁路区外,其理由与去年秋天日本代表在理事会上所提出的完全相同,即出于自卫的原因。

李顿勋爵问,在什么情况下,日本准备将其军队撤回铁路区内。

对于这个问题,芳泽先生回答说,直到10月底,日本政府一直在等待与中国就五项基本原则进行谈判的结果,这些基本原则已在10月初通报给了中国政府和国联理事会。由于这些谈判被证明是相当无望的,日本当局鼓励在几个中心如沈阳、哈尔滨、吉林等建立维护和平委员会。由于张学良和他的整个政府已经逃到了长城内,民众对组建这类委员会感兴趣,日本当局也为他们提供了帮助。这些委员会随后逐渐发展成为一个反对以前军事统治的文官统治运动,从而增强了满洲人民以"独立政府"形式巩固新局面的愿望。

芳泽先生承认,后者的发展可能受到了日本当局的鼓励。今年二月,这场运动的领导人来到了沈阳,在那里他们最终宣布"满洲独立"。

李顿勋爵想知道,满洲何时才能恢复现有的条约义务。他重复他的问题说,日本是否想要比这些义务更多的东西。

芳泽先生回答说,日本可能会有更多要求,但履行现有义务是第一位。

李顿勋爵想知道日军何时可以撤退。他担心我们现在陷入了恶性循环之中,中国人可能会说,只要日本人还在国内,他们就不能派兵,而另一方面,日军也不会撤走,因为没有其他人能够取代他们维持秩序。

芳泽先生认为,这种说法来自南京政府,他们总是使用这种理论上的论据。不应忘记,过去中国政府从未在满洲行使过真正的权力,因为每一个行政部门都是由沈阳政府单独设立的。现在,这个沈阳政府已经不存在。南京政府的法律顾问也许假装他们在满洲有权利,但是他们从来没有行使过这些权利。实际上,"满洲"一直是一个"独立的国家",特别是自从革命开始以来。他最后说,日本尚未决定对"新政府"采取何种态度。

李顿勋爵问道,他是否可以理解为,日本准备对国际联盟说:"如果你想解决满洲事件,你必须以某种方式建立一个有能力维持秩序的政府。只要你们不这样做,我们就不能撤军。"

芳泽先生回答说，目前他还不能对这个问题做出明确的回答。

李顿勋爵认为，这正是调查团必须提交的报告的主题之一。

芳泽先生随后问调查团预计何时到达满洲。对于这个问题，李顿勋爵回答说，可能是在五月初。

哈斯先生认为甚至可能是在四月中旬。

李顿勋爵提请芳泽先生注意，届时调查团必须要向理事会解释为什么日本尚未撤军，以及在撤军之前必须满足哪些条件。

芳泽先生解释说，他目前能说的是，必须对区外的整个地区进行治安管理。他说他只能言尽于此，不便再多言，因为"独立政府"似乎正在组织过程中，他必须等待结果。

马柯迪想知道中国正规军对现任政府的实际立场。他非常重视这一点，因为这些部队与现政府之间的关系可能会对秩序和安全问题产生影响。

芳泽先生对这些问题知之甚少。但他知道，中国仍然有三支正规军，即吉林军，黑龙江军和热河军。事实上，这些军队经常发生叛乱。他还知道，吉林军的指挥官是陈清（Chen Ching），前中国铁路护路军的指挥官。

李顿勋爵重复了马柯迪伯爵提出的问题：也就是说，这些中国军队忠于谁？

芳泽先生只知道"叛军"属于吉林军。

李顿勋爵："但是他们服从'新政府'的命令吗？"

芳泽先生："我的印象是他们是服从的。"

然而，芳泽先生重复了一遍他的说法，即他还没有准备好就满洲治安问题发表声明。

李顿勋爵再次解释了调查团的职责，即调查团有义务就双方是否履行了9月30日决议而提交一份报告。

芳泽先生认为，日本的法律立场非常明确。他再次重申，他不能对未来作出任何声明。

此时，吉田先生用日语说了一句话，结果芳泽先生向调查团解释说，他从来没有想过说日本自己打算在整个满洲地区或内陆地区维持治安。然而，很明显，必须为这些地区的治安做出一些安排。

5. 李顿调查团与芳泽谦吉的会谈记录
（1932 年 3 月 3 日）

机密

1932 年 3 月 3 日

上午 9 时 30 分—10 时 30 分

东京，外务省

出席者：日本外务大臣芳泽先生

调查团全体成员

日本顾问吉田先生

哈斯先生

派尔脱先生

李顿勋爵以调查团主席的身份向芳泽先生解释说，调查团希望得到某些方面的信息，其中第一个是上海的情况。调查团不能忽视一个事实，即上海实际上处于战争状态。他希望日本政府知道，如果调查团能够在停战方面提供任何帮助，将完全听从双方的安排；如有必要，调查团随时准备前往上海。

芳泽先生注意到，根据今天早上收到的最新消息，日本似乎已经给了中国第十九路军一个致命的打击。如果报告准确的话，伤亡人数大约为 1 万人。他强调，日本在上海没有特别的企图，唯一的目标是保护公共租界日本人的生命和财产。只要第十九路军继续朝向公共租界，这个目的就还没有实现，但如果中国战败，日本可能会进行停战谈判。芳泽先生在前往皇宫之前，将与其陆军和海军同僚进行磋商。今天上午 11 点，枢密院将举行会议。如果芳泽先生的同僚同意，就可以在上海举行由中国、日本和其他相关大国参加的圆桌会议。

日本政府知道，上海事件已经引起其他大国的不满。他希望这种不满现在能够结束。

李顿勋爵表示，无论如何，在调查团抵达之前，希望上海暂时停战或完全停战。

他接着解释说，调查团希望在离开日本之前，能够完全了解日本对所有利害攸关问题的观点。他区分了中国本土和满洲，说他知道在中国本土，日本与任何其他外国势力相比没有其他利益。

芳泽先生回答说，由于地理位置的原因，日本在中国的利益既是政治利益，也是经济利益。然而，在中国本土，它们更多的是经济性质而不是政治性质。在正常情况下，政治利益并不突出——也就是说，只要条约的秩序得到遵守，外国利益就能得到妥善处理。此外，芳泽先生还对日本的政策提出保留意见，以防不可预见的情况发生。

李顿勋爵表示，如果在调查过程中出现这种情况，调查团将随时向日本政府了解。他认为目前主要的困难是抵制——芳泽先生同意这一观点。

芳泽先生解释说，例如，当说日本在中国本土的利益与其他大国的利益相同时，应该考虑到，它们在性质上当然是一样的，但是，由于日本和中国是邻国，日本的利益在比例上大于其他大国。

关于满洲，芳泽先生说，在这一地区，日本的政治和商业利益同样重要，而且相互关联。由于朝鲜的原因，维护满洲的和平与秩序对日本来说是绝对必要的。假如满洲布尔什维克化，朝鲜将立即面临严重的危险。

从经济的角度来看，日本对满洲也非常感兴趣——例如，因为其铁路利益。然而，他指出，在战争时期，这些铁路也具有战略意义。

此外，日本在满洲有历史和感情上的利益，尤其是在日俄战争之后，日本对满洲的发展做出了巨大贡献。基于与俄国签订的和平条约，以及随后与中国签订的条约，日本自那以后在满洲拥有巨大的既得利权，无论是在铁路区内还是区外。芳泽先生以日本的铁路系统为例加以说明；此外，还有矿山（煤炭和其他矿物）、木材开采、种植园等。此外，在满洲生活的朝鲜人有80万人，日本人20万人，总共约有100万人，从法律上讲，他们都是日本国民。中日之间的主要问题是，日本在满洲的利权在过去两三年里被中国完全忽视，就像芳泽先生刚才提到的那样。他举例说，中国无视不修建与日本铁路系统竞争的铁路的承诺，其他权利也同样遭到忽视。

李顿勋爵问芳泽先生，日本是否曾在日内瓦就这些权利受到侵犯提出申诉。

芳泽先生回答说，从来没有人这样做过。被侵犯的权利如此之多，以至于几乎不可能在任何法庭上提起此类诉讼。日本从来不认为与中国关于满洲的争端可以提交给理事会。他知道有几百起侵权案件，这可能有些夸张，但无论如何,数量很大。

李顿勋爵问道,如果日本向国际联盟提出申诉,是否可以像现在这样,更早地开始现场调查。

芳泽先生认为,这将极其困难,因为中国军阀割据,一片混乱,没有权威。

李顿勋爵指出,这些困难仍然存在,但他提出这个问题是因为他想知道,目前的机制是否不能在敌对行动爆发之前、而不是之后付诸行动。

芳泽先生说,他非常同情中国,他一直在尽最大努力改善两国关系。然而,他的经验是,这需要更多的实践而不是理论上的政策。日本必须考虑以实际的方式解决两国之间的问题。

李顿勋爵问道,【芳泽】大臣是否认为现在与中国达成和解比去年事件发生前更容易。

由于大臣不得不离开到皇宫参加会议,李顿勋爵最后再次要求提供尽可能全面的资料,包括顾问吉田先生编写的备忘录中没有提到的事项,以及备忘录印刷之前未提及的问题,例如建立"满洲自治政府"。

根据芳泽先生的建议,决定他和调查团之间的对话将在随后确定的日期和时间继续进行。

6. 李顿调查团与芳泽谦吉的会谈记录
(1932 年 3 月 4 日)

机密

第 2 号

1932 年 3 月 4 日

东京,外务省

内阁外务大臣

出席者:芳泽先生阁下

调查团全体成员

日本顾问吉田先生

哈斯先生

派尔脱先生

盐崎先生

李顿勋爵解释说，调查团想向日本政府提一个问题，但不期望立即得到答复。

在 1931 年 12 月 10 日的理事会会议上，主席白里安（Briand）先生就同日通过的决议第 5 段表述如下：

"如果双方根据 9 月 30 日决议做出的承诺，在调查团抵达时仍未得到履行，调查团应尽快向理事会报告情况。"

关于这一声明，调查团希望从日本政府收到一份报告，说明根据 9 月 30 日的决议，日本政府没有履行相应义务的原因。

麦考益将军说，也许在调查团抵达满洲时，这些义务就会得到履行。

芳泽先生对后一种意见的回答是，他目前无法给出明确的答复。

李顿勋爵指出，除了铁路和其他权益外，日本在满洲还有战略利益。芳泽先生对此补充说，维护满洲的和平与秩序也很重要。李顿勋爵认为，调查团应该向陆军大臣提出有关战略要点的问题。

就技术问题而言，芳泽先生同意这一程序，但对于主席提出的有关外交政策的问题，他非常愿意亲自回答。

李顿勋爵接着问，在日本政府看来，中国当局特别违反了哪些条约义务。

芳泽先生回答说，相关信息可以在日本顾问提交给调查团的备忘录中找到。

李顿勋爵问，如果中国完全遵守现有的条约义务，日本是否会感到满意，这种假设是否正确。

芳泽先生的回答是肯定的。然而他指出，不幸的是，中国没有履行其义务。在去年 12 月理事会会议期间，他的前任币原男爵（Shidehara）与中国公使在东京就这一问题进行了对话，当时很明显，中国忽视、甚至否认了某些条约的存在。中日之间有许多条约和协议，如 1905 年条约、间岛协约①和 1915 年条约。关于这个问题的详细信息将由顾问提供。

李顿勋爵表示，他不希望在这个场合讨论细节问题，他只想知道严格遵守条约义务能否让日本满意。

---

① 编者按：原文为"the treaty of Chentao"，应为"the treaty of Chientao"之误。

芳泽先生接着解释说,中国国民政府的政策是特别否认 1915 年中日条约的有效性。在其他情况下,他们甚至否认某些条约的存在。例如,中国现驻日内瓦国际联盟理事会代表颜博士否认存在 1905 年关于竞争性铁路建设的"北京议定书"。顾维钧三个月前也做出了类似的否认。作为回应,日本代表团立即公布了有争议的条款。芳泽先生认为,中国的声明非常恶毒,不符合履行国际义务所应具备的精神。

李顿勋爵认为,如果调查团能够亲眼看到有争议的条约,可能会非常有用。事实上,可能会发生这样的情况,当调查团到中国时,其中某些条约的存在或有效性将受到中国政府的质疑。

麦考益将军问,这些条约是否都已在日内瓦登记。

芳泽先生回答说,自 1921 年至 1922 年的华盛顿会议以来,情况一直如此,但在此之前并非如此。然而,在"马慕瑞条约集"(McMurray Treaty Collection)中可以找到这些条约,而且他还向调查团保证,他亲眼见过这些条约。然而,中国政府却否认它们的存在。芳泽先生并不理解这种我行我素的心态。

麦考益将军问,有关条约的文本是否使用了除中文和日文以外的其他语言。芳泽先生回答说,条约只有日文和中文。

李顿勋爵问,1905 年条约是否有两国谈判代表的签名。

芳泽先生的回答是肯定的。麦考益将军认为,最有争议的条约似乎是 1915 年的条约。如果日本政府能够对该条约的态度做出明确声明,或许会有所帮助。

李顿勋爵补充说,1905 年条约和议定书也存在争议。如果调查团能够真正看到中国在该条约上的签字,那将是有益的。

希尼博士询问,1905 年条约是否已经被批准。

芳泽先生的回答是肯定的。该条约已分别得到两国君主的正式批准,议定书以正式形式存在。

希尼博士问,1915 年条约是否也是如此。

芳泽先生告诉希尼博士,后者是由中华民国总统袁世凯批准的。他将向调查团展示 1905 年议定书的照片复制品,之后是原件。

李顿勋爵问,中日之间所有有争议的条约是否都得到了正式批准。

芳泽先生回答说,大多数条约都是如此。

李顿勋爵："不管怎样，你认为所有条约对双方都具有约束力？"

芳泽先生："当然。"

麦考益将军问，《朴次茅斯和约》与华盛顿会议之间缔结的条约是否已提交国际联盟秘书处。

芳泽先生的回答是否定的。

然后，他向调查团展示了 1905 年议定书的照片，并告诉调查团，他们将在满洲会晤唯一幸存的签字人，现任南满洲铁道株式会社总裁内田伯爵。1905 年议定书的文本可以在"罗克希尔条约集"（Rockhill Collection）中找到。

李顿勋爵说，调查团现在有另一个约会，但希望继续这一对话，并希望在下一次会议时得到有关"满洲新政府"的更多信息。他问芳泽先生，他们应该向谁了解这些信息。

芳泽先生回答说，他准备向调查团提供关于这个问题可能需要的所有资料。

李顿勋爵问芳泽先生是否有更多的消息要与调查团沟通。

芳泽先生回答说，关于上海停战的会议原定于昨天下午 1 点举行，但中国代表要求推迟几个小时。昨天晚上或今天上午——他不知道确切的时间，中国外交部政务次长和日本驻华公使在迈尔斯·蓝普森先生（Miles Lampson）在场的情况下举行了会议。在这次会议上，中国代表要求再推迟三四天。

芳泽先生宣读了一段由日文翻译过来的电报，该电报是日本政府从其驻日内瓦代表处收到的。根据该电报，3 月 2 日或 3 日，中国代表颜博士在理事会会议上发表声明，假称两国政府之间只是应日本政府的要求讨论了竞争性铁路建设问题，但实际上并不存在这样一项议定书。

吉田先生说，该条约可在"罗克希尔条约集"第二部分中找到。

芳泽先生补充说，中国政府的这种态度是日本政府从未向海牙法院提出申诉的原因之一。法官们会发现自己处于一个非常困难的境地，一方说黑，另一方说白。此外，中国人对条约义务提出异议的案件数以百计，而法官们将不得不坐上几百年的时间。

1905 年议定书的原件被带到会议室，芳泽先生向调查团展示了它。这是议定书的中文和日文文本，上面有中国代表的签名，日期为 1905 年 12 月 4 日，在北京签署。芳泽先生向调查团承诺，在他们前往中国之前，会将照片副本交给他们。

S49－3

1. 维尔京(Virgin)与佐藤尚武的会谈记录
（1932 年 2 月 1 日）

秘书长：

佐藤(Tto)先生来找我,他提出了以下观点：

1) 根据【国联盟约】第 12 条,理事会必须在六个月内起草报告。该条款是硬性规定,六个月的期限是不能改变的,即使得到双方的同意。

在这种情况下,理事会很可能不会及时收到即将于明天出发的调查团的报告。当其报告送达时,理事会或许已经根据第 15 条做出了决定(佐藤先生似乎忘记了调查团有权就特别问题发送报告。另一方面,要求调查团尽可能缩短其工作时间,也许有利于理事会能够及时收到其最终报告)。

2) 佐藤先生还不知道他的政府何时会根据第 15 条第 2 款发出其事件声明。本声明的发送日期可能在一定程度上取决于中国政府发送其声明的日期。佐藤先生个人认为,他的政府将在理事会下届常会之前的某个时间向秘书长送交其声明。

3) 佐藤先生告诉我,他昨天打电报给他的政府解释说,第 15 条首先规定以调解的方式解决争端(第 15 条第 3 款),并指出只有在调解失败的情况下,理事会才会起草并公布经一致或多数票表决通过的报告。我的总体印象是,佐藤先生个人对中国援引第 15 条并由理事会在六个月内解决或不解决争端的事实相当满意。另一方面,他似乎对以下问题犹豫不定：从日本的角度来看,是接受中国的主张,即现在根据第 15 条将整个争端提交理事会,还是争辩说只有上海事件才适用该条款的范畴。如果他选择后者,我认为可以预料他将争辩说,受权负责全面调查的秘书长仅限于在上海进行调查。因此,满洲事件①将被排除在第 15 条程序之外,理由是没有对该事件进行调查——除非调查团的报告及时到达。

1932 年 2 月 1 日

---

① 编者按：指九一八事变。

S49 - 4

1. 吉田伊三郎致李顿之备忘录
（1932 年 3 月 20 日）

正如吉田先生在 1932 年 3 月 17 日给调查团主席的信中所指出的，日本出席理事会代表提议成立调查团时说，日本政府认为"从根本上解决问题的基本条件是真正了解满洲和中国本部的整体情况"。

在同一天的会议上，在罗伯特·薛西尔勋爵（Lord Robert Cecil）的干预下，芳泽先生再次明确表示，这一提议意味着不仅要调查满洲，而且要调查中国本部。（见"理事会会议记录"，第 65 次会议，第 2365—2366 页）。

中国出席理事会代表无论是在当时还是后来 12 月 10 日通过决议时，都没有在理事会会议上对日本在此事上的立场提出反对意见。

12 月 10 日决议通过后，国际联盟日本事务局局长泽田节藏（Sawada）先生向国际联盟副秘书长艾冯诺先生递交了一份备忘录，其中再次阐述了日本政府的立场。

在 1 月份调查团于日内瓦举行会议时，该备忘录传达给了调查团成员。

双方接受的 12 月 10 日决议和主席声明规定，调查团虽系顾问性质，而其职务范围甚广。在原则上无论何项问题关系任何情形，足以影响国际关系而有扰乱中日两国和平及和平所维系之谅解之虞者，经该调查团认为须加研究者，均不得除外。调查团享有行动之完全自由，俾能获得所需报告之各种消息。

另一方面，规定两国政府均有权向调查团提出其特别希望由调查团审议的任何问题。

吉田先生 3 月 17 日的信只是重申了日本政府的主张。严格来说，这并不是建议，如果日本顾问打算提出这样一项建议，他必须详细说明，以供调查团审议并做出决定。

1932 年 3 月 20 日，上海

2. 吉田伊三郎致李顿函（1932 年 3 月 17 日）

副本

国联调查团日本代表团

第 1 号   1932 年 3 月 17 日，上海

主席先生：

关于我们昨天晚上的谈话，我想提醒您，日本政府对国联调查团使命的看法。

1931 年 12 月 10 日的决议指示调查团"就地研究任何情形影响国际关系而有扰乱中日两国和平或和平所维系之谅解之虞者，并报告于理事会"，该决议源于芳泽先生的提议。

然而，芳泽先生在 11 月 21 日的会议上两次明确表示，日本政府认为"从根本上解决问题的基本条件是真正了解满洲和中国本部的整体情况"，所通过的决议的一般条款充分体现了这一主张。

我想仅补充一点，日本的观点没有改变，与芳泽先生的上述声明完全一致。

主席先生，请接受我最崇高的敬意。

签名：吉田伊三郎
日本顾问

国联调查团主席李顿勋爵

3. 中日对调查团调查范围的各自主张

机密

1. 在 12 月 10 日的理事会会议上，中国代表表示，他认为该决议和主席声明包含四个基本要素，其中他提到：

"(d)理事会所派遣之调查团，对东省全局作实地详核之调查。"

据此，调查团的活动仅限于满洲。

2. 关于这个问题，日本代表团回顾说，这既不是它向理事会提交的草案，也不是 12 月 10 日决议所通过的草案。

3. 日本代表团在 11 月 19 日提交给白里安主席的草案中指出：

"2. 调查团的宗旨。

该调查团将被派往中国（中国本部和满洲）调查全局。

3. 调查团要研究的课题。

调查团应特别注意的几点是

（a）调查中国各地的排外活动，特别是排日活动。

（b）调查对外国人特别是日本人的生命财产采取的保护措施，以及这些措施的有效性。

（c）调查履行条约义务的措施及其现状，尤其是中日条约的履行情况。"

调查团所进行的研究方式及其组建都是由这一基本思想决定的，即对中国（包括满洲）的对外关系，特别是对中日关系进行全面研究。

这不是一个处理满洲事件①的简单形式，而是要从根本上解决威胁中国对外关系的问题。

正是本着这种精神，日本代表团坚持认为决议案应保留"具有影响国际关系的性质"的措辞。

在 11 月 21 日的理事会会议上，日本代表解释了日本政府的观点，并在回答英国代表的发言时明确表示，调查团的调查范围应包括中国本部和满洲。

此外，很明显，避免采取 9 月 30 日决议中提到的可能使局势恶化的任何措施的义务，以防引起反日宣传和对日本采取敌对措施。

4. 最后，12 月 10 日通过的决议对日本政府的建议作了准确的表述，日本政府认为，为了明确解决中日之间的悬案，绝对有必要对中国本部和满洲的国际局势进行全面研究。

如果把调查范围仅仅局限于满洲，就会缩小整个范围，从而使调查团由良好的中日关系的角度开展的活动失去所有价值。

5. 日本代表团相信，理事会对调查团的调查范围和目的没有任何误解。只是为了避免将来出现任何混乱，这不仅会对日中关系产生最不幸的影响，而且也会妨碍调查团有效地履行职责。基于此，日本代表团才提出上述几点意见。

---

① 编者按：指九一八事变。

S49－5

1. 芳泽谦吉在日本议会上的讲话①
（1932 年 1 月 21 日）

我很高兴就当今政府面临的突出外交问题向大家阐述我的看法。

其中，最重要的一个问题不仅深刻地影响了我国，而且引起了全世界的关注，那就是满洲事件②。

中国作为我们的邻国，在经济和政治上始终与这个国家保持着密切的关系。由于历史、地理和政治的原因，我们与满洲的关系尤为密切。毫无疑问，满洲的福祉对日本来说最重要。有一百多万日本人居住在满洲，我们在该地区拥有与租借土地、铁路、矿山等相关的许多重要权益，这些权益是通过条约或合同来保障的。

近年来，中国当局无视满洲的发展完全是日本努力的历史事实，利用我们的忍让，压迫我们的同胞，一次又一次地践踏我们的条约权益。我国政府不时发出抗议警告，但收效甚微。因此，政治上的局势越来越令人不安，对我们地位的威胁也越来越严重。9 月 18 日发生的铁路爆炸事件引发了日本和中国士兵之间的冲突，后来的事态发展众所周知，我国人民的耐心已经到了极限。

满洲是远东和平的关键。日俄战争前是如此，现在更是如此。在过去，日本政府曾竭尽全力防止中国内乱蔓延到满洲，因为日本在满洲拥有重要权益，维持满洲的和平秩序对我们来说是绝对必要的事情。通过不懈努力，满洲没有受到中国本土动乱的影响，保持了自由并已成为和平繁荣之地。如果不是中国近年来的不端行为，以及对条约和合同义务的漠视，我相信发生 9 月 18 日的事件无论如何都不会导致目前的复杂局面，因为我们在过去主要是为了维护满洲的和平，所以未来我们在这方面的责任只会增大而不会变小。

在这方面，我想补充一句，日本对满洲没有领土企图，将坚持"门户开放"和"机会均等"的原则以及与所有与该领土有关的现有条约。日本所希望的只

---

① 编者按：芳泽谦吉在讲话中对中国大加诋毁，存在诸多不实之处，请读者注意甄辨。

② 编者按：指九一八事变，下同。

是确保满洲的和平秩序，使满洲成为中国人和外国人都安全的地区，并对所有人开放以促进经济发展。

现在让我谈谈中国本部的情况。多年来，那里的抗日斗争一直没有间断，除了短暂的相对平静之外，其后只有越来越激烈的暴力骚乱。应该指出的是，这些煽动不仅代表了抵制日货那样的经济运动，而且公立学校使用的各种教科书中插入了喋喋不休的抗日内容，据此推断这些煽动还包含了心理方面的内容。然而，有确凿的证据表明，在政府直接或间接的指导和鼓励下，各种抗日团体等非官方组织正在积极推动这一运动，但这与中国广大商人的自由意志是相违背的。此外，我们知道，实际上有不少中国人以煽动抗日为职业。自从满洲事件发生以来，抗日运动开始出现令人不快的迹象，并发生了一些令人遗憾的暴行。与中国国籍的人在我国境内得到完全保护相比，我们的同胞在中国受到了难以形容的迫害，这形成了鲜明的对比。事实是，在这些年持续不断的内战和派别纷争中，中国的对外关系常常成为国内政治阴谋的牺牲品。抗日运动无疑源于中国国内政治，我相信，在最近的事件发生之前，满洲当局的敌对态度也可以追溯到某些方面。总之，不可否认的事实是，中国的内战和国内政治对其所有的对外关系都产生了最有害的影响，而其近邻日本比其他任何国家都需要蒙受更大的痛苦。

因此，不幸的是，鉴于目前中国复杂的国际关系，我们与该国的关系受到了影响，并且需要一段时间才能进行必要的重新调整，从而使两国关系恢复正常。满洲事件是日本被迫采取的自卫措施，而反日运动是由于中国人的错误观点造成的。因此，有关问题的解决必须等待中国方面完全改弦易辙。然而，我相信，中国人民作为一个整体和他们开明的领导人并没有敌意，相反，他们在内心深处对这个国家抱有友好的态度，我们不必对恢复日中关系的前景过于悲观。毋庸置疑，两国相亲相爱，相互尊重，友好相处是两国的最大利益，而任何不和谐的关系都只是过眼云烟。

满洲事件一开始就给当时在日内瓦开会的国际联盟理事会和国联大会带来了巨大的震动。9 月 21 日，中国代表援引《国联盟约》第 11 条要求理事会处理此事，或将该问题正式交由国联理事会调查。

众所周知，从那时起，理事会举行了三次会议，并通过了两项决议。另一方面，美国虽然不是国联成员国，但总的来说与该机构采取了一致行动，这显然是因为作为《非战公约》和《九国公约》的签字国，美国才对远东局势深感关切。我国政府尽最大努力向国际联盟和美国表明其立场。尽管目前的事件似乎使我国与国际联盟和美国政府陷入了或多或少的微妙关系,但通过仔细和完整地陈述我们的情况,我们成功地使他们更好地理解了我国的立场和在满洲所拥有的重要利益。

苏联政府在整个过程中一直稳定地保持着公正和不干涉的态度,日本政府对此表示满意。

关于将在 2 月开幕的裁军会议,我想说,日本政府已经制定了明确的计划,并向日本代表发出了相应的指示。这个最重要的会议首次举行,其审议工作将涵盖整个军备领域,包括陆海空军,世界热切期待着会议的结果。就本届政府而言,我们当然将努力落实各项要点,但无论如何,我们真诚地希望即将召开的会议能有具体的成果,这些成果将同样合理、公平,从而有助于在全世界建立永久和平。

在日本首次开放时表现出来的进步精神,一如既往地支配着我们的国策。正如伟大的明治天皇的誓言所表达的那样,在广阔的世界中寻求知识是我国人民的生活信条。我们的外交理想是,在维护我们的正当权利的同时,与所有国家和谐相处,让我们的国家在世界文化启蒙中分享利益。我希望本着这一理想,为促进国家利益和人民福祉而努力。

S49 - 6

1. 李顿在日内瓦与颜惠庆的会谈记录
（1932 年 1 月 22 日）

机密

今天下午，颜博士到美岸酒店（the Beaurivage Hotel）来找我。

我问他，我们到达中国后应该找哪个政府。他说，中国只有一个政党，但分为两派，这指的是地域上的而不是政治上，第一派代表华北和华中，第二派代表华南。现政府主要是南方的代表。现政府于去年 12 月上台，上届政府的倒台是由理事会 12 月 10 日决议造成的。现政府和上届政府之间的区别在于人事上，而不在政治上。

我请他解释为什么 12 月的决议会导致中国政府的垮台。他回答说，中国的公众舆论对日本继续侵略满洲以及国际联盟未能采取任何有效措施加以制止感到愤怒。

这场争端有两个特点：

（一）日本军队无端入侵中国领土。

（二）日本对中国涉嫌违反条约等行为不满。

中国的观点是，一个国家不能在其领土被另一国军队非法占领的情况下进行谈判。

在 9 月份理事会第一次会议上，日本代表同意撤军。人们认为，在理事会休会期间，已经开始的撤军将继续进行。

在日本没有撤军，并于 10 月 7 日空袭锦州之后，中国要求理事会召开紧急会议。随即理事会开会并于 10 月 24 日通过决议，确定了撤军日期，但惟独日本表示反对。

日本不仅没有撤退，反而继续推进，直到现在他们已以五六万军队占领了 20 万平方英里的地区，而理事会 12 月 10 日的决议却忽略了这一事实，这在中国引起了非常强烈的不满，以致政府不得不辞职。

新政府中有上届政府一些成员，但不是很多。

我提醒颜博士注意日本人的论点,即他们的行动是由于中国动荡不安而所必需的;他回答说这种论点是后来才提出的。日本人的第一个借口是,中国人破坏了他们的一段铁路,从而引起 9 月 18 日的出兵行动。轰炸锦州的理由是,中国军队集结于锦州,这对日本军队构成了威胁,而且中国人还向飞过锦州上空的日本飞机开火。颜博士说,直到 12 月的理事会,才提出了"警察措施"的借口。

在被问及中日关系的总体情况时,颜博士说,由于日本强大且具有侵略性,而中国军事实力较弱,所以中日关系近年来变得越来越紧张。日本最初是中国的附属国,本土资源匮乏的它成为一个强国时,却发现其他国家的占领限制了其所有的扩张途径。日本首先与中国开战,获得了台湾和朝鲜,然后与俄国开战,在满洲得以立足。最后一次的侵略行为是 1915 年的"二十一条"。日本的所有扩张都是以牺牲中国为代价的。因此两国之间产生了敌意。

对于目前的形势,颜博士说,中日两国有许多共同的贸易利益,可以合作的方向也很多。他说,中国希望达成一项全面的、持久的解决方案,但在目前冲突持续的情况下,达成这种解决方案的希望不大。首要任务是平息这场风波。颜博士用了一个比喻来形容调查团的工作,他说理事会一直在给需要动手术刀的癌症患者涂抹膏药。颜博士还用了另一个比喻,他说假设燃烧弹点燃了你的房子,那么当你被告知隔壁的大楼里有一个委员会正在计算保险索赔金额,你也不会感到多少安慰。先需要做的是把火扑灭,使住户免于被烧死。

我们会谈的其余时间讨论了国际联盟机构的运作。

S49 - 7

1. 国联调查团主席和委员简历

国际联盟远东调查团

主席：李顿伯爵

1876 年，生于西姆拉。

在伊顿和剑桥接受教育。

1916 年，海军部官员。

1920 年至 1922 年，印度政务次官。

1922 年至 1927 年，孟加拉总督。

1925 年 4 月至 8 月，总督和代理总督（在雷丁勋爵（Lord Reading）不在时）。

1927 年和 1928 年，任第 8、9 届国联大会印度代表团团长；1931 年，任第 12 届国联大会英国代表团成员。

马柯迪伯爵

1876 年，生于博洛尼亚。

法学博士。

进入意大利外交部工作。

1914 年至 1919 年，外交部长办公厅主任。

战后曾任出席巴黎和会意大利代表团秘书长，驻海牙、索非亚和开罗公使。

1924 年至 1926 年，驻布宜诺斯艾利斯大使。

1926 年至 1929 年，驻柏林大使。

亨利·克劳德将军

生于 1871 年。

毕业于圣西尔军事学院。

1893 年加入法国殖民军，1894 年在苏丹服役，1896 年在克里特岛服役，

1898 年在苏丹和象牙海岸服役,1905 年在中国服役,1908 年在毛里塔尼亚服役,1912 年在摩洛哥服役。

在第一次世界大战中,他先后指挥了一个团、一个旅、一个师和第 17 军团,该军团下辖几个美国师。他还担任过军和集团军参谋长,并于 1916 年在参谋本部担任第一助理少将。

1919 年,他先后指挥了比萨拉比亚(Bessarabia)、多瑙河沿岸的法军和驻保加利亚盟军。

1922 年至 1924 年,他担任驻西非法军总司令。

克劳德将军目前是法国殖民部队兵监、殖民地防御咨询委员会主席和军事参议官。

弗兰克·罗斯·麦考益少将

1874 年,出生于宾夕法尼亚州刘易斯敦。

曾在西点军校和战争学院进修。

在古巴(1898 年和 1900 年至 1902 年)和菲律宾群岛(1903 年至 1906 年)服役,任伦纳德·伍德(Leonard Wood)少将的副官。

1906 年至 1907 年,任罗斯福总统副官。

1906 年,为古巴和平委员会成员。

1910 年至 1914 年,总参谋部。

1917 年,驻墨西哥武官。

世界大战:1917 年至 1918 年,美国远征军总参谋部;1918 年,团和旅指挥官;1918 年至 1919 年,陆军运输局局长和运输总局局长。

1919 年,美国驻亚美尼亚军事特派团参谋长。

1921 年,美国驻菲律宾特派团参谋长。

1921 年至 1925 年,菲律宾总督助理。

1923 年,美国派日救援团指挥官兼美国红十字会总干事。

1928 年,监督尼加拉瓜总统选举。

1929 年,任玻利维亚、巴拉圭仲裁委员会主席。

1929 年至 1932 年,任第四军区司令。

阿尔伯特·赫尔曼·恩利克·希尼博士

1871 年生于普鲁士新哈尔登莱本（Neuhaldenleben）。

先后毕业于海德堡大学、基尔大学、柏林大学。

1897 年进入德国殖民地服役。

1900 至 1903 年，萨摩亚副总督。

1903 年，在外交部殖民地科任职。

1905 至 1906 年，在德国驻伦敦大使馆任职。

1907 年，任柏林殖民部司长。

1911 年，任殖民部部长。

1912 至 1919 年，任德国东非（坦噶尼喀（Tanganyika））总督。

1924 年起担任德国国会议员。

S49 - 8

1. 关于调查团工作安排的备忘录
（1932 年 3 月 19 日）

根据调查团成员在"亚当斯总统"号上的谈话精神，调查团秘书向调查团提交了关于调查团工作安排的本备忘录，作为讨论的基础。

Ⅰ. 调查团的作用

鉴于国联大会 3 月 11 日通过的决议，其文本已传达给调查团成员，现在可以在某些方面明确调查团的作用，以便其在必要的情况下更清楚地考虑工作方案。

从法律上讲，设立调查团的 1931 年 12 月理事会决议没有任何改变。根据《国联盟约》第 11 条，以及在争端各方同意下通过的决议，调查团将继续向充当调解机构的理事会提交报告。调查团仍然被要求向理事会提交：a) 关于9 月 30 日和 12 月 10 日决议执行情况的初步报告，调查团抵达满洲后，即可提供有关此问题的信息；b) 最终报告，旨在协助两国政府解决它们之间的悬案。

事实上，自上次大会决议以来，已经出现了一些新情况。大会决定根据盟约第 15 条处理中日争端，组成常设会议，并委托由十九个成员国组成的委员会承担各种任务。该委员会不包括中日双方代表，其主要负责：a) 监督 9 月30 日和 12 月 10 日决议的执行情况；b) 根据第 15 条第 3 款为大会准备以调解方式解决争端的草案——也可能根据第 15 条第 4 款采取行动。调查团须于 5 月 1 日前提交第一份报告。毫无疑问，调查团提交给理事会的报告将由理事会转交给大会，并由十九国委员会审查。而且似乎很清楚的是 a) 调查团将在 5 月 1 日之前提交关于 9 月 30 日和 12 月 10 日决议执行情况的初步报告，或至少提供一些关于满洲局势的初步信息。b) 除非有特殊情况需要推迟，否则最终报告提交的日期应使大会在 9 月会议时对其进行有益的审议，大会根据第 15 条第 3 款将视该报告为解决争端的基础，或根据第 15 条第 4 款将其作为起草报告的基础。

在准备调查团行程草案和工作安排草案时,已考虑到了这些似乎对调查团具有约束力的因素。

Ⅱ. 行程计划。

行程必须在指定的日期范围内确定,以便与调查团工作的必要阶段相对应。

1) 首先接触日本、中国的主要官员和民间代表。

调查团在日本已经有了这种接触。在上海,它已经开始与中国某些界别进行接触,同时继续从日本某些界别获得信息,并收集中国或日本其他各种人士的声明。接着在南京与中国官方接触,一定程度上也在北平进行。建议调查团在 3 月 26 日或 27 日左右离开上海,在南京停留三四天,然后从南京直接前往北平,于 4 月 2 日至 5 日之间抵达北平。

2) 实地调查满洲情况。北平和满洲。

对局势的实地调查将从北平开始,调查团将在那里听取去年 9 月 18 日事件发生之前满洲管理者的意见。在北平的逗留时间可能会持续七到十天。然后,调查团将前往满洲①,访问沈阳、大连、长春、哈尔滨,必要时还将访问齐齐哈尔。在访问大连和沈阳之后,调查团就可以向日内瓦发电报,提供有关日本军队占领该领土的实际情况,以及中日两国受访者就此问题向它表达的意见。对满洲的访问将持续三周,于 5 月 5 日至 10 日之间结束。

3) 起草调查团报告。

毋庸置疑,调查团在起草最终报告之前,甚至在编写报告期间,都将征求中国和日本政府及有关各界对报告中所有重要内容的意见。但是,为了使这种与中日两国政府及有关各界的接触有任何用处,调查团似乎必须事先审查两国政府之间的悬案,审查这些问题的主要方面,并形成它对大多数争议问题的看法——至少是暂时的。为了安静地工作并对所收集的文件进行详细研究,充足的时间是必不可少的。事实上,调查团报告的临时草案似乎必须要起草了。从文件的角度来看,调查团可以得到秘书处和下文提到的被推荐的专家的协助;尽管如此,预料到专门从事这项工作需要三周的时间似乎是必要的。在此期间,调查团最好呆在一个可以方便地收集任何必要文件的地方,并且可以在良好的物质条件下工作。建议从 5 月中旬到 6 月 5 日至 10 日期间

---

① 原文注:请参阅备忘录末尾的说明。

在北京设立调查团及其办公室,这最能满足这些要求。

4)与日本和中国政府磋商。访问日本。

然后,调查团将经朝鲜前往日本,与日本政府进一步磋商。调查团可能会在日本停留到六月底。中国顾问可陪同调查团访问日本——这并不确定——他也可能不需要在场,而且至少在此期间,他自己可以与南京当局进一步接触,这可能会使调查团不必再次前往中国该地。

5)编写最终报告。

在最终报告通过之前,调查团似乎应能够方便地与中日两国政府进行沟通。另一方面,调查团还认为有必要在一个相对安静且气候适宜的地方讨论最终报告。由于这些原因,7月间,调查团在中国本部和满洲交界处的北戴河编写报告似乎是明智的。该报告可能在7月底完成,并将在8月底送达日内瓦。

Ⅲ. 为调查团准备必要的文件。

调查团成员将有很大一部分时间用于政治对话和访谈,以及制定报告的一般指导方针。为了能够编写报告,甚至在编写报告前能够相互讨论两国政府之间主要的悬案,调查团成员无疑需要详细而系统地记录这些悬案的文件。该文件将由秘书处、专家与中国、日本专家联系编写。调查团秘书长将把该文件提交给调查团,并协调各种文件的编写工作。例如,可以考虑针对以下问题准备笔记:

朝鲜人在满洲的地位及相关法律问题。

满洲土地租赁及相关法律问题。

铁路的经济和技术问题;南满铁路与中国铁路的关系;合作的可能性;与铁路有关的法律问题;1905年议定书和"平行线"问题。其他与日本权利有关的各条铁路的争议。

1915年条约的有效性的法律问题。

满洲安全问题;1931年9月事件前后,满洲"土匪"问题;满洲警察组织问题。

1931年9月事件前满洲的行政和财政状况。

满洲"自治"运动的历史;当前"满洲政府"的组织和运作;民众对该政府的态度。

1931年9月以来日本在满洲的经济活动和"门户开放"的问题。

满洲对外部侵略的防御问题。解决类似问题的先例。

外国专家援助中国改组行政和经济重建问题；为保障国际联盟与中国政府的技术合作而采取的措施。

说明

鉴于天津和满洲之间铁路交通困难，以及为了使调查团能够尽可能多地了解中国地方情况，而又不至于过度延长调查团的行程，建议从北平到满洲的路线为：天津—济南—青岛—大连。

2. 李顿的备忘录（1932 年 2 月 5 日）

显然，对于我们要调查的问题来说，现在对其是非曲直提出任何意见还为时尚早，但关于我们进行调查时应采取的程序，我想征求各位同事的意见。

首先，我想大家都同意，我们的目标与其说是在中国和日本之间就满洲问题进行仲裁，以及评估它们各自对去年 9 月事件的责任，不如说我们的目的是在可能的情况下，努力在两国之间促成一项持久的解决办法，并使远东的和平基础更加稳固。

如果是这样的话，我认为我们应该从一开始就摒弃法院的性质，而以朋友的身份提供服务。我们应该尽可能阻止双方互相指责或为过去找借口，并邀请他们为未来提出建议。当然，在我们最后的报告中，不可能无视过去，也不可能在应该赔偿的地方避免评估赔偿，但在就未来达成某种程度的协议后，这样做会比较容易。

如果我们从调查过去开始，双方都会处于守势，各自提出的指控和反指控往往会进一步加深他们对彼此的成见，使他们的要求不那么合理。另一方面，如果我们立即着手解决这个问题的根本困难，并请各方协助寻找解决办法，我们将更有可能建立信任，并产生有益的态度。一旦建立了这种机制，并且唤起对未来充满希望的精神，就更容易接近对过去的责任这一微妙的问题。因此，我建议，当我们到达日本时，我们应该邀请所有在我们面前的人首先告诉我们，他们希望维护的利益是什么，他们希望实现的目标是什么，他们为了和平准备做出的让步是什么，他们希望中国做出的对等让步是什么，以及他们希望从国际联盟那里得到的任何帮助。当我们到达中国时，也应该遵循同样的程序。最后，当我们抵达满洲时，我们应该能够当场检验是否有可能调和两国向我们表达的观点，并根据我们的判断认为该国的需求是什么。

另一个需要在我们到达之前决定的问题是，我们的调查过程能够公开到什么程度。如果允许媒体代表参加我们的访谈，我们将得不到证人的帮助。他们会倾向于向他们自己的公众而不是向我们表达意见；发表批评意见将在另一个国家引起不满，而且调解工作会因初始阶段提出过早的评论而受到阻碍。另一方面，如果我们忽视新闻界，或者把它们完全排除在我们的议事程序之外，无疑我们就会失去新闻界在舆论教育方面可以提供的帮助，相反，我们在整个工作过程中就会遇到它的敌意。我们必须尝试找到某种方式来调和隐私与宣传报道之间的矛盾。我建议，我们应该尽可能使我们的访谈变得非正式，鼓励我们的证人与我们自由交谈，并向他们保证，未经他们同意，他们对我们说的任何话都不会被公布。每天，或不定期地，我们可以在证人同意后向新闻界发布证据摘要。仅仅这样做是不够的，因为新闻界不喜欢官方公报，因为它认为官方公报是为了隐瞒而不是提供信息，而且每家报纸都喜欢在所有新闻中尽可能地保持自己的个性。因此，我认为明智的做法是经常与新闻界代表举行会议，并指定我们的一名工作人员与他们尽可能保持密切的联系。偶尔也有必要举行公开会议，但我希望这种情况很少见。

关于这些问题，如果同事们能把他们的看法告诉我，并把他们认为在航行中应该讨论的其他问题告诉我，我将非常高兴。

1932 年 2 月 5 日，在"巴黎"号上

S49－9

1. 日本外务次官永井松三致李顿之函电
（1932 年 2 月 26 日）

1 JCS RO 170 Radio

1932 年 2 月 26 日晚上 8∶04 发自东京

（JG）

李顿勋爵

"柯立芝总统"号

铫子无线电信局（Choshi radio）

以下是哈斯先生批准、我们希望可以接受的关于调查团的日程安排。

3 月 1 日，首相午宴或茶会、外务大臣晚宴。

2 日，日本记者午宴。

3 日，天皇陛下可能举行午宴、芳泽夫人招待会、国际联盟日本协会晚宴。

4 日，法国和德国大使计划举行午宴以招待各自国家的调查团成员、日本经济联盟和日华实业协会举行茶话会和戏剧晚会。

5 日，海军大臣午宴、日本太平洋关系研究会理事会茶会、秩父宫雍仁亲王（Prince Chichibu）为李顿勋爵和尊贵的爱斯托（Astor）举行晚宴、意大利大使为调查团意大利成员举行晚宴、大仓男爵（Baron Okura）为调查团法国成员举行晚宴。

6 日，前往箱根（Hakone）或日光（Nikko）自由旅行。

7 日，陆军大臣午宴、外务次官晚宴。

8 日，离开东京前往京都。

9 日，在京都。

10 日，访问奈良和大阪，在大阪会见商人。

11 日，乘"亚当斯总统"号离开神户。

外务次官永井（Nagal）

26 日 17 点 15 分

2. 李顿致永井松三之函电(1932 年 2 月 27 日)

永井外务次官,东京。调查团很高兴接受阁下提出的方案,并对阁下的准备工作表示感谢。李顿。

李顿勋爵,在"柯立芝总统"号上

1932 年 2 月 27 日晚上 8 点

3. 李顿致岩手嘉雄之函电(1932 年 2 月 17 日)

日本总领事,檀香山。

7 点,弃船登岸,乘车去迪林厄姆的拉彼德拉(Dillingham LaPietra)和沃尔特(Walter)共进早餐。建议你 8:30 去那儿见我。李顿。

李顿勋爵,在"柯立芝总统"号上

1932 年 2 月 17 日晚上 7 点

4. 岩手嘉雄致李顿之函电(1932 年 2 月 17 日)

4 KHK RO 60 RADIO

1932 年 2 月 17 日,檀香山。

李顿勋爵

"柯立芝总统"号

瓦希阿瓦电台(Wahiawa Radio)

我有些事情,希望在阁下明天早上到达这里时或下午某个时间在船上与您面谈几分钟。

我是奉芳泽外务大臣之命来与您谈话的。请阁下指定您方便的具体时间,我将不胜感激。

日本总领事岩手嘉雄

18 点 29 分

S49－10

1. 李顿调查团在日本的行程计划(1932 年 2 月①)

2 月 29 日(星期一)

早上…………到达横滨

中午…………东京帝国酒店

晚上…………

3 月 1 日(星期二)

早上…………

中午…………首相(官邸)午宴

晚上…………

3 月 2 日(星期三)

早上…………

中午…………记者午宴

晚上…………外务大臣(官邸)晚宴

3 月 3 日(星期四)

早上…………

中午…………皇宫午宴

晚上…………下午 4 点到 6 点,芳泽夫人茶会(在外务大臣官邸)。

………………国际联盟日本协会晚宴(在工业俱乐部)

3 月 4 日(星期五)

早上…………

中午…………克劳德将军赴法国大使馆午宴

………………希尼博士赴德国大使馆午宴

晚上…………商工会议所等经济团体茶会、晚宴、戏曲(在工业俱乐部)

---

① 编者按:原件无日期,据推断应为 1932 年 2 月。

3月5日(星期六)

早上·············

中午·············海军大臣午宴(官邸)

晚上·············日本太平洋关系研究会理事会茶会

·············马柯迪伯爵赴意大利大使馆晚宴,秩父宫雍仁亲王晚宴李
顿勋爵和爱斯托先生,大仓男爵晚宴克劳德将军。

3月6日(星期日)

早上·············

中午·············⎰自由活动(有意原者可前往箱根或日光游览)

晚上·············

3月7日(星期一)

早上·············

中午·············陆军大臣午宴(官邸)

晚上·············外务次官晚宴(在红叶馆(Koyokan))

3月8日(星期二)

早上·············

中午·············下午1点从东京出发前往京都

晚上·············抵达京都(都酒店(miyako Hôtel))

3月9日(星期三)

早上·············

中午·············⎰市内观光

晚上·············

3月10日(星期四)

早上·············离开京都前往奈良

中午·············在奈良酒店用午餐

傍晚·············从奈良出发前往大阪

·············商业团体提供茶点和晚餐

·············甲子园酒店(Koshien Hôtel)

3月11日(星期五)

早上·············

中午·············下午1点左右从酒店出发

晚上…………下午 3 点乘坐"亚当斯总统"号离开神户

2. 东京帝国酒店致李顿调查团之函电
（1932 年 2 月 19 日）

1 JSC RO 9 RADIO

1932 年 2 月 19 日下午 3 时 13 分，东京

国际联盟调查团

"柯立芝总统"号

铫子无线电信局

欢迎预订住宿。

帝国酒店（Impeho）

1527 25

S49－11

1. 李顿勋爵在何成濬招待国联调查团晚宴上的答辞
（1932 年 4 月 4 日）

1932 年 4 月 4 日，汉口

何将军，诸位：

说我们的来访是汉口的荣幸，是您客气了。请相信我，我们认为能受到军政长官的亲自款待是莫大的荣幸，贵市的热情欢迎让我们感到非常高兴。

当我们想起您和所有地方官员必须忙于处理您所提到的洪灾时，这种接待尤令人感佩。

自从我们第一次听说这场灾难的严重性和它所带来的痛苦，我们的心中就充满了对受害者的同情。当我们踏上来汉口的旅程时，我认为这是我们心中最重要的感受，但是自从我们来到这里，这种感受就变成了对中国人民面对这场灾难所表现出的精神的钦佩。

当我们溯长江而上时，我们注意到了沿岸的人们重建受损的堤坝的活动。我们希望明天更仔细地研究这项重建工作。

从今天与我们交谈的人那里得知，目前没有发生严重或广泛传播的流行病。这本身就是及时采取有效预防措施的证据。

中国还面临着其他内部和外部的困难。但是，我相信，如果以同样的决心、同样的智慧、同样的耐心来应对这些困难，他们同样也会成功。贵省人民已经证明，在适当的帮助下，他们可以从巨大的苦难中恢复过来，并重建被广泛破坏的护城河。

对外和平问题无疑更宏大、更复杂、更困难，所以需要全体中国人民的共同努力。

你们已经向国际联盟提出申诉，国际联盟也派我们到这里，向你们保证他们的合作。但是，如果要确保国联的行动取得成效，必须得到中日两国友善和积极的帮助。我们已经有机会与两国政府会谈，并且已经确信他们的善意。因此，我们只需要求将这种善意转化为行动。

在这里，在汉口，在一场被勇敢面对并成功解决的巨大灾难的阴影下，我们冒昧地以我们所代表的国际联盟的名义呼吁两国人民，支持他们的政府，因为他们显然真诚地讨论了对和平的渴望。

2. 李顿在国民党中央党部招待国联调查团午宴上的答辞
（1932 年 3 月 31 日）

1932 年 3 月 31 日

秘书长先生，先生们：

今天上午是调查团成员极感兴趣的一个上午。我们瞻仰了你们的伟大领袖，中华民国国父孙中山先生的陵墓。很遗憾，我未能聆晤孙中山先生于生前，但我和大家一样，认为他是我们这个时代的伟人之一，是可以称得上国家缔造者的少数人之一。

今天上午瞻仰的陵墓庄严肃穆，气势恢宏，我们无不为之折服，深感值得将伟人安葬于此以示缅怀。我们相信，它将在许多年里成为来自世界各地对进步政治感兴趣的人们的朝圣之地。如果我可以这样说的话，我认为这座建筑确实应该归功于设计和建造它的建筑师；但是，孙中山先生真正的丰碑不仅仅是矗立在我们参观过的这座山上，而且在今天和明天的中国的任何地方都可以找到。在那里，他的原则得以贯彻，他伟大的建设性工作得以落实。先生，我很高兴从您那里得知，国际和平以及与其他国家的合作是他留给中国最重要的原则之一。如果说孙中山先生是现代中国的建筑师，那么您的组织就是按照他的设计进行建设的建设者。因此，从建筑师的墓前出来，我们应该见见在世的建设者，这是再合适不过的了。感谢您给予我们会面的机会，并祝愿您所从事的建设事业取得圆满成功。我们向现代中国的建设者们举杯致敬，愿他们的工作蒸蒸日上。

3. 李顿在林森招待国联调查团晚宴上的答辞
（1932 年 3 月 29 日）

1932 年 3 月 29 日

尊敬的阁下，先生们：

我们非常荣幸能够受到中国国家元首的接见，感谢您的盛情款待。

您向我们讲话时所表现出的威严与您所担任的崇高职务相称，而且您雄辩的口才也使我无法企及。您用令人钦佩的措辞描述了国际联盟与其所有成员的关系，以及它作为维护世界和平机构的使命。

您也温和而公正地表达了中国人民的希望和正当诉求。

当我们在日本时，其外务大臣告诉我们，维护远东地区的和平是日本外交政策的基石，我冒昧地对他说："在这种情况下，我们既是你们的大使，也是国际联盟的大使，因为这实际上是我们使命的目标。"今晚，我想请阁下以同样的条件接受我们，作为中国的大使。我们最迫切的愿望是，根据我们的调查，国际联盟能够找到您所提到的公正和永久的解决方案。

我们只是人，因此我们可能无法充分履行赋予我们的重任；但至少，我们不会辜负这两个国家的善意，我们希望为其长远利益服务。在目前的困境中，我们希望每个国家都能在国际联盟中找到真正的朋友和帮手。

虽然我们来自不同的国家，但我们在任何意义上都不是我们国家政府的代理人。我们中没有独立代表和个人代表；但调查团作为一个整体是国际联盟的公仆，其任务是在可能的情况下帮助国际联盟根据你们明确定义的条件为远东和平奠定基础。

4. 李顿在汪精卫招待国联调查团午宴上的答辞
（1932 年 3 月 28 日）

1932 年 3 月 28 日

尊敬的阁下，先生们：

我谨代表调查团成员向您表示诚挚的谢意，感谢您代表中国国民政府热情地接待我们。我愿借此机会表示，我们昨天上午抵达贵国首都时，受到民众的信任和善意的欢迎，我们对此印象深刻，深受鼓舞。我途经杭州的同事告诉我，在他们沿途经过的所有地方，民众都表现出类似的对我们使命的认可。现在，阁下以全中国的名义欢迎我们，并向我们保证您对国联充满信心，以及希望国联能在目前的困境中给您带来有效的帮助，似乎是要使这些群众活动成为定局。

贵国的接待使我们深感荣幸。我们认识到，在激起其人民最深切情感的种种考验下，中国表现出了极大的忍耐。贵国政府也表现出了勇气，将你们的案件毫无保留地交给国联处理。我们确信，国联希望向你们证明，你们的信任没有错，我可以向你们保证，我们将尽一切努力去实现这一结果。

我认为，不辜负信任你的人是世界全人类公认的名誉义务。国联承认对其所有成员国负有这一义务，但其行动受到以下事实的限制，即它仅是一个协会，它能给予任何一个成员国的帮助都以不伤害任何其他成员国为条件。国联不能帮助一个成员国伤害另一个成员国，但有许多方法可以为任何成员国提供服务，只要这种服务不损害另一成员国的权利。

因此，先生，当您说中国人民只有一个愿望——维护领土和行政完整时，我可以立即向您保证，这必然是国联达成任何解决方案的条件，国联不可能向其成员国推荐任何不符合其忠实义务的方针。

在上述条件下，国联委托我们向你们提供其力所能及的任何帮助，同时向你们保证会有一个公正公平的裁决。

5. 李顿在罗文干招待国联调查团晚宴上的答辞
（1932 年 3 月 28 日）

1932 年 3 月 28 日

尊敬的阁下，先生们：

　　我们非常感谢您友好的欢迎之词。在今天午宴上致行政院长的答谢辞中我已经说过，对于在中国首都受到的接待和民众对我们工作表现出的明显兴趣，我们感到非常高兴。

　　您深情地提到白里安（Aristide Briand）先生的去世是全世界的损失，对此我很感激。他是国际联盟忠实的公仆，也许没有哪一位政治家能比他为国际和平事业做出更大的贡献，没有哪一个人能比他为增强世界对国际联盟的信心做出更多的事情。我记得在日内瓦举行的一次会议上，一位代表对我说："白里安先生是构建当今世界和平所依赖的主要支柱。"这个支柱现在已经不存在了，但是白里安先生生前所做的工作并没有随着他的去世而停止。他使国联成功地度过了不止一次的危机。毫无疑问，目前的危机比之前的任何一次都更严重、更复杂、更困难。它已经使国联赖以建立的原则发挥到了极致，而且它将证明是对国联机制效力的最大考验。此时此刻，我们都在怀念过去为我们指引方向的那只手，怀念那个给处于困境中的国家带来希望和安慰的雄辩之声。他担任理事会主席时，理事会任命我们为调查团成员。在国联面临最大考验的时刻，他去世了，但他的工作做得如此出色，以至于我坚信国联能在这场考验中获胜，并证明自己能够承受赋予它的重任。

　　先生，我们理解中国在从旧秩序向新秩序过渡时期所遇到的特殊困难。您所说的共和国统一道路上前进的障碍不可避免。在一个幅员如此辽阔，公路和铁路设施如此落后的国家，这些问题无法避免。正如你所说，这些困难应该引起其他国家的同情和支持。这些都是在解决中日争端时必须考虑的事实。如果国民政府以勇气和决心面对这些困难，它们是可以克服的，国联将努力为你们实现这一目标争取必需的外部和平条件。

6. 李顿的发言稿(1932 年 3 月)[①]

尊敬的阁下，先生们：

我谨代表调查团全体成员，并以他们的名义向你们表达最诚挚的谢意，感谢你们的盛情款待。

对我们来说，这是一个特别有趣的场合，如果我可以用这个词的话，因为这是我们在中国舞台上的第一次亮相。我们曾有幸受到贵国驻东京公使的款待，如果我可以继续用这个说法的话，那是我们的一次间接接触。正如我们最近所经历的那样，我们现在完全进入了人们的视线，并感到我们的工作已经开始；随着顾维钧先生的加入，我们认为调查团已经完全形成。因此，当我们第一次在中国出现时，我想感谢您，先生，感谢您对我们的欢迎。

在刚才的讲话中，您表达了中国对国联工作的兴趣，以及对国联原则的忠诚支持；您也告诉我们，在过去您不仅有此信念，而且还身有体会。您认为，在许多方面，国联派出的专家顾问可以在许多方面为其成员国提供真正的服务，因此，我现在代表国联向中国人民提出的建议中有这样的经验，这一事实使我深受鼓舞。

我们以国联特使和代表的身份前来，是要把国联的一切资源供给你们使用，并以您告诉我们在这场特殊的危机中可以提供服务的任何方式向你们提供帮助和协助。但我必须提醒您，国联不是一个独立于其成员意志的超级国家，其主要任务是提供一种替代武力的方案。因此，如果这两个伟大的国家愿意接受这一替代方案，并利用国联可以提供的机制，那么我完全相信，这可以证明对双方都有好处。

我们很清楚调查团所肩负的重大责任。我们也很清楚，我们所面临的任务非常艰巨。但我们相信，困难是可以克服的。先生，您的讲话使我们深受鼓舞，相信双方如果都有善意，本案的困难是可以克服的。

也许我们是乐观的，但我们的乐观植根于信念。我们深信国联的力量，深信国联作为世界和平工具的价值，而这种信念，就像先生您的信念一样，建立在经验的基础之上。国联成立十多年来，我们一直密切关注着它在世界各地

[①]　编者按：原件无日期。

的工作。国联有许多困难需要克服,有不少危机需要解决,我想我有理由说,国联从来没有失败过。正是基于这一经验,我们才有理由相信国联这次不会失败。

7. 李顿在广肇公所招待茶会上的致辞
(1932 年 3 月 23 日)[①]

先生们:

首先,我必须对我的翻译员说句话。

前几天,我在一次演讲中,对将我的话在翻译成另一种语言提出了一些疑问,但我绝不是说它们会被错误地翻译。相反,我现在觉得,无论我在英语中犯了什么错误,当它被翻译成中文时都是正确的。

因此,如果我对于刚才雄辩而亲切的演讲作出回应时出现迟钝,我至少有信心知道,无论我讲得多么结结巴巴,只听中文的人都将会听到一个非常精彩的演讲。

先生,您今天下午在这里欢迎我们调查团时说,您的心情很复杂,这一点我确实很能理解。怎么可能不这样呢? 自从今天下午来到这里,我不仅了解到上海地区有大量的广东居民,而且了解到他们中的很大一部分人的居住区,在过去几周被彻底摧毁了,就像我上周一看到的那样。因此,在这种情况下,您所代表的社区的感情必然会被深深地激起,如果我可以这样说的话,我认为在这种情况下,您对我们讲话非常克制。

但在回应时,我相信我的同事们会同意,我们的感情并不复杂。我们衷心感谢贵公会今天下午与我们会面。不幸的是,在中国停留的短暂时间内我们将不能访问广州,因此,我们更感谢您给我们提供的与广东旅沪商民会谈的机会。广东旅沪商民对我们的热烈欢迎令我们感到非常鼓舞和欣慰。

过去几年,我们都以极大的兴趣和深切的同情,关注着中国正在进行的斗争,注视着其所承担的国家重建的巨大任务,我很高兴能有另一个机会说出我

---

① 　编者按:原件无日期,据其内容推断应为 1932 年 3 月 25 日。

想我以前已经代表调查团说过的话，即我们真诚地祝愿中国成功地完成这一任务。

先生，您说得对，不管过去几个月发生的事情有多么糟糕，我们现在的任务不是处理过去，而是着眼于未来。不幸的是，我们不能像这些如此勤奋地关注我们的摄影师处理电影胶片那样对待历史：我们不能把它放进设备里，然后倒放。如果我们能做到这一点，战争可能会被视为人类最大的福祉之一。我们要做的就是谱写历史的新篇章。

先生们，我们希望，这新的一页可以成为中国历史上光辉的一页，同时开启世界历史上新的一页。我们来到这里，是想请你们告诉我们，你们在这个场合需要国际联盟的什么服务，可以用什么方式来实现和平。

在日本逗留期间，我们与日本政府成员进行了会谈，并向他们提出了同样的问题。现在我们在中国，我们希望有机会会见中国政府成员，也向他们提出这个问题。

最后，我想向您保证，我们非常感谢您安排我们下午会见广东民众。我们真诚地希望，在我们的工作结束时，您不会后悔呼吁国联在这场危机中给予你们帮助。

8. 李顿勋爵在上海市商会招待晚宴上的答辞
（1932 年 3 月 18 日）

1932 年 3 月 18 日，晚宴

主席先生，先生们：

我们很高兴与中国商会成员见面，承蒙今晚给予机会与诸君相识。

诸君为这个伟大商业中心的商界代表，因此你们必然对和平事业深感兴趣。

当我们有幸在日本会见商人时，我冒昧地对他们说，如果两国政府允许其商会选举全权代表，那么达成协议的机会将大大增加。就我个人而言，我很乐意把问题交给这样的人来处理。

最近你们对在当地目睹的暴力场面感到本能的震惊和愤慨，在这种情况下,强烈的党派偏见是很容易被原谅。

从一开始,我们就钦佩中国在向国联提交案件时所表现出的勇气和信心。今晚您对于调查团彻底调查您提到的情况的能力表示了信心,对此我们感谢你们的信任。我可以保证,我们每个人都真诚地希望,我们的使命不负你们的厚望。在顾博士的帮助下,我们会竭尽全力不让你们失望。

我们充分理解你所说的事实,即在很大程度上,国际联盟的威望取决于能否明智和公正地处理提交给它的案件。国际联盟正在向我们寻求信息和建议,这使我们倍感重任在肩。请相信我,我们不会轻视这一责任。相反,这是一个非常严重的问题,在解决这个问题时,我们在履行责任时需要争端双方的善意和帮助。

先生,您在致辞中提到的复杂问题——关于履行或违反条约的索赔和反索赔,各种行为的是非曲直——正是我们必须调查的问题;但我确信,您会意识到,这些问题不可能通过餐后演讲的程序来充分调查。

我们将非常仔细地研究您告诉我们的内容,在案件完全呈现在我们面前时,尽我们所能来得出真相。但是我现在要说的是,我们刚才听到的演讲包含了许多我们不应忽视的智慧和合理的解释。

先生们,请允许我恳求你们的同情和宽容。我必须经常在短时间内发表很多演讲,而且由于我不会讲你们的语言,当我的话被翻译成另一种语言时,我的意思可能并不总是很清楚。一位伟大的美国作家曾经说过:"说真话需要两个人——一个人说,一个人听。"因此,我希望你们能对我的话给予最友好的理解。

有一件事我想对诸位说。我可能要说很多遍才能让您相信它的真实性。您已经向国联提交了这个问题,您必须对它的决定有信心。您必须为它的决定提供所有必要的事实,但您没有必要同时告诉它其决定是什么。

现在,只要您还有一丝恐惧,就不可能有这种自信。所以,如果可以的话,我想使你们相信,恐惧没有根据。橄榄枝是国联唯一的武器。国联首先将努力使两个国家走到一起,并创造条件,使他们能够谈判并达成协议。目前你们两国却相距甚远,你们现在是敌人。国联实际上对你们都是这么说的:"既然你们已经请求我们的帮助,作为回报,我们请求你们每个人,好好对待你们的敌人,就好像他有一天会成为你们的朋友。"

即使你们两国未能达成一致,并再次将你们的分歧提交给国联最终仲裁,国联也不会在未与你们密切协商的情况下做出任何决定，并将努力使你们确信你们不会因国联的援助而遭受损失。

　　我很抱歉在这个问题上说了很多，我代表我的同事再次感谢诸位的盛情款待和良好祝愿。

9. 王晓籁在招待国联调查团晚宴上的致辞[①]
（1932 年 3 月 18 日）

（略）

10. 顾维钧在招待国联调查团晚宴上的致辞
（1932 年 3 月 17 日）

李顿勋爵，尊敬的调查团成员，先生们：

　　作为中方顾问，鄙人欢迎诸君来华，不胜欣幸。虽然诸君或为首次到访远东，但吾人以为，诸君作为政治家、军人或外交官，早已为吾人所熟识。我们衷心祝贺国际联盟能得如此杰出之诸君襄助，并指派诸君调查引起全世界关注之中日冲突。鄙人欢迎诸君来华，因诸君系和平与正义之信徒。在中国目前的条件下，吾人虽不能作盛大招待，但欢迎富于热情和真诚。

　　吾人之欢迎是热烈和真诚的，因为诸君来自国际联盟。国联所依据的和平原则亦是我国历史和文学中最珍视之原则。自古以来，吾国圣人告诫我们，笔比剑更有力量。孔子说："四海之内，皆兄弟也。"可以说，国联的精神，即是中国文化之精神。因此，中国是最早支持设立国联的国家之一，鄙人作为中国代表亦十分荣幸首先参与了以杰出的威尔逊总统为主席的盟约起草委员会的工作，后来在国联成立的最初几年里又参加了理事会和大会。

---

　　① 编者按：该件译稿请参见陈海懿、屈胜飞、吴佳佳编：《国联调查团访谈与调查》，张生主编：《李顿调查团档案文献集》，南京大学出版社，2019 年 12 月，第 67—70 页。

先生们,自从踏入中国国门,诸君可能已经注意到,在诸君周围都是新运动和新生命。诸君行至愈远,所见愈多,当益能明了我国之广袤、人口之庞大与问题之复杂。所见状况可能与其他地方普遍存在的情况不同。但是,生活于我们邻近之人只见树木不见森林,而诸君远道而来,胸无成见,定能用公平眼光观察我国。中国正处于过渡时期,改造旧国家为新国家已全面展开。然而,近来由于外兵侵入并不断扩大侵略,情况已经大大恶化。暂且不论这对我国生活产生的后果和影响,单言我们的改造工作已经停止,政府的运作亦受到严重阻碍。

诸君调查期间,应当能注意到,今天的中国人民关于中日关系问题的情绪极为强烈。经进一步研究,定会发现,此种情绪是对使用武力政策对付中国的一种直接的、自发的反应。它表达的方式各有不同,或用文字,或用语言,或歧视购买外货。但是,无论它以何种形式出现,它都是 9 月 18 日以来所发生事件的结果:其原因在中国之外,且不受中国控制。

因此,贵调查团的使命,不仅中国重视,而且全世界均深为关切。远见卓识的政治家们,通过《国联盟约》和《非战公约》,尽职尽责地带领世界走上了一条新道路。如今此项约章保障和平之效力,以及它们作为国际关系之健全原则的认可正经受着严峻的考验,其结果将使世界反思它们的可行性,并决定世界未来发展之趋势。

然而,鄙人相信,凭借国联目前对远东局势的持续关注和不懈努力,凭借美国在维护和平和共同寻求永久解决办法方面的衷心合作,凭借调查团就地调查工作,一定能够找到一条途径,使中国的领土和行政完整得到尊重,和平机构的神圣性得到重新确立!

11. 李顿在顾维钧招待国联调查团晚宴上的答辞
(1932 年 3 月 17 日)

3 月 17 日晚宴

刚才听到雄辩的演讲,我们既钦佩又羞愧:赞叹其优美的语言、崇高的情操和令人钦佩的表达方式;羞愧的是,我们中间没有人能够用自己的语言与之相媲美，更不用说用外语来回应了。顾博士，你那雄辩的口才，已经在世界上许多地方赢得了很高的声誉。虽然我不能与你相提并论，但我至少会尽力表达我所知道的所有同事的想法，无论多么不充分。

首先，我们想告诉大家，中国政府给予我们如此杰出的政治家的帮助，指导我们克服任务中的困难，我们对此感到十分荣幸。得知我们可以向一位拥有如此广泛经验并深受本国政府与人民信任的人寻求信息和建议，我们深受鼓舞。

第二，作为国际联盟的代理人，我们很高兴能得到一位完全熟悉国际联盟机制并完全接受其精神的人的合作。你曾协助起草盟约并担任国联理事会成员，这一事实使我们确信，你与我们志同道合。

第三，我们谨向您保证，对于中国人民目前正在进行的英勇的国家改造工作，我们表示同情。我们每个人都来自不同国家，在过去也曾面临类似的困难，并为拯救国家付出了艰辛的努力。在我们的国家，经过多年的斗争，人民和代表机构已经发展起来。我们知道其中的困难。我们同中国人民有着共同的理想，衷心祝愿中国人民圆满实现理想。

通过您雄辩地描述，我们进一步认识到，其实早在大多数国际联盟现成员国存在之前，国际联盟的许多理想就已经在中国产生并得到实践。访问这个文明古国，是我们最感兴趣和愉快的经历。中国有一个伟大的过去。我们希望并相信，中国的未来会更加美好。

先生，我们感谢您的精彩演讲和盛情款待，感谢您在我们的工作中给予的密切合作，我们希望能与您分享。

12. 李顿在上海新闻界招待国联调查团午宴上的致辞
（1932 年 3 月 17 日）

主席先生，先生们：

我怀着感恩的心站起来，用颤抖的语言表达我们的感谢，感谢你们的盛情款待。我不知道我的同事们会怎么想，幸运的是，他们能够保持沉默。在这个令人生畏的宴会上发言，使我诚惶诚恐。我们听说日本和中国均有军阀；但是,世界上任何军阀之权力皆不如本次宴会主席之大。

　　昨天,当我们受到大学教授们的款待时,我冒昧地称他们为未来战士。先生们,我可以称你们为成人的老师吗? 在这个身份上,我们承认你们可能是我们的盟友或对手。我们调查团经常被赋予各种比喻,而我们自己发言时也不得不使用比喻。因此,我今天要使用另一个比喻,请你们把我们看作是播种者。作为播种者,我们呼吁各位新闻界的先生们让我们播种的土壤结出硕果。先生,您告诉我们,您只求公正之判断,不求其他;如您所说,公正是和平之树能够茁壮成长的唯一土壤。但是,请允许我提醒您,尽管公正和判断在我使用的语言中有着相似的含义,然而这两个词并不是一回事。的确,判断往往是由法院宣布的,但是,一个国家对另一个国家做出判断并不能保证公正的氛围。我认为,国家之间的公正是一种相互的关系。所有有这种关系的国家,只有考虑到彼此的需要和利益,才能解决这种问题。先生们,我冒昧地称你们为老师——但我绝不能因此而以校长的身份对你们讲话。如果我冒昧地提出这一点,那只是因为我们非常真诚地需要你们的帮助,因为我们知道,没有你们的帮助,我们就无法帮助你们。

　　我注意到,每当我们谈到和平时,我们总是使用战争的语言。(这也许是过去遗留下来的不幸。)因此,我打算用一个军事隐喻来结束我的演讲。我想说,直到全世界的新闻界都加入到和平的大军中时,公正的胜利才能得到保证。因此,作为我们在和平事业中的盟友,我向你们举杯,祝愿中国新闻界之健康。

13. 郭泰祺在招待国联调查团午宴上的致辞
(1932 年 3 月 15 日)

李顿勋爵,尊敬的国联调查团成员:

　　由于最近数周上海地区发生前所未有之非常状况,鄙人不得不大部分时间驻在此而非南京。因此,今天鄙人代表国民政府,首次正式招待奉派来华之国联调查团诸君,不胜荣幸。

　　为欢迎诸君之莅临,鄙人邀请本国际商业大都市商学各界领袖作陪。鄙人相信，在诸君逗留期间，吾人必视能力所及，尽可能向诸君提供所要求之信息。

自 1927 年南京国民政府成立以来，吾人视线移注于日内瓦，以观国联机能之发展。国联为战后促进世界道德和物质幸福之伟大工具，使世界日益愈发互依相织。

1928 年以来，吾人在国家重建计划中不断寻求国联之建议与合作。首先，吾人迎来了国际劳工局局长托马斯先生（M. Thomas）之访问。数月后，国联副秘书长艾冯诺先生亦来访。

从那时起，国联无一年不与我们进行真挚之合作。国联年复一年地向我们派出了公共卫生、教育、劳工、工程和金融方面的专家，在其协助下，各种项目已经实施或启动。

去年春天，政府决定成立最高经济委员会，设想与国联进行明确的合作，并由国联派遣专家协助实施一项全面而切实可行的国家工作计划，以使吾国迅速实现现代化。去年夏天，当可怕的洪水灾难席卷吾国大部分最美丽的地区时，国联的专家们随时准备协助吾人应对这场灾难。

在我们宏大的国家复兴任务中，我们几乎把寻求和获得国联最密切之合作作为一项重要政策。

政府之政策深得民众最衷心之支持，在座之各界领袖可资证实。吾人始终期待并谋国联与吾国在和平方法方面之富有成效的合作——尽管自去年 9 月满洲事件①以来令人震惊的一系列事件暂时阻碍了此种合作。

吾人真诚地希望，诸君努力克服困难，在国联和《白里安—凯洛格条约》的支持下，恢复东方和平，达成永久之谅解，从而使 4 亿人民所组之中华民国可以与邻国保持体面和友好的关系，并自由发展其国家生命，以便在追求和平方面为人类的进步和发展有所贡献。

---

① 编者按：指九一八事变。

S49－12

1. 日本工商界招待国联调查团之晚宴与会者名单
（1932 年 3 月 4 日）

日本经济联盟（The Japan Economic Federation）
日本工业俱乐部（The Industry Club of Japan）
日本商工会议所（The Chamber of Commerce and Industry of Japan）
日华实业协会（The Japan-China Economic Association）

欢迎国际联盟调查团成员之晚宴
1932 年 3 月 4 日，星期五

宾客

李顿伯爵

马柯迪伯爵

克劳德将军

麦考益少将

希尼博士

哈斯先生

派尔脱先生

万考芝先生（Mr. H. von Kotze）

派斯塔柯夫先生

爱斯托阁下

医生助佛兰先生（Monsieur le Dr. P. Jonvelet）

皮特尔中尉（Lieutenant William Shepard Biddle）

泰勒先生（Mr. John J. Taylor）

日本驻土耳其大使吉田伊三郎先生

外务省条约局第一科科长盐崎观三先生

外务省条约局第三科科长佐藤市郎先生(Shoshiro Sato)

国际联盟事务局东京支局局长青木节一先生(Setsuichi Aoki)

主人

团琢磨男爵(Baron Takuma Dan)，三井物产株式会社(三井控股公司)理事长，日本经济联盟和日本工业俱乐部主席。

乡诚之助男爵(Baron Seinosuke Goh)，东京电灯株式会社总裁，日本商工会议所会长。

儿玉谦次先生(Kenji Kodama)，横滨正金银行行长、日华实业协会会长。

稻畑胜太郎先生(Katsutaro Inabata)，大阪商工会议所会长。

井坂孝先生(Takashi Isaka)，横滨商工会议所会长。

船津辰一郎先生(Shin-ichiro Funatsu)，日本在华纺织同业会理事长。

门野重九郎先生(Chokyuro Kadono)，大仓公司副总裁。

串田万藏先生(Manzo Kushida)，三菱银行会长。

宫岛清次郎先生(Seijiro Miyajima)，日清纺织株式会社社长。

三宅川百太郎先生(Hyakutaro Miyagawa)，三菱商事会长。

冈田源太郎先生(Gentaro Okada)，内外棉株式会社理事。

田岛茂治先生(Shigeji Tajima)，三井物产株式会社理事。

武田秀雄先生(Hideo Takeda)，三菱电机公司总裁。

武居绫藏先生(Ayazo Takei)，内外棉株式会社社长。

安川雄之助先生(Yunosuke Yasukawa)，三井物产株式会社常务理事。

头本元贞先生(Motosada Zumoto)，亚洲先驱报社社长。

油谷恭一先生(Kyoichi Aburatani)，日华实业协会书记长。

高岛精一先生(Seichi Takashima)，日本经济联盟书记长。

渡边铁藏博士(Tetsuzo Watanabe)，日本商工会议所书记长。

膳桂之助先生(Keinosuke Zen)，日本工业俱乐部书记长。

2. 青木节一致派尔脱函（1932 年 5 月 7 日）

国际联盟事务局东京支局

1932 年 5 月 7 日，东京

亲爱的派尔脱：

德田先生（Mr. Tokuda）转达了您对我病情的慰问，非常感谢。现在我感觉很好。

应您的要求，现将首相、外务大臣等在各种场合欢迎调查团时的讲话汇编寄给您。至于陆军大臣的讲话，据我所知，没有任何官方翻译。

希望您能以良好的状态完成您的工作。

你最真诚的

青木节一

3. 犬养毅在招待国联调查团午宴上的致辞
（1932 年 3 月 1 日）

（译稿）

李顿勋爵，先生们：

诸君作为国际联盟的一员，为贡献于远东与世界和平，不远万里而来，鄙人深感欣慰。鄙人作为日本首相，在此热烈欢迎诸君，不胜荣幸。毋庸赘言，日本外交政策以维护远东地区的和平为重心，而以维持日中之间的和谐与友谊为该政策的基础。数十年来，日本政府为执行这一政策尽了最大努力，付出了巨大牺牲。不幸的是，近来中国的内部情况和中国对日本的态度与吾人所珍视的目标背道而驰。在满洲和其他地方，不幸事件接连发生，最终酿成目前之局面。

满洲，吾人称其为日本之"生命线"。于吾国生存而言，该地区在政治、经济和社会方面都具有至关重要的意义。历史充分证明，满洲与日本密不可分。鄙人以为，忽略此点，则决不可能把握当前冲突的真正根源。中国混乱的政局,不分青红皂白的排外运动,以及对列强条约权利的蓄意侵犯,常常引起国际纠纷,此为今日中国最令人遗憾之处。日本政府本其至诚,期待扭转此种状况,并重建日中之正常关系。

先生们,诸君代表着世界上最权威的和平机构。诸君将提交给国际联盟理事会的报告,注定会对世界和平做出重大贡献。吾人完全相信诸君之洞察力,相信诸君有能力彻底调查中国情况。同时,鄙人谨代表日本政府保证,吾人将竭尽所能提供一切合作,以助诸君承担之重任。

为诸君之健康干杯。

4. 团琢磨在日本工商界招待国联调查团晚宴上的致辞
（1932 年 3 月 4 日）

1932 年 3 月 4 日

李顿勋爵,尊敬的调查团成员,先生们:

鄙人谨代表日本商工会议所、日华实业协会、日本工业俱乐部与日本经济联盟,热忱欢迎诸君。

国际联盟调查团诸位先生,为维护远东与世界之持久和平,莅临吾国,并与我等再次共进晚餐,吾人深感荣幸。

今天下午,吾人在茶会上得到一个很好的机会,甚至可以说是充分的机会,向诸君坦率且毫无保留地阐释了吾国对华关系的看法,尤应注意者,以往之事件、历史和心理是解决该重大问题的根本基础。

如果鄙人理解没错的话,诸君之重任,在于探求远东永久和平之根基。

在这方面,如果诸君能把中国和满洲的所有基本问题以及各种事件的表现形式都研究清楚,吾人相信,它一定会打开一扇窗户,从而让光明透过这扇窗户,照亮通往世界历史上一个新时代的道路。

我们日本商界将竭诚为诸君提供服务和合作,以助诸君完成重要而深远之任务。

祝愿主席李顿勋爵、调查团成员以及在座诸位身体健康,干杯。

5. 团琢磨在招待国联调查团茶会上的致辞
(1932 年 3 月 4 日)

1932 年 3 月 4 日

李顿勋爵,先生们:

我代表我的同事们感谢你们今天下午抽出宝贵的时间与我们座谈。

我们特意安排了这次非正式会议,以便有幸为您的伟大使命服务,坦率地表达我们对中国和对满洲关系的看法。在座的先生们都是日本商界代表,他们特别关心中国目前的形势。

我们希望能得到你们的认可。对于你们想提出的任何问题,我们都很乐意回答。

谢谢。

6. 海军大臣大角岑生在招待国联调查团午宴上的致辞
(1932 年 3 月 5 日)①

如果能有此机会与诸君会面是由于另一些更愉快的事,我们将不胜荣幸。事实上,虽然鄙人认为日本非常幸运,因为我们可以期待由诸君组成的负责任的调查团彻查此次事件,但鄙人对事件发展至如此地步,以致诸君千里迢迢来到遥远的远东,真诚地感到遗憾。在适当的时候,我们会将全部资料交给您处理,即便如此,我认为我有责任就目前上海的这一不幸事态发展做一些简短的评论,因为它恰好是我们的海军首先与中国军队发生冲突。

由于我们在涉及所有外国侨民和平与福祉的地方与中国人发生了冲突,所以我们受到了许多批评。在当时的情况下,这种不利的批评是可想而知的,也是难免的,但我说这都是缘自误解。诸君对案件调查完成后,就会对事实了

---

① 编者按:原件所注日期为 1932 年 3 月 7 日,疑为 3 月 5 日之误。大角岑生在致辞中对中国有诸多不实指责,请读者注意甄辨。

然了。鄙人经常听到有人说，中国人无法无天的行为已经使我们的忍耐达到了极限，但这不是忍耐或不忍耐的问题，而是保护我国 3 万侨民免受广东共产党人伤害的绝对需要。我们不能任由嗜血的、放荡的"暴徒"摆布，在过去的几年里，吾民已经深受其手段之害。说到忍耐，那是不言而喻的。我们一直都很有耐心，非常有耐心，甚至有时会表现得毫无精神。如果仅仅是海军的情况，我们就会撇清关系，避免与那些试图与我们争吵的人发生冲突的所有机会。但是，一方是手无寸铁的侨民，另一方是一心想要袭击他们的肆无忌惮的武装"暴徒"。在这种情况下，我们别无选择。我们必须留下来，尽力而为，抓住机会。

从 1927 年的南京事件可以看出，我们总是讨厌与中国人发生冲突，当时我们的一名军官出于对指挥官命令的尊重而屈服于羞辱，因非常羞愧和悔恨而自杀。那次的气氛就像这次爆发前一样。中国人的态度一如既往，对我们非常敌视，而我们的指挥官指示其部下，在没有危及吾国侨民安全的情况下，他们应该避免与中国人发生冲突。中国人也许从大环境中感受到了这一点。他们采取各种轻蔑的行为，对我们冷嘲热讽，骚扰我们，激怒我们，最后有四名士兵在南京街上遇到了我们的海军陆战队员，竟解除了其武装。抵抗和战斗是容易的，但这是无视命令的行为，而且这种行为很可能波及我们在该城市的每一位侨民的安全。带队的年轻军官知道该如何决定。他让他的士兵被中国人解除武装，并带着心中坚定的决定回到了船上。他向舰长报告了此事，然后回到自己的房间，开枪自杀。此事例告诉诸君，我们一直都很渴望避免与中国人发生冲突，我们总是忍耐至死。我们的忍耐是没有限度的。只有中国人知道这一点，并试图永远利用它。关于最近之事件，我们的和解条件已达上限，超出这个限度就意味着对我们的众多侨民造成了灾难和祸害。

尽管如此，我们对由此导致的事态恶化深表歉意，非常抱歉诸位先生们因此而受累。然而，我还想从以下事实中寻求安慰：从中国人和日本人的性格来看，这种事情迟早会发生，而且可能会比我们想象中的更糟糕，但它却没有发生。我想，鄙人现在可以肯定地说，就士兵和水手而言，此事实际上已经结束了。

从现在开始，此事就拜托给诸君了。我们将为诸君之调查提供您所需要的一切便利。我们将坦诚布公，不会对诸君之审查有所隐瞒。我们已经受够了被辱骂，被误解，被怀疑。一般情况下，我们本应该忍气吞声，带着所有的被误解和诽谤走进历史。对我们来说,幸运的是,国际联盟派其代表不远万里来至此,开展负责任的调查并作出裁决。这对我们来说是个很好的机会,我们真的感到很幸运。

尊敬的阁下,先生们! 预先感谢诸君为世界和平事业所做的一切有益的努力,鄙人向诸君表示问候,祝诸君健康幸福。

7. 石井菊次郎子爵在国际联盟日本协会招待国联调查团晚宴上的致辞①(1932 年 3 月 3 日)

国际联盟与中国问题

—

自国际联盟成立以来,日本就是其最坚定的追随者和忠实的支持者之一。国际联盟日本协会也声称,在对国际和平事业的热情方面,国际联盟在同类型机构中首屈一指。我国绝大多数人都与政府完全一致,对日内瓦的这个伟大的和平机构表示衷心的拥护。

二

然而,满洲事件②似乎使一些人对日本政府和国家的真实意图产生了疑虑。如果有人认为他在日本看到的是军国主义的复苏,或者看到了对民众同情国联的反对,那么他就会非常肤浅地观察发生在满洲和中国本部的事情,从而误导自己。他肯定忽略了之前发生的一系列事件,而这些事件自然造成了满洲现状这一不可避免的后果。他一定没有意识到我们国家的态度的深刻意义,四年前的 1928 年我们还不赞成田中内阁出兵山东,但在这次事件中,当帝国在满洲的重要利益受到威胁时,我们一致支持政府采取果断的"自卫"措施。

三

与中国保持良好关系,共存共荣——这是日本政府和人民一以贯之的目标。这种思想在我国人民心中根深蒂固,以至于我国的条约权利被轻蔑地践踏,山东和其他邻省日本侨民的生命财产受到肆无忌惮的侵犯,都不足以使他

①　编者按:石井菊次郎对中国有诸多不实指控,请读者注意甄辨。
②　编者按:指九一八事变,下同。

们相信到了诉诸武力以保护国家和同胞的既得利权的时刻。当时，日本政府认为必须采取大胆的"自卫"措施，而这遭到了国民的冷遇，他们非常有耐心，希望对中国采取另一种和解的方式。币原男爵在接替田中将军的滨口内阁（Hamaguchi Cabinet）中担任外务大臣，他非常适合执行这样的和解政策。众所周知，他的对华政策最温和。因此，当他于 1929 年重新掌管对华外交事务时，在中国颇受欢迎。他不遗余力地通过互相让步以解决两国之间诸多悬案，但这一切都是徒劳的。中国政府对他温和的示好不屑一顾，非但没有回应日本的善意和友好让步，反而将其视为日本软弱的表现，并加强了他们霸道威胁的强硬态度。人们经常听到中国的将军们说，由于不断的内战，他们现在有了足够的现代战争实际经验，中国现在可以毫无顾忌地挑战日本。在排外情绪的刺激与这种大胆言论的鼓动下，中国政府似乎终于相信，即使是大国也无法抗拒时代的潮流，因此，他们可以不顾一切地进行"收复利权"计划而不承担任何风险。

事情就这样变得越来越糟。就在那时，日本人民最后的耐心已经消耗殆尽。

四

国际交往中的草率行为最令人遗憾和鄙夷。在这方面，日本民族非常满意的是，十多年来，在承受来自中国的不可容忍的敌对挑战后，在诉诸最终的自卫手段之前，已经充分显示了人类可能的所有耐心。在这方面，必须铭记，每个自尊心强的国家都拥有并且可以在极端情况下行使的自卫权，这一权利不可剥夺，但和平主义者相对忽视它。迄今为止，他们的注意力几乎完全集中在阻止强国对弱国的侵略。因此，自卫权现在被普遍视为弱国对强国正当防卫的权利。

五

世界大战给各国交往带来了许多方面的不确定性。威尔逊主义的所谓自决权被弱小国家以巨大的喜悦钉在墙上，成为一种新的救赎。① 国联盟约第 19 条也同样受到他们的欢迎，因为对于他们签订的令人反感的条约或协定来说，这一条款提供了修改或废除的可能性。在合理的范围内，这些新的理论学

---

① 编者按：原件用笔将此句改为了"威尔逊主义的所谓自决权为弱国提供了很好的反叛借口"。

说并无害处,只要弱小国家有智慧和自制力,加上其他国家的慷慨同情与合作,结果就可能产生令人满意的现代世界。然而,不幸的是,它们自从诞生以来,就一直被无端地、不可容忍地滥用。其结果是我们惊奇地看到了当前颠倒的世界,如今侵略性和无端的攻击不是来自强国,而是来自所谓的弱国。而所谓的大国在穷尽各种痛苦的努力,试图通过克制和调解解决问题后,被迫诉诸于最后也是唯一的手段,即自卫。当一个娇生惯养的孩子被告知除警察外的成年人不能打他时,他就会去踢打和咬伤没有恶意的陌生人。除了抓住孩子并制止他的暴力行为,陌生人在绝望中又能做什么呢?

在中国,滥用这些新的自决原则和放弃条约承诺的行为最为猖獗。只要中国觉得这些条约在某种程度上侵犯了她所认为的主权,就会毫不犹豫地无视郑重签订的条约的明确规定。中国以恢复民族权利为借口,拒绝在适当考虑下做出让步,因为她认为国际协定可以单方面终止。1926 年①,中国意想不到地成功收回了汉口和九江的英租界,这大大地助长了她嚣张跋扈的气焰。下一个受害者就是日本。田中内阁在做了一次以武力抵抗中国的微弱尝试之后,就垮台了。此后,中国政府认为进一步侵犯日本在华既得权益已没有任何障碍。于是,他们开始在日本的活动中心即满洲对其进行打击。

这就是中国政府对币原男爵在绝望中试图以孤注一掷的异常和解态度最终解决中日之间所有悬而未决的重要问题的回应。那些无可救药的日本人拒绝相信中国敌视日本,在远征山东时他们的幻想破灭了。他们的忍耐终于达到了极限:后来的事情你们都知道了。

六

在中国的排外运动中,中国人滥用他们所谓的"抵制"以达到其国家目标。使用"抵制"这个词是不恰当的。有人解释说,他们的运动只不过是一个爱国联盟,不购买从某个特定国家进口的商品。然而,事实上,他们自己玩弄法律于股掌,所有胆敢销售有关进口商品的中国商人都被有组织地处以私刑,他们的货物被没收,房子被烧毁。因此,这不是一个地区的居民出于共同的冲动而自愿避免购买某种进口商品,而是全面和绝对禁止经营这些商品。

当针对的外国是日本时,甚至"抵制"这种掩饰都被认为没有必要了。他们四处宣扬"经济断交"(Tai-Jitsu Keizai-Zekko),即与日本人民断绝一切经

---

① 编者按:原文如此,应为 1927 年。

济关系。通过切断所有的经济和商业关系使日本挨饿,这就是他们公开宣布并付诸实施的政策。

七

国际战争在过去是由君主和政治家的个人野心引起,而现在已成为名副其实的两国或多个国家之间的人民冲突。即使是君主战争,追根溯源亦是经济利益的冲突,而这种经济和商业利益的冲突是所有现代战争的唯一原因。

因此,如果一个国家誓言与另一个国家经济断交,那么这种运动不仅违反了两国之间的商业条约,而且事实上将构成对另一个国家的敌对挑战行为,这就是现代社会中的一种含蓄的宣战。

如果国联每个成员国根据盟约第 16 条都可以采取经济断交的措施,那么该措施恰恰是对违反盟约的国家采取的战争行为。如果国联的一个成员国无视盟约第 12、13 或 15 条而诉诸战争,则国联其他成员国都承诺与该违反盟约的国家断绝外交关系时,才能将与该国经济断交作为一种胁迫手段,即一种战争行为。事实上,所有以破坏不同国家之间的经贸关系为目的的抵制运动都存在公然滥用行为,这为严重的国际冲突提供了肥沃的土壤,因此引起了真正具有世界和平观念的政治家的严重关注。据报道,波拉(Borah)参议员最近在谈到上海局势时表示,经济断交不可避免地会导致战争。国际联盟自己似乎也意识到了处理新时期国际问题的紧迫感。国联大会在 1931 年的会议上通过了一项决议,成立了一个委员会,旨在调查在各国之间建立经济互不侵犯条约的问题。委员会已经提交了第一份报告,在报告中委员们原则上一致同意实施这一计划的必要性,但没有详细说明。

八

各方都指称,在处理满洲事件时,国际联盟理事会成员暴露出他们缺乏对当地情况的了解。然而,理事会完全知道,中国被军阀割据,南京政府的影响只及于长江的三、四个地区,作为满清王朝摇篮的满洲,形成了一个独立于中国其他地区的特殊地区,而历史和地理因素使日本在该地区处于特殊地位。对于审议满洲问题所需的所有当地知识,当时坐在理事会议席上的大国知名代表已经掌握。或许他们没有密切注意到的是,中国对外国政府尤其是日本政府的既得权益不断地、日益增长地侵犯,对在华日本居民的生命和财产肆意妄为的攻击,对日本断绝一切经济关系的持续威胁,以及这些威胁在实践中的频繁应用,构成了对日本的隐性宣战。

九

无论一个国家对另一个国家的不满有多么充分的理由,《国联盟约》并没有授权该国首先以和平手段以外的方式寻求补救,这无疑是维护世界和平的基本原则,并与严格遵守所有条约义务处于同等地位,而国联盟约对这些义务的重视程度相同。因此,如果联盟的一个成员经常无视另一个成员根据条约享有的合法权益,并且不顾受害方孜孜不倦的抗议,坚持其系统的敌对态度,这将使自己成为国际不法之徒,从而在极端情况下为后者采取严厉的自卫措施提供理由。许多和平主义者可能会说:"为什么不去找联盟呢?"但是,即使在拥有法院、治安官和警察等历史悠久的机构的国内法中,自卫权也得到了完全承认。如果一个路人用暴力威胁你,你不必等待警察的到来。如果一个窃贼进了家门,人们没有义务在去寻找警察的时候让他单独呆着。如果一个同路人误捡了自己的包,还执意要带走它,那么你可以把它拿回来。自卫不是死的。自卫是国内法中公认的权利,在国际法中同样如此。它的合理性在于它的必要性。如果某个国家的系统性敌对行为所造成的伤害的性质如上文所述,其有害后果如此严重和直接,以至于向国际仲裁机构提出申诉(其行动必然缓慢)将意味着罪行的实现,受害方必须有权在必要时通过武力保护其合法权益。因此,不侵犯他国领土完整和政治独立的义务必须与严格尊重国际协定产生的所有权益的义务并行不悖。这两项原则应构成一个平衡的整体。为防止可能违反上述任何一项义务,公约设置了某些条款,但在极端情况下,如果发现这些规定实际上不起作用,最终的补救措施必须是对一方实施法律制裁,另一方则有权自卫。

十

中国这种完全不正常的状况,是《国联盟约》和《白里安—凯洛格公约》所没有考虑到,更没有做出规定的。为了能够更好地应对新形势,也许国联将不得不对其盟约,即世界和平的大宪章,作出新的解释。

首先,应该使中国清楚地认识到,所有国际协定都是神圣的义务,所有缔约国都有责任严格履行这一义务,以免扰乱世界和平。

中国目前存在的动荡因素,也就是其目前所有麻烦的真正原因,必须将其曝光于国际社会,并用某种全面而充分的补救办法来消除它们。在此之前,要求日本暂缓其在满洲的合法行动是徒劳和不公正的,这将使满洲及其无辜的人民陷入中国的无政府状态和困境之中。

在"抵制"的名义下，以攻击和暗杀的方式去破坏一切经济关系的行为，都应被视为一种战争行为，今后应予以禁止。

最后但同样重要的是自卫权，不仅应当承认弱者的自卫权，而且也应当承认强者的自卫权，当然，对于这两种情况，应当仅在极端必要的情况下才允许行使自卫权。

只有这样，才能将国内无政府状态构成的新的、迄今未曾预见的、不利于和平的干扰因素以及所固有的危险扼杀在摇篮中。只有采取这种大胆而必要的举措，国际联盟才能履行它所肩负的维护世界和平的神圣职责。

8. 稻畑胜太郎在大阪商工会议所招待国联调查团晚宴上的致辞（1932 年 3 月 10 日）[①]

热烈欢迎诸君莅临大阪，鄙人不胜欣幸。谨代表本地商工界，并以鄙人个人名义向国联调查团诸君致敬。

大阪是日本的主要工商业城市，也是对外贸易中心，尤其是对中国。因此，大阪商人最大的愿望是维护世界和平，及保持与中国的良好关系。我们首先衷心祝愿与我们的邻居中国建立良好的友谊。

感谢诸君作为日内瓦的代表莅临和平之都。

因与中国有非常频繁和密切的商业往来，吾人比其他人更了解中国和中国人。如果对大阪的访问能够给诸君以启发，或者使诸君对中日之间的事件和真实情况有所了解，吾人很乐意为恢复远东和平贡献力量，从而确保世界之永久和平。

为什么会发生这些悲惨的事件？其起因可以追溯至许多年前。原因多种多样，有些是已知的，有些是未知的。诸君应该是知道其直接原因。新闻媒体经常提及的某些内容，往往出于自利的宣传而存在错误。仅仅看到事情的一个方面是不够的，重要的是要审视它们本身。

国际联盟派遣最杰出的知名代表来至千里之外的我国调查事实真相，当

---

① 编者按：原件无日期，据其内容推断应为 1932 年 3 月 10 日。

然是为了准确地了解整个事件的来龙去脉。

请允许鄙人提请诸君特别注意,日俄战争之后,中日之间发生了各种困难和不幸事件。然而,我们大阪人一直表现出对和平的热爱,并一直致力于与中国保持最友好的关系。大阪并非没有承受过世界经济危机的后果。面对这种痛苦的局面,我们依然热爱和平与善解人意,但是如果我们的城市支持日本就中国事件采取行动,那是因为我们认为这种情况已不可避免。多年来,中国政府从未停止其经济迫害和违法行为。

因此,我们不得不牺牲一切经济利益,以维护我们的权利,从根本上斩断邪恶,以最终获得持久和平。我们真诚地希望,这种令人遗憾的局面能够结束,两国之间恢复正常关系。在两国人民的共同努力下,恢复远东和平,巩固世界和平。

自爆发冲突以来,我们对正义事业的信念没有改变。我们希望诸君站在我们的立场上,理解所有日本人一致承诺的必要性。

也请诸君听听我们的同事是怎么说的。如果诸君有任何问题,我们将非常乐意回答。

最后,鄙人向为了正义与和平至此之调查团诸君致以诚挚和最崇高的敬意。

9. 芳泽谦吉在招待国联调查团晚宴上的致辞[①]
(1932 年 3 月 2 日)

李顿勋爵,先生们:

本人在此欢迎我们今晚的贵宾——国际联盟调查团,诸君身负维护世界和平的巨大责任远道而来,实感欣幸之至。

日本一直是国际联盟的忠实成员和支持者,其对和平之热爱不亚于任何国家。事实上,维护远东之和平是日本外交政策的基石。然而,自 1911 年革命以来,中国内战频仍,长期的政治混乱已经成为国际局势的严重威胁。中国

---

① 编者按:芳泽谦吉的致辞对中国有诸多不实指控,存在许多不符事实之处,请读者注意甄辨。

各党派为了一己之私，习惯于利用中国之国际问题以讨好民众。当国民政府把排外主义作为其党纲的主要内容之一时，这种趋势与年俱增，终至于高潮。政府在执行其纲领时的极端做法已是众所周知，这就是一种"革命外交政策"。这种极端的做法不仅没有给中国人民带来幸福，反而给列强造成了难以言状的尴尬，没有一个国家能够逃脱其合法权益被剥夺的命运，其人民的生命财产以及贸易自由经常遇到威胁。对此，各大国都有共同的不满。但是，日本作为中国的近邻，比其他国家遭受了更多的痛苦，对中日关系的未来深感担忧。我们的多次抗议都被置若罔闻。令我们失望的是，排外势力蔓延至满洲，那里的不幸事件开始增多，从而刺激了日本的民族情绪。

"满洲"一词不可磨灭地镌刻在日本的民族记忆中，以满洲为战场的两场战争让日本付出了高昂的代价，在那里牺牲了数万日本人。但是，作为中国的一个外围附属地区，这片领土在经济和文化发展方面远远落后于中国本部省份。1904—1905 年战争之后登场的日本，为努力维护和平与秩序，通过日本能源企业，以及高达数亿资本的投资，才使荒芜之地繁荣起来，使满洲成为今天的样子。鉴于这些事实，我国人民自然会对满洲发生的任何事情特别敏感。此外，出于地理和政治原因，对日本来说维持该地区的和平与秩序非常必要。

近年来，中国地方当局完全无视历史，无视我们对满洲繁荣与和平的贡献，利用我们的温和态度，开始压迫在那里定居的 100 多万日本臣民，并且无视条约规定，企图通过修建平行铁路线压制南满铁路，公然侵犯我们的合法权益。事实证明，我们的频繁抗议无济于事。正如我国政府在公开声明中明确指出的那样，恰是在这种情况下，去年 9 月事件迫使日本采取必要的自卫措施，以保护其人民的生命财产，并维护其权利和利益。然而，这并不意味着日本对满洲有任何领土企图，也不意味着打算放弃"门户开放"政策和"机会均等"原则。

总之，日本和中国目前处于尴尬的境地，但只要中国放弃排外主义，表现出改过自新的诚意，恢复两国关系的正常化就不是一件毫无希望的事。因此，我们乐见其成。

本人相信，诸君在对中国和满洲进行实地调查时，定会理解日本在这个问题上的立场。同时，本人想向诸君保证，我官民愿竭尽所能在各方面向诸君提供一切可能的便利。

本人提议为李顿勋爵、调查团诸君以及诸位来宾干杯。

10. 李顿在六甲山之讲话稿[①](1932 年 3 月 11 日)

1932 年 3 月 11 日

衷心感谢诸位亲临此地欢迎我们,感谢诸君对吾等之褒奖,感谢诸君为吾等准备之盛情款待,吾人对此深感荣幸。请允许我说几句话,我要特别感谢诸位于我们在日本的最后一个清晨,带吾等登临山顶。我出生在山间,而我最好的灵感总是来自山间;一直以来,我都是在山间找到最大的乐趣。我非常希望,当天气转暖我们再次返回日本时,我们可以在诸君的某个山庄安顿下来,享受那里的宁静和美丽的风景。但是,与此同时,我很高兴第一次有机会体验到诸君之伟大。

在吾等短暂的逗留期间,诸君精心安排每项计划,以使吾等能够充分利用我们的时间。在东京,在京都,在奈良,在大阪,在所有这些地方,我们都很欣赏——我们都很认可这样一个事实,即我们的行程安排得非常仔细,使我们能够最好地利用我们的时间。因此,当我们今天早上乘坐那条引人注目的缆车——工程建设的杰作——来到云端时,我想知道为什么那些在整个过程中如此精心为我们安排计划的人们,会计划在最后一个清晨把我们带到云端。这不可能是为了打高尔夫球,因为我们还没有看到球场;也不可能只是为了欣赏风景,因为我们也还没有看到。然而,我知道,日本人做任何事情都是经过深思熟虑。因此,我想知道其中的原因。来到此地以后,我才明白,诸君把我们带到这里来的目的是为了在最后一个清晨向我们呈现一个象征性的东西。因为我注意到,我们刚从车里出来,云层中就出现了一个小缝隙,蓝天出现了。我们抵达此地的时候,太阳已经出来了。现在,我觉得这是国际联盟所带来的客观典范;我们,国际联盟的特使,已经从这个象征意义上看到了贵国和中国之间的误解、敌意和敌对的阴云将发生什么变化。诸君曾经说过,本地非常希望与中国保持友好关系,因此我相信,我们在这里看到的这一小段风景,可能会成为我们工作完成后的真实写照;我想,没有什么比我们成功完成所承担的任务,更能表达我们的感激之情了。

---

① 编者按:据其内容推断,该讲话稿应为李顿在兵库县知事招待国联调查团午宴上的答辞。

11. 李顿在奈良县官民招待国联调查团午宴上的答辞
(1932 年 3 月 10 日)

1932 年 3 月 10 日

本人谨代表调查团成员对诸君之盛情款待和欢迎表示衷心感谢。奈良,吾等对其名声早已如雷贯耳;任何一本关于日本的参考书(我们已经得到了很多)都写道,奈良被称为世界风景名胜之一和日本古代佛教文化中心。正因为如此,吾等对参观这个美丽的历史名胜非常感兴趣。诸君为吾等提供了一个非常愉快的上午。我们对所看到的一切都感到无比满意,并且经历了一次新的体验,即发现自己作为动物园的成员被拍摄了下来。奈良鹿给我们留下了美好回忆。

诸君于此谈及中日之间悠久的睦邻友好关系,我很高兴听到这些话,因为它给我们的印象是,我们必须做的是使国际联盟恢复一些已经存在的东西,而不是创造一些从未存在过的东西。如果中国和日本之间有睦邻友好关系,那么,尽管我们的任务艰巨,但我觉得会比没有睦邻友好关系容易得多。

12. 李顿在京都府官民招待国联调查团晚宴上的答辞①
(1932 年 3 月 9 日)

知事先生,市长先生,商工会议所主席先生,先生们:

我代表调查团的所有同事向您表示衷心的感谢,感谢您的盛情款待以及您刚才的友好致辞。

对我们来说,这是十分愉快的一天。在你们美丽的城市里,我们一度忘记了肩负的重任。我们暂时抛开烦恼,享受了为我们安排的精彩节目。

但是,尽管这是愉快的一天,也是有教育意义的一天。我们学到了很多关于贵国的知识,这些知识也许在这里比其他地方更容易学到。

---

① 编者按:原件无日期,据其内容推断应为 1932 年 3 月 9 日。

在东京,我们结识了贵国的主要政治家,学会了欣赏现代日本的伟大。尤其令我们感到震撼的是,日本首都在那场大火中被摧毁后,它的重建工作是如此周全和有远见。

在京都,我们看到了日本以往的辉煌,并学会了欣赏精确的方法和精致的设计感,这些都是日本艺术古往今来的特点,时至今日仍是全世界羡慕的对象。

先生,您说温暖的春天来了。我说,您的春天像我的春天一样令我印象深刻——无论我们还有什么引以为傲的,我们都不能再自夸我们的气候。

但即使在天气方面我们也是幸运的,因为自从我们来到这里太阳就一直照耀着我们。我们认为这对我们从事的工作来说是一个好兆头。

再次感谢诸君的良好祝愿,请我的同事们与我一起举杯,祝愿诸君身体健康。

13. 京都府知事横山助成在招待国联调查团晚宴上的致辞
(1932 年 3 月 9 日)

1932 年 3 月 9 日,京都

国际联盟调查团诸位委员,肩负维护世界和平之重任,长途跋涉来至远东,京都全体市民于今晚欢迎我们尊贵的客人,不胜欣幸。

经与东京政府当局交换意见,在诸君前往中国途中,安排诸君莅临本市,本市曾在历史上作为我国首都千余年。

希望诸君对皇宫和其他地方之参观非常愉快,并帮助诸位了解日本之历史。今晚,京都府、市政府和商工会议所诚邀诸君参加晚宴,欢迎诸君大驾光临。

诸君在百忙之中接受了我们的邀请,甚感荣幸之至;鄙人非常高兴代表京都府、市政府和商工会议所感谢诸君之莅临。现在,春天已经到来,苹果树已经盛开,请诸君在这个安静的小镇上度过一个轻松的夜晚。

希望诸君抵华后,研究该国之现状,并努力完成诸君缔造和平之崇高使命。

请调查团诸君和各位来宾共同举杯,祝愿李顿勋爵身体健康!

14. 李顿在大阪商工会议所招待国联调查团晚宴上的答辞
（1932 年 3 月 10 日）

1932 年 3 月 10 日

商工会议所主席先生：

我代表本调查团全体成员衷心感谢您刚才令人钦佩的致辞，它充满了国际和平精神，并且措施雄辩，非常适合这一场合。

您说大阪是日本的和平之都，而我们，正如您表达的那样，是从世界和平之都派来调查中日之间出现的难题，我们非常高兴地发现自己身处这个工商业中心。

先生，我认为您对我们工作的评价完全正确。

您提醒我们说，这场争端由来已久；在随后向我们宣读的声明中也提出了同样的观点。这意味着这种邪恶的根源深入土壤，不付出巨大努力无法挖掘。但是，您告诉我们，您并不满足于修枝剪叶的表面改善，您要求将这种毒草连根拔起，而这正是我们希望帮助国际联盟向远东两个伟大民族提供的服务。

为此目的，正如您一再所说的那样，仅看一个方面是不够的。我们必须全面审视这一恶性事件，必须研究它的历史，必须发现它对两国造成的伤害；我们必须使两国相信，以友谊代替仇恨、以和平代替冲突对他们都有利。

这是一项光荣的任务，但并不容易。我们深知其中的困难，因此更加重视日本工商界的帮助，而今天日本工商界通过大阪商工会议所主席慷慨地向我们提供了帮助。

最后我要说：您今天告诉我们，日本过去曾认为国际联盟也许无法充分理解东方的情况。我们真诚地希望，通过我们调查和可能就此采取的任何行动，你们今后会对这一维护世界和平的机构更有信心。

15. 李顿在中国驻日公使馆招待国联调查团晚宴上的答辞①
（1932年3月6日）

尊敬的阁下，先生们：

鄙人谨代表调查团所有成员感谢您今晚的盛情款待以及友好的欢迎致辞。

对我们来说，今天晚上是一个特别有趣的场合，因为在这里，在您的房子里，我们到达远东后首次与中国建立了联系。

工作伊始，我们就牢记，在我们所调查的问题上有两个方面，一方所作的每一项陈述都须由另一方代表加以审查和核对。

在到达日本后，我曾在多个场合说，我们调查团是代表国际联盟向日本提供帮助的，现在我对阁下说，并通过阁下向中国政府和人民转达，关于当前事件我们亦向你们提供来自国际联盟的援助。

如果可以的话，我还想说，我们调查团所有成员对贵国所面临的麻烦和困难深表同情。我们来自不同的国家，而我们这些国家在历史上都曾经历过与中国相似的问题和麻烦。

我认为，我们中没有一个人的经历可以与去年笼罩中国的巨大洪水灾难相提并论，因为我相信，这在历史上是无法类比的。

但是，我们都经历过政治动荡，根据这些经验，我们个别地或集体地向你们表示同情。

我想，对于今天生活在中国的大部分人来说，国际联盟一定没有什么意义。但我们希望，我们可以使国联对中国人民具有意义和价值。我们希望，当我们的工作完成后，当国联在目前的危机中采取了它认为合适的措施后，中国人民和日本人民将不再把国联看作是一个单纯的哲学抽象概念，不再看作是一纸法律条文，而是一个由实际工作者组成的机构，能够理解你们人民生活的条件，能够为他们的困难提供一种既实用又有效的补救办法。

---

① 编者按：原件无日期与标题，据其内容判断，似应为1932年3月6日李顿在中国驻日公使馆招待国联调查团晚宴上的答辞。

16. 李顿在荒木贞夫招待国联调查团午宴上的答辞①
（1932 年 3 月 7 日）

尊敬的阁下,先生们:

我谨代表调查团成员向您表示感谢,不仅感谢您在此的盛情款待,而且感谢您与我们进行的两次会谈,正如您所说,您在会谈中向我们充分解释了日本在这个问题上的目标和愿望。

我们还要感谢您不厌其烦地向我们全面介绍日本历史,以及日本军队和日本人民的理想,这说明您对我们判断的信任,对此我们表示感谢。

先生,您说您作名一名军人,信仰军人之武器。而我们是和平使者,我们也许说着不同的语言;我们可能使用着不同的武器;但是,你演讲的最后一句话使我相信,尽管有这些差异,我们的事业是相同的。

您告诉我们,如果能通过我们在世界和平事业中的努力,为这一不幸事件的恶化找到一个永久的解决办法,那么,先生你就别无他求了。我相信,国际联盟有可能实现你所说的目标。

先生,全世界的军人都倾向于认为受过政治和外交训练的人是不切实际的人。

那么,作为证明我们不是一直生活在云端幻想家的证据,我们已经有两位先生,和您的职业一样,由此可以确保我们脚踏实地。

先生,我相信在您看来,他们的存在可以证明,我们希望为调查中遇到的困难寻求实际而有效的补救措施。

---

① 编者按:原件无日期,据其内容推断,似应为李顿在 1932 年 3 月 7 日日本陆军大臣荒木贞夫招待国联调查团欢宴上的答辞。

17. 李顿在大角岑生招待国联调查团午宴上的答辞
（1932 年 3 月 5 日）

尊敬的殿下，主席先生，先生们：

首先，我也必须就语言问题表示歉意。我甚至无法用一两句日语来为我的发言开场。但是，主席先生，尽管我们通过口头表达想法的方式不同，但我觉得我们心中的想法是相同的。

我代表我的同事们向您表达最诚挚的谢意，感谢您的盛情款待。

我还想代表我自己说，我很高兴与水兵们在一起。

我的第一次公职经历是在英国海军部，四年多的时间里，我与水兵的合作最为密切，关系也最为亲密。因此，如果我说我的心中有一个非常温暖的角落属于任何国籍的水兵，我希望在座的两位军人同事和其他军人先生不要介意。

因此，就日本海军而言，如果存在不公正的话，不为别的，我希望通过我们的工作可以消除任何不公正的痕迹。先生，您谈到了批评。当然，我不能阻止历史的裁决，历史可能会对最近的事件中的这个或那个政策进行指责，但我非常确信：当历史的裁决被记录下来时，它不会对日本海军的荣誉产生任何批评或玷污的阴影。

先生，我感谢您对调查团成员的信任。我们非常清楚肩负的重大责任，我们希望，通过我们的努力，能够使中国和日本两国人民相信，国际联盟在这场危机中服务于他们每一个国家。

我们在这里的访问，以及您给予我们的最大善意，是我们最美好的永久的个人回忆。

我们将努力回报我所指出的那种善意。

先生，我们这次访问的时间太短了，因为时间短，所以公务繁忙。但我们希望在访问期间，对于我们正在调查的问题，所有政府部门的代表都能向我们提供各个方面的信息，以便我们在整理证据时，能够感到我们已经充分掌握了日本的说法。无论我们的最终报告是否明智，是否可以接受，若发现它缺乏有关日本的资料，那就是您和您同事的责任了；从这个意义上讲，我们所要求的是，在我们逗留期间，您应该利用我们。

18. 李顿在芳泽谦吉招待国联调查团晚宴上的答辞
（1932 年 3 月 2 日）

尊敬的阁下，先生们：

鄙人谨代表调查团的同事们感谢您的友好欢迎和盛情款待。

基于诸位都明白的原因，鄙人不能对阁下致辞中的某些内容发表评论。关于委派我们调查争端之是非曲直，借用无线电的术语来说，我们现所处的阶段是一个接收站，而不是一个发射站。

我们是来听取意见，而不是来表达看法的。在日本，我们自然应该倾听日本人对局势的看法，当我们到达中国时，我们无疑会以同样的坦率态度和能力倾听其陈述中国主张。

接着，我们将履行职责现场调查引起争端的实际情况；最后，在我们的能力范围内，就可能最有利于维护远东和平的措施向国际联盟提出建议。

但是，先生，您致辞中的其他内容，我可以轻松愉快地回答。

我最热诚地欢迎——我不会说是您的保证，因为这是人所共知之事——但您提醒我们说，日本从国际联盟成立之初就是其忠实成员和支持者。

我有幸与贵国代表团在国际联盟的三次大会上合作，没有哪个代表团比日本代表团更忠实地支持国际联盟的原则和目标。

日本是国际联盟出版物的最大买家之一，我相信，也许除了我自己的国家以外，国际联盟日本协会的会员人数比任何国家都多。

因此，作为国际联盟的代理人，我们希望得到日本政府和人民的欢迎。

您的第二句话，我听后亦同样满意。

您告诉我们，日本对和平的热爱无人能及。日本外务大臣说，维护远东和平是日本外交政策的基石，这给了我们最大的鼓励。

在这种情况下，先生，我们是你们的大使，也是国际联盟的大使，这就是我们使命的目的，别无其他。

我们抵达日本以来受到了无可挑剔的接待。无论是政府官员，还是在您招待会上遇到的各位代表、媒体朋友，都对我们表示了热烈的欢迎。

所有人都没有丝毫贬低我们任务重要性的倾向，也没有人怀疑国际联盟是否有能力为困扰贵国的难题找到令人满意的解决方案。

你们礼节性地接待了我们,这是不言而喻的,但令我们更受感动的不只是这些礼节。你们以尊重和坦诚的态度接待了我们;为此,外务大臣先生,我们向您并通过您向日本人民表示感谢。

19. 李顿在犬养毅招待国联调查团午宴上的答辞
(1932 年 3 月 1 日)

首相先生:

鄙人谨代表调查团成员向您表示衷心感谢,感谢您今天对我们的盛情款待,感谢您刚才友好的致辞。

关于委派我们调查争端的是非曲直,您当然不会指望我说什么。您作为日本政府的首脑,自然会对冲突的起源和最近事件的是非有决定性的意见,但我们在听取了许多意见、访问了许多地方、综合考虑了各种因素后,才能形成我们的意见。

我们的任务不仅仅是评判冲突双方的主张和意见——这在日内瓦同样可以做到,也不仅仅是调查事实——这在事发现场的中立观察员也可以做到,而是要充分探讨目前问题的根源,调查构成事实背景的条件,如果可能的话,使两国在国际联盟的帮助下找到世代友好的基础。

鄙人感谢您对我们工作的信任,感谢您承诺贵国政府与我们合作。鄙人欣然认同,日本和国际联盟其他成员国一样,都渴望和平解决这场争端。事实上,我们今天来至此就是这种愿望的证明,因为理事会委派我们组成调查团的决议得到了日本代表的热诚赞同。

我们服务于国际联盟,而维护其所有成员国共同利益的国际联盟,如您所说,是当今世界上最权威的和平机构。我相信,国联之精神与中日两国之善意将使我们能够在适当的时候证明您对我们的信任是正确的,为此我再次向您表示衷心的感谢。

S49－15

1. 国联调查团在奈良的日程安排
（1932 年 3 月 10 日）

9:53,抵达奈良站。

10:00,离开奈良站。

10:15,到达春日神社(Kasuga Shrine)。

11:00,离开三笠山(Mt. Mikasa)。

11:20,到达大佛(Great Budha)。

11:50,离开大佛。

11:55,到达公会堂。参观鹿群。

12:35,离开公会堂。

12:40,抵达奈良宾馆。

13:00,奈良县知事和奈良市长在宾馆举行非正式午宴。

14:25,离开奈良宾馆。

14:30,到达电气车站。

14:35,离开电气车站,前往大阪(特别列车)。

2. 国联调查团出席日本外务次官永井松三招待晚宴的
人员名单(1932 年 3 月 7 日)

李顿伯爵

马柯迪伯爵

克劳德中将

麦考益少将

希尼博士

哈斯先生

派尔脱先生

万考芝先生

派斯塔柯夫先生

爱斯托阁下

助佛兰医生

皮特尔中尉

泰勒先生

3. 国联调查团在日光市观光的行程计划
（1932 年 3 月 5 日）

1932 年 3 月 5 日

3 月 6 日

上午 7:40,乘车前往上野车站(Ueno Station)搭乘 8:20 开往日光的特快列车,上午 10:50 到。乘车前往金谷酒店(Kanaya Hotel)。

中午,在酒店用午宴。

下午 1:00,参观日光神桥(Sacred Bridge)、东照宫(Toshogu Shrine)与大猷院(Iyemitsu Mausoleum),乘车返回酒店休息。

下午 3:40,乘车前往今市火车站,途经宏伟的柳杉大道。搭乘 4:28 的电气特快列车前往东京。晚上 6:28 到。车上提供下午茶。

乘车返回帝国酒店。

4. 国联调查团出席日本太平洋关系研究会理事会招待
茶会的人员名单(1932 年 3 月 5 日)

李顿伯爵

马柯迪伯爵

克劳德中将

麦考益少将

希尼博士

哈斯先生

派尔脱先生

万考芝先生

派斯塔柯夫先生

爱斯托阁下

助佛兰医生

皮特尔中尉

泰勒先生

5. 国联调查团出席海军大臣大角岑生招待午宴的
人员名单(1932 年 3 月 5 日)

李顿伯爵

马柯迪伯爵

克劳德中将

麦考益少将

希尼博士

哈斯先生

派尔脱先生

万考芝先生

派斯塔柯夫先生

爱斯托阁下

助佛兰医生

皮特尔中尉

泰勒先生

6. 国联调查团受邀观看戏剧的人员名单
（1932 年 3 月 4 日）

李顿伯爵

马柯迪伯爵

克劳德中将

麦考益少将

希尼博士

哈斯先生

派尔脱先生

万考芝先生

派斯塔柯夫先生

爱斯托阁下

助佛兰医生

皮特尔中尉

泰勒先生

欧内斯特·列日先生（M. Ernest Liegeois）

大卫·罗伯茨先生（M. David Roberts）

7. 国联调查团出席日本工商界招待晚宴的人员名单
（1932 年 3 月 4 日）

李顿伯爵

马柯迪伯爵

克劳德中将

麦考益少将

希尼博士

哈斯先生

派尔脱先生

万考芝先生

派斯塔柯夫先生

爱斯托阁下

助佛兰医生

皮特尔中尉

泰勒先生

8. 国联调查团出席日本工商界招待茶会的人员名单
（1932 年 3 月 4 日）

李顿伯爵

马柯迪伯爵

克劳德中将

麦考益少将

希尼博士

哈斯先生

9. 国联调查团出席国际联盟日本协会招待晚宴的
人员名单（1932 年 3 月 3 日）

李顿伯爵

马柯迪伯爵

克劳德中将

麦考益少将

希尼博士

哈斯先生

派尔脱先生

万考芝先生

派斯塔柯夫先生

爱斯托阁下

助佛兰医生

皮特尔中尉

泰勒先生

10. 国联调查团出席日本天皇宴请的人员名单
(1932 年 3 月 3 日)

李顿伯爵

马柯迪伯爵

克劳德中将

麦考益少将

希尼博士

哈斯先生

11. 国联调查团出席日本外务大臣芳泽谦吉招待晚宴
的人员名单(1932 年 3 月 2 日)

李顿伯爵

马柯迪伯爵

克劳德中将

麦考益少将

希尼博士

哈斯先生

派尔脱先生

万考芝先生

派斯塔柯夫先生

爱斯托阁下

助佛兰医生

皮特尔中尉

泰勒先生

12. 国联调查团出席日本新闻界招待午宴的人员名单（1932 年 3 月 2 日）

李顿伯爵

马柯迪伯爵

克劳德中将

麦考益少将

希尼博士

哈斯先生

派尔脱先生

万考芝先生

派斯塔柯夫先生

爱斯托阁下

助佛兰医生

皮特尔中尉

泰勒先生

13. 国联调查团出席日本首相犬养毅招待午宴的人员名单（1932 年 3 月 1 日）

李顿伯爵

马柯迪伯爵

克劳德中将

麦考益少将

希尼博士

哈斯先生

14. 国联调查团在日本的行程计划[①]（1932年）

日期

2月29日,星期一　上午　抵达横滨,前往东京帝国酒店

3月1日,星期二　　上午

午餐　首相午宴(在官邸)

下午

晚餐

3月2日,星期三　　上午

午餐　日本新闻界午宴(在帝国酒店)

下午

晚餐　外务大臣晚宴(在官邸)

3月3日,星期四　　上午

午餐　谒见天皇,并在皇宫用午餐。

下午　4时至6时,外务大臣芳泽夫人招待会(在官邸)

晚餐　国际联盟日本协会晚宴(在工业俱乐部)

3月4日,星期五　　上午

午餐　法国和德国大使为各自国家的委员举办的午宴

下午　由日本经济联盟和日华实业协会及其他商业团体联合举办的茶会

晚餐　上述团体举办的晚宴和戏剧晚会

3月5日,星期六　　上午

午餐　海军大臣午宴(在官邸)

---

① 编者按:原件无日期。

	下午	日本太平洋关系研究会理事会茶会（在东京俱乐部）
	晚餐	秩父宫雍仁亲王晚宴李顿勋爵和爱斯托先生。意大利大使设晚宴欢迎意大利专员。大仓男爵晚宴法国专员。
3月6日，星期日		去箱根或日光的旅行取消。
3月7日，星期一	上午	
	午餐	陆军大臣午宴（在官邸）
	下午	
	晚餐	外务次官晚宴（在红叶馆）
3月8日，星期二	上午	
	午餐	
	下午	1点钟离开东京前往京都，住在京都都酒店（Miyako Hotel）。
3月9日，星期三		留在京都
3月10日，星期四	上午	上午9点离开京都，乘火车前往奈良，观光奈良风景。
	午餐	在奈良酒店享用午餐。
	下午	2点左右离开奈良，乘坐电气轨道前往大阪。
	晚餐	大阪商界策划之"茶话会和晚宴"。入住甲子园酒店。
3月11日，星期五	上午	
	午餐	1点左右离开酒店，乘汽车前往神户，3点搭乘"亚当斯总统号"离开。

S49 - 16

1. 李顿致其夫人函电（1932 年 2 月 17 日）

英国内华斯（Knebworth）李顿伯爵夫人：

　　3 月 11 日，离开东京前往上海。从现在开始使用英国驻北平公使馆的地址。一切安好。

李顿勋爵，在"柯立芝总统"号上

1932 年 2 月 17 日下午 7 点

2. 李顿致约翰·西蒙函电（1932 年 2 月 8 日）

1932 年 2 月 8 日中午

伦敦外交部约翰·西蒙（John Simon）先生：

　　非常感谢您的来电。我们明晚乘火车离开纽约，星期六早晨由旧金山乘坐"柯立芝总统"号轮船。

李顿

S49 - 17

1. 哈斯致卡尔利函电（1932 年 3 月 13 日）

上海华懋饭店（Cathotel）卡尔利（Charrere）：
　　请转告英国公使，调查团成员欣然接受邀请。

哈斯

1932 年 3 月 13 日（下午 2 点）于"亚当斯总统号"上

2. 哈斯致卡尔利函电（1932 年 3 月 13 日）

1932 年 3 月 13 日

上海华懋饭店卡尔利：
　　如果你有关于罗迈因（Romein）的任何新消息，请立即发电报给我。

哈斯

3. 哈斯致日内瓦函电（1932 年 3 月 13 日）

1932 年 3 月 13 日

日内瓦国联电台（Radionations）：
　　紧急呼叫范迪塞尔（Vandissel），请立即电告我，在"亚当斯总统"号上的罗迈因途经马尼拉时的生死情况。

哈斯

S49 - 18

1. 希爱慕致德拉蒙德函电(1932年1月24日)①

温哥华,24日5时15分。

日内瓦国联德拉蒙德(Drummond):

哈斯告诉我,我可能会被邀请担任满洲专家,并相信只要获得公司批准,我就会接受邀请。请问程序是什么? 如果确定邀请,建议您致电蒙特利尔的亨利·桑顿(Henry Thornton)爵士。诚挚问候。

希爱慕(Hiam)

---

① 编者按:原件无明确日期,据推断应为1932年1月24日。

S49－19

1. 国联调查团开支预算
（1932 年 1 月 20 日）

国际联盟

理事会根据其 1931 年 12 月 10 日决议任命的调查团

1932 年 1 月 20 日，日内瓦。

开支预算

概要

	瑞士法郎
1）前期开支	6 030
2）酬金	96 003
3）临时雇员薪金	46 500
4）旅行装备津贴	10 975
5）保险	44 000
6）行李	15 000
7）办公用品	3 600
8）电报	30 000
9）运输费	10 000
10）医疗费	3 000
11）印刷费	20 000
	285 108

差旅费

12) 备选方案

经由西伯利亚		经由美国	
法郎:		法郎:	
B. F.	285108	B. F.	285108
差旅费	123 100	差旅费	137 825
生活津贴	314 800	生活津贴	301 764
准备工作报告	5 825	准备工作报告	5 650
	728 833		730 347
不可预见的支出	221 167	不可预见的支出	217 153
总计	950 000	总计	947 500

调查团将由5名成员组成,其中1人来自英国,1人来自德国,1人来自法国,1人来自意大利,1人来自美国,并由顾问2人(1名日本人和1名中国人)和专家3人(1人为加拿大铁路专家,1人为法学专家和1人为远东经济学家)协助。

调查团将由秘书厅的1名股长、3名股员、1名中级职员和2名速记员陪同。

调查团在日内瓦以外的工作期限以9个月计算。

开支预算

1) 在日内瓦举行的预备会议:

1名成员来自伦敦	700 法郎
1名成员来自柏林	720
1名成员来自罗马	560
1名成员来自巴黎	320
生活津贴(4×60×3)	720
	3 020
派尔脱先生前往海牙的旅程	510
购买书籍和地图	2 500
	6 030

2) 酬金

主席—9个月	法郎 2 667 P. M.	24003

4 名成员—9 个月	法郎 2 000 P. M	<u>72 000</u>	
			96 003
3）临时雇员薪金			46 500

4）旅行装备津贴

5 名调查团成员，每人 1 000 法郎	5 000	
1 名股长 1 000 法郎减去 650 法郎	350	
1 名中级职员 1 000 法郎减 375 法郎	625	
5 名股员每人 1 000 法郎	<u>5000</u>	
		10 975

C. F. 159 508 法郎

B. F. 159 508 法郎

5）保险

调查团 5 名成员 10 个月的保险金为 25 万法郎

5×3 900　　　　　19 500 法郎

3 名专家 10 个月保险金为 20 万法郎

3×2 900　　　　　8 700 法郎

（2 名专家将由调查团秘书在现场投保）

秘书厅股长需要一份补充保险，因为他只投保了 20 万法郎到 1932 年 11 月 19 日。追加保额 50 000 法郎。　　　　　1 300

3 名股员和 1 名中级职员，因为卡尔利的保险只到 1932 年 2 月 11 日为止，保额 20 万法郎。　　　　　11 600

两名速记员，保额 100 000 法郎。　　　<u>2 900</u>　　　44 000

6）行李

行李保险	5 000 法郎	
行李运输，出租车	<u>10 000</u>	15 000

7）办公用品

4 台打字机×400 法郎	1 600 法郎	
杂项	<u>2 000 法郎</u>	3 600

据了解，必要的文具将由秘书处提供。

8）电报	3 0000
9）运输费	10 000

10）医疗费（疫苗、药物等）　　　　　　　　　　　　　　　　3 000
11）报告印刷费　　　　　　　　　　　　　　　　　20 000
　　　　　　　　　　　　　　　　　　　　　　　　C. F. 285 108
　　　　　　　　　　　　　　　　　　　　　　　　B. F. 285 108 法郎

12）差旅费等
　　第一种选择，经由西伯利亚。
　　A）适当的差旅费
　　1 人从伦敦到柏林　　　　　　　350 法郎
　　1 人从罗马到柏林　　　　　　　340
　　1 人从巴黎到柏林　　　　　　　260
　　　　　　　　　　　　　　　　　950
　　3 人第一次从日内瓦到柏林　　　750
　　2 人第二次从日内瓦到柏林　　　300
　　　　　　　　　　　　　　　　　1 050
　　4 人从柏林到东京单间 4×3 400　13 600
　　5 人从柏林到东京普通间 5×2 000　10 000
　　2 人从北平到东京　　　　　　　600
　　1 人从温哥华到东京　　　　　　1 800
　　1 人从美国到东京　　　　　　　2 200　　30 200 法郎
　　从日本到中国
　　16 人从东京到上海　　　　　　　4 250
　　16 人上海至北平　　　　　　　　4 900
　　18 人从北平至哈尔滨　　　　　　5 250　　14 400 法郎
　　满洲旅行　　　　　　　　　　　15 000 法郎
　　返回日本　　　　　　　　　　　13 500 法郎
　　从日本回到中国　　　　　　　　13 500 法郎
　　从北平回家
　　　调查团的美国成员将经由日内瓦返回美国。
　　　北平至日内瓦 5 个单间 5×3 500　17 500
　　　7 张北平到日内瓦的车船票 7×2 100　14 700
　　　1 人从北京至温哥华　　　　　2 300

1 人从日内瓦至美国	2 000
	36 500 法郎
旅行总计	123 100 法郎
	C. F. 408 208
	B. F. 408 208 法郎

B) 生活津贴

调查团成员

4×80×260	83 200 法郎	
4×20×10	800	
1×80×242	19 360	
1×20×23	560	103 920

顾问

| 2×80×245 | 39 200 法郎 | |
| 2×20×5 | 200 | 39 400 |

专家

1×70×242	16 940 法郎	
1×20×2	560	
2×70×245	34 300	
2×20×5	200	52 000

股长

| 1×60×250 | 15 300 法郎 | |
| 1×20×10 | 200 | 15 500 |

中级职员

| 1×60×255 | 15 300 法郎 | |
| 1×20×10 | 200 | 15 500 |

3 名股员

| 3×60×260 | 46 800 法郎 | |
| 3×20×10 | 600 | 47 400 |

2 名速记员

| 2×40×260 | 20 800 法郎 | |
| 2×14×10 | 280 | 21 080 |

2 名当地翻译员

2×40×250   20 000

                                    314 800 法郎

在日内瓦的工作报告：

5 名调查团成员 15 天×60 法郎   4 500 法郎

从日内瓦回家的旅行：

1 人从日内瓦到伦敦   350 法郎

1 人从日内瓦到柏林   360

1 人从日内瓦到罗马   280

1 人从日内瓦到巴黎   160

1 人从日内瓦到瑟堡   175

                            1 325 法郎

                              5 825 法郎

                        总计   728 833

                       B. F. 285108 法郎

第二种选择，经由美国。

A. 交通费用

1 人从伦敦到南安普顿   25 法郎

1 人从柏林到瑟堡   350

1 人从罗马到瑟堡   400

1 人从巴黎到瑟堡   100

                            875 法郎

6 人从日内瓦到瑟堡   1050

                              1925

1 人从南安普敦到横滨   2 800

9 人从瑟堡到横滨   25 200

                            28 000

1 人从温哥华到东京   1 800

1 人从美国到东京   2 200

10 人从横滨到东京   500

                            4 500

从日本到中国	
（详情见西伯利亚部分）	14 400
满洲旅行	15 000
返回日本	13 500
从日本回到中国	13 500
	56 400
返回欧洲	
14 人从北平到横滨	6 500
1 人从横滨到温哥华	1 700
1 人从横滨到美国	1 950
12 人从横滨到瑟堡	30 800
12 人从瑟堡到日内瓦	2 000
	43 000
美国成员往返日内瓦	4 000
	旅行总计
	137 825 法郎
	C. F. 422933
	B. F. 422933

B. 生活津贴

调查团成员

4×80×232	74 240 法郎
4×20×38	3 040
1×80×242	19 360
1×20×28	560
	97 200 法郎

顾问（详情见西伯利亚部分）	39 400
专家	
1 人来自加拿大	17 500 法郎
在远东任命者 2 人	34 500
主任	52 000
1×60×238	14 280

1×20×38	540	
		14 820
3 名股员＋1 名中级职员		
4×60×232	55 680	
4×20×38	3 040	
		58 720
名速记员		
2×40×232	18 560	
2×14×38	1 064	
		19 624
2 名当地翻译员		
2×40×250		20 000

301764 法郎

C. F. 724697 法郎

B. F. 724697

在日内瓦的工作报告

5 名调查团成员 15 天×60 法郎		4 500 法郎
从日内瓦回家的旅行		
1 人从日内瓦到伦敦	350 法郎	
1 人从日内瓦到柏林	360	
1 人从日内瓦到罗马	280	
1 人从日内瓦到巴黎	160	
		1 150 法郎
		5 650

2. 国联调查团致杰克林函电[①]（1932 年 2 月 26 日）

AP/EL

1932 年 2 月 26 日，在"柯立芝总统"号上

亲爱的杰克林（Jacklin）：

从我寄给你的两封信中可以看出，皮特尔中尉是我们美国成员麦考益将军的副官，他由美国政府出资陪同我们，他有两张旧金山至上海的船票。其中一张船票编号为 11.163（见 1932 年 2 月 15 日往檀香山途中给休·麦肯齐（Hugh Machkenzie）先生函电的副本），已由国际联盟支付，因为我们想确保皮特尔中尉与我们同乘一条船。另一张票号为 10.409 的船票，则由美国政府支付。由此可见，由国联购买的船票必须退还给我们，金元航运公司（Dollar Line）已经主动联系巴黎库克旅行社（Cook）沟通此事。我无法告诉你退款的具体数额，因为皮特尔和麦考益将军的船票是同时购买的，而这两位先生的船舱位于不同的甲板上，票价也不一样。库克一定会将此告诉你的。

亲爱的杰克林，请接受我最好的祝愿。

日内瓦国际联盟财务股长西摩·杰克林（Seymour Jacklin）先生

3. 国联调查团致杰克林函电（1932 年 2 月 16 日）

AP/EL

1932 年 2 月 16 日，在"柯立芝总统"号上

亲爱的杰克林先生：

继我本月 10 日的函电之后，我必须再次让你知道：

1）关于"打字机"一段，在纽约 75 美元买的"雷明顿无声打字机"（Remington noiseless）不应视为我们设备的一部分。事实上，在离开之前，派

---

① 编者按：原件没有署名，联系下文原件，似应为派尔脱，下同。

斯塔柯夫先生已经与利埃茹瓦（Liégeois）先生约定，后者将带来自己的机器。利埃茹瓦先生只有一台机器可以带走，由于出发的时间仓促，他要求我们为他准备上述的雷明顿打字机，并支付给我们 75 美元。收支相抵。我发现难以同意这种做法，因为我们的预算规定购买四台机器，结果我们只需要买两台，一台在巴黎，另一台在纽约。

2）关于"铁路票价"一段，你肯定会感兴趣，通过额外支付 896 美元，我们能免掉行李运输费，因此从纽约到旧金山的行李运输是免费的。

亲爱的杰克林，请接受我最好的祝愿。

日内瓦国际联盟财务股长西摩·杰克林先生

4. 国联调查团致杰克林函电（1932 年 2 月 10 日）

A. P. ／D. R.

在纽约/芝加哥火车上

1932 年 2 月 10 日。

亲爱的杰克林，

我们昨晚到达纽约，并于当晚离开纽约前往旧金山，我们发现美国运通公司（American Express Company）的办事处已经关门了。幸亏有华尔道夫酒店（Waldorf Hotel）管理人员的帮助，在克服一些麻烦之后，我们才成功地拿到了 2000 美元，这笔钱应该可以让我们一路到东京，或者最终到上海。在这种情况下，我们无法用手头的资金支付购买打字机和穿越美国的铁路旅行费用。因此，我们安排在日内瓦将这些账单交给你，我们相信你会支付它们。详情如下：

打字机：经过巴黎时，我们只能购买一台符合要求的打字机，因此我们要求休斯顿（Huston）在纽约再购买两台打字机，好处在于以较低的成本获得了更好的产品。

文件柜：我们还发现，我们不能没有一个安全的文件柜。休斯顿能够为我们做必要的事情，因此他会给您以下账目：

1 台雷明顿无声打字机	75 美元
1 台安德伍德打字机（Underwood）	85 美元

1 个保险柜	36.75 美元
与上述有关的无线电报	19.20 美元
合计	215.95 美元

休斯顿没有能力从自己的口袋里拿出这么多钱，我们给了他 1 000 法郎。因此，你只需支付上述总额与相当于 1 000 法郎的美元之间的差额。

铁路票价：如你所知，我们的轮船于 2 月 9 日抵达纽约。我们要尽快前往日本，最好的办法就是赶上"柯立芝总统"号客轮，这艘客轮为此特意推迟了 12 个小时，到 2 月 13 日星期六上午才出发。鉴于这需要乘坐极快的火车穿越美国，而调查团又希望同其美国成员举行私人会议，主席要求在火车上有一节私人车厢。因此，我们不得不额外支付 129.60 美元的车费，而卧铺车厢则要支付 823.50 美元，总共是 953.10 美元。另一方面，我们发现麦考益将军和他的助手已经把他们的票取出来了，所以库克旅行社退还了我们 56.90 美元，支付给库克的一共是 986.20 美元。我们和库克的代理人安排好了，这张账单也应该通过他们巴黎或日内瓦办事处的中介提交给你。

谨致感谢。

您真挚的

日内瓦国际联盟财务股长西摩·杰克林先生

5. 杰克林致派尔脱函电（1932 年 1 月 30 日）

888/0

1932 年 1 月 30 日

情报股派尔脱先生

满洲调查团

谨随函附上两张面额 2 800 瑞士法郎的支票，分别为：

1 000 法郎　　旅行装备费

1 800 法郎　　预付一个月生活津贴，每天 60 法郎。

请在所附表格上确认收到。

已注意到您关于支付工资的指示。

财物股长杰克林

6. 国联调查团给比勒尔的备忘录
（1932 年 1 月 29 日）

1932 年 1 月 29 日，日内瓦

给比勒尔(Bieler)先生的备忘录。

满洲调查团

一、旅行装备津贴的支付

致成员：

克劳德将军，雷讷林荫大道 129 号(129 Boulevard de la Reine)。

支票今天寄往巴黎。

调查团其他成员将收到支票：

希尼博士，在巴黎手动填写

马柯迪伯爵，在巴黎手动填写 ｝ 在巴黎支付

李顿勋爵，在船上手动填写　　　　在纽约支付

麦考益将军，抵达纽约时手动填写　在纽约支付

致职员：

派尔脱先生

派斯塔柯夫先生 ｝ 今天亲手交付支票

万考芝先生

列日先生，巴黎第十区圣马丁郊区 212 号(212，Faubourg St. Martin, Paris Xe)，支票今天寄往巴黎，在巴黎支付。

罗伯茨先生，加的夫新港路 309 号(309，Newport Road，Cardiff)。这笔钱今天将汇至加的夫。

所有需要手写的支票都应该寄给万考芝先生。

成员和职员需要预算中提供的全额津贴。

二、向职员支付薪金

派尔脱先生，像往常一样。

万考芝先生，像往常一样。

派斯塔柯夫先生，支付给派斯塔柯夫夫人在劳埃德银行(Lloyds Bank)的

账户。

列日先生、罗伯茨先生、爱斯托先生稍后会给出指示。

三、预支生活津贴和旅费津贴

派尔脱先生、派斯塔柯夫先生每月一次，每日 60 法郎，今日支付。

四、派斯塔柯夫先生的进展

a）用于购买办公设备（箱子、打字机等）2 000 法郎。

b）医疗费（药品等由派斯塔柯夫先生在法国卫生官员的协助下在巴黎购买）2 000 法郎。

支票于今日或星期六交给派斯塔柯夫先生，在巴黎支付。

7. 德拉蒙德致哈斯函电（1932 年 1 月 27 日）

哈斯：

日本接受了国联要求其支付经费的建议，其将在新一届议会投票通过后开始拨款。希望中国代表能立即得到指示，说明中国将与日本同时拨款。必须明白，在目前的情况下，国联不能询问支付事宜。杨格被世界时事社（Institute Current World Affairs）扣除了 6 个月的佣金，没有工资，只有旅行费用和生活津贴 70 法郎。如果你想与他联系，他的地址是"北平美国运通公司"（American Express Peking）。据了解，杨格和希爱慕最终将成为调查团的专家，随时听候调查团的调遣。5 名委员，6 名秘书处股员派尔脱、万考芝、派斯塔柯夫、爱斯托和 2 名男性速记员，无配偶随行。3 月 11 日抵达横滨。调查团将决定出发日期。如果中国要求在南京之前访问满洲，那么可能会先访问满洲几个地方。

德拉蒙德

1932 年 1 月 27 日

8. 致维吉尔函电①(1932 年 1 月 26 日)

维吉尔(Vigier)先生:

现在看来,理事会通过一项决议,授权秘书长从国际联盟的周转资金中预付调查团在远东地区的费用,是一个非常紧迫的问题。这的确是一个问题:

1) 为调查团购买车船票;

2) 为其行李购买保险;

3) 为调查团成员和随行的秘书处成员购买人身保险;

4) 为调查团成员和秘书处成员提供设备预付款;

5) 购买某些办公用品。

对于所有这些费用,秘书处目前处于瘫痪状态,因为理事会尚未投票通过决议,授权秘书长动用周转基金。

1932 年 1 月 26 日,日内瓦

9. 德拉蒙德致哈斯函电(1932 年 1 月 22 日)

哈斯:

调查团选举李顿为主席。同意你的计划安排。2 月初经美国出发,大约 3 月 10 日到达日本。同意杨格和希爱慕作为专家加入,日本代表团提供的书籍中有杨格的书。根据西里西亚(Silesia)、莫苏尔(Mossul)的先例,不会有人反对他作为调查团的一般专家获得佣金。

奥兰群岛(Aland islands)由理事会决议国联承担开支的先例并不适用,因为第三方提出的问题不构成先例。希腊—保加利亚调查团亦不适用,考虑到该调查团的职权范围,其调查严格限制在三周之内。若以 9 个月的 25% 不可预见费计,包括生活津贴、中日顾问费用,其总费用仍比 100 万瑞士法郎略少。这说明两国政府将不得不分别承担一半的实际总支出,该估

---

① 编者按:原件未署名。

算比较合理。持续三周的希腊—保加利亚调查的费用为 12 万。调查团在中国和日本时需要安排一些佣人,并且当调查团大约在四月抵达满洲时应有必要的住宿。

德拉蒙德

1932 年 1 月 22 日

10. 派尔脱等致艾冯诺函电(1932 年 1 月 14 日)

艾冯诺先生:

满洲调查团

由杰克林、维吉尔和派尔脱组成的委员会昨晚举行了会议,充分讨论了调查团的物质安排。

委员会确定了构成成本估算的必要因素,并要求财务部门在未来几天内向委员会提交详细的估算。然后,委员会将就酬金、生活津贴率、旅行装备津贴以及每位成员和职员的保险金额提出建议。据一般调查,我们认为,为了立即展开协商,估计调查团的总体费用为 100 万法郎,且其三分之一需要立即兑现。

委员会决定今天上午立即向你报告调查团经费筹措的问题。委员会成员没有人能肯定地说,中国和日本政府已各自承担调查团费用的一半,因此提请财务部门注意"财务条例"第 33 条。显然,除非秘书长能够裁决所预付的任何款项都可以得到偿还,否则周转基金不能为调查团提供经费。但是,如果中日政府同意支付这些费用,考虑到国联目前的财政状况有些困难,以及对周转基金的大量索偿要求,最好安排每月偿还国联的预支款项。现急需一笔 35 万瑞士法郎的款项,并应努力确保在调查团第一次会议后一个月内,由中国和日本政府平摊这笔款项。

另一方面,如果秘书长不能肯定地说两国政府已同意支付调查团的费用,显然,这笔费用首先不能由周转基金承担,而应从 1932 年预算中开支。委员会并没有认真考虑到这种可能性。委员会意识到,由于财政上的便宜之计,预算已经大大削减,很难再增加 100 万法郎的非预期费用,所以希望能够找到办法以避免这种意外情况。

（签名）杰克林

A. 派尔脱

H. 维吉尔

1932 年 1 月 14 日

11. 艾冯诺致胡世泽函电（1932 年 1 月 16 日）

1932 年 1 月 16 日，日内瓦

处长先生：

据我上个月在理事会会议结束后与你的谈话，我了解到，贵国政府已经接受了理事会 12 月 10 日决议第 5 段中提到的原则，即实地调查费用应由中国政府和日本政府按同等比例交付国际联盟。

秘书长根据财务条例的规定，应在理事会下届会议上请求授权从国际联盟的周转基金中预支必要的资金。

经主管部门研究后，我得出的结论是，根据国联今年年初的财务状况，如果不事先与中国和日本政府就预支款的交付问题达成协议，就很难从秘书处的周转基金中提取这些预支款。

我现在正准备尽可能详细地估算派遣调查团所需的费用。该预算必然是个概数，因为我们不可能估计调查团需要几周的调查研究。然而，可以估算调查团及其工作人员的总支出，将达到 100 万瑞士法郎左右，包括中国和日本顾问的支出，他们似乎应该和理事会任命的调查团成员的报酬相同。在这一总额中，可以预见的是，在最初的几周内，调查团组建及其工作人员的装备费用将达约 35 万瑞士法郎。

在这种情况下，我认为秘书长应在理事会下届会议上与中国和日本政府商定，提议其在最短时间内交付调查团费用。中日两国政府可以在两个月内向国际联盟交付调查团及其工作人员的设备费和启动资金。此外，中日两国政府还须承诺此后按月等额支付，直至达到国际联盟的实际支出数额，该数额将在即将编制的预算估计数的基础上与秘书长商定。

因事出紧急，调查团费用问题必须列入将于 1 月 25 日开幕的会议议程，故请您提请贵国政府注意这些建议，以便贵国政府驻理事会代表能够及时收到必要的指示。

　　先生，请接受我最崇高的敬意。

国联副秘书长艾冯诺

中国驻国际联盟代表处处长胡世泽(Hoo Chi-Tsai)先生

日内瓦威尔逊街 41 号

12. 艾冯诺致泽田节藏函电（1932 年 1 月 16 日）

局长先生：

　　据 12 月月 14 日与您以及 12 月 16 日与芳泽先生会谈后，我了解到，贵国政府已经接受了理事会 12 月 10 日决议第 5 段中提到的原则，即实地调查费用应由中国政府和日本政府按同等比例交付国际联盟。

　　秘书长根据财务条例的规定，应在理事会下届会议上请求授权从国际联盟的周转基金中预支必要的资金。

　　经主管部门研究后，我得出的结论是，根据国联今年年初的财务状况，如果不事先与中国和日本政府就预支款的交付问题达成协议，就很难从秘书处的周转基金中提取这些预支款。

　　我现在正准备尽可能详细地估算派遣调查团所需的费用。该预算必然是个概数，因为我们不可能估计调查团需要几周的调查研究。然而，可以估算调查团及其工作人员的总支出，将达到 100 万瑞士法郎左右，包括中国和日本顾问的支出，他们似乎应该和理事会任命的调查团成员的报酬相同。在这一总额中，可以预见的是，在最初的几周内，调查团组建及其工作人员的装备费用将达约 35 万瑞士法郎。

　　在这种情况下，我认为秘书长应在理事会下届会议上与中国和日本政府商定，提议其在最短时间内交付调查团费用。中日两国政府可以在两个月内向国际联盟交付调查团及其工作人员的设备费和启动资金。此外，中日两国政府还须承诺此后按月等额支付，直至达到国际联盟的实际支出数额，该数额将在即将编制的预算估计数的基础上与秘书长商定。

　　因事出紧急，调查团费用问题必须列入将于 1 月 25 日开幕的会议议程，故请您提请贵国政府注意这些建议，以便贵国政府驻理事会代表能够及时收到必要的指示。

　　先生,请接受我最崇高的敬意。

国联副秘书长

国际联盟日本事务局局长泽田先生
巴黎泰奥菲勒—考蒂埃街(rue Théophile-Cautier，Paris)

S49－20

1. 哈斯致希爱慕函电（1932 年 3 月 24 日）

电报

1932 年 3 月 24 日

加拿大温哥华希爱慕：

　　如果必要的话，意大利保险公司出具的保险单可稍微超过提到的价格。

哈斯

2. 希爱慕致哈斯函电（1932 年 3 月 23 日）

1932 年 3 月 23 日

AC187 KG/KEZ

温哥华

上海华懋饭店哈斯：

　　关于欧洲公司为你签发的保险单，我这里很难按上述价格安排。

希爱慕

3. 艾冯诺致派尔脱函电（1932 年 3 月 1 日）

1932 年 3 月 1 日早晨 3:30 收

2 月 29 日 18:43 发

东京帝国酒店派尔脱：

　　麦考益的医疗证明和保险合同收到。

艾冯诺

4. 派尔脱致艾冯诺函电(1932 年 2 月 29 日)

1932 年 2 月 29 日

日内瓦国联艾冯诺：

麦考益的人身保险合同书已于 2 月 10 日从芝加哥寄出，请确认订立合同。

派尔脱

5. 派尔脱致瓦戈纳函电(1932 年 2 月 8 日)

1932 年 2 月 8 日 16 时

纽约人寿保险公司瓦戈纳(Waggoner)：

我在国际联盟远东调查团秘书处的一位同事要求保险合同，包括因病死亡和伤残事故。将于周二下午抵达，当晚前往旧金山。请派人在六点钟左右到华尔道夫饭店找派斯塔柯夫先生。

副秘书长派尔脱

S49 – 21

1. 国联图书馆馆长赛文斯马致哈斯函电
（1932 年 2 月 17 日）

1932 年 2 月 17 日

亲爱的哈斯先生：

今天，我们分别寄上 1926 年、1927 年、1929 年、1931 年的《日本年鉴》和威廉姆斯（Williams）的《中国的昨天、今天和明天》，这些是为满洲调查团订购的，但在他们离开前没有送达。我希望这些书能安全送到你手中。

你真诚的，
T. P. 赛文斯马（T. P. Sevensma）
图书管理员

罗伯特·哈斯先生
中国上海华懋饭店

2. 麦考益将军收集的图书清单①

这些书可供调查团所有成员使用，也可以从皮特尔中尉那里获得。

关于远东：	
1) The Pacific Area：Blakeslee	1) 勃来克斯雷：《太平洋地区》
关于中国：	
2) The "Open Door" Doctrine in relation to China：BAU.	2) 鲍明铃：《中国的"门户开放"政策》

---

① 编者按：原件无日期。下表为编者依据原件制成的中英文对照表，以便读者查阅核对。

（续表）

3）Treaties & Agreements with concerning China, 1894—1919：Mac Murray	3）马慕瑞:《列强对华条约汇编（1894—1919）》
4）Treaties & Agreements with concerning China, 1919—1929：Mac Murray	3）马慕瑞:《列强对华条约汇编（1919—1929）》
5）The Chine Year Book，1931.	5）《中国年鉴:1931 年》
6）A Guide to China.	6）《中国指南》
关于日本:	
7）Japan's Economic Position：Orchard	7）奥查德:《日本的经济地位》
8）Japan：An Economic & Financial Appraisal：Moulton.	8）莫尔顿:《日本:经济和金融评估》
关于满洲	
9）International Legal Status of the Kwantung Leased Territory：Young	9）杨格:《关东租界地之国际法地位》
10）Japan's special position in Manchuria：Young	10）杨格:《日本在满洲特殊地位之研究》
11）Japanese jurisdiction in the South Manchuria Railway Area：Young	11）杨格:《日本在南满铁路地区的裁判权》
12）The International Relations of Manchuria：Young	12）杨格:《满洲国际关系》
13）Manchuria Year Book，1931	13）《满洲年鉴:1931 年》
14）Second Report on Progress in Manchuria	14）《第二次满洲调查报告》
15）Various pamphlets on Manchuria	15）关于满洲的各种小册子
其他方面:	
16）Report of the Conference on Limitation of Armaments 1921—1922	16）华盛顿会议(1921—1922 年)
17）Arbitration Treaties among the American Nations：Manning	17）曼宁:《泛美仲裁条约》
18）Sovereign States and others：Scott	18）斯科特:《主权国家和其他国家》
19）The Hague Court Reports：Scott	19）斯科特:《海牙法院报告》
20）The Mixed Courts of Egypt：Brinton	20）布林顿:《埃及混合法庭》

（续表）

21) Treaties for the Advancement of Peace, 1913—1914	21)《促进和平条约，1913—1914》
22) The Cyclopedic Law Dictionary：Shumaker & Loncsdorf	22) 休梅克、朗斯多夫：《法律百科全书》

3. 图书清单①（1932 年 2 月 12 日）

1932 年 2 与 12 日

C. W. Young 杨格	Japan's special position in Manchuria. 《日本在满洲特殊地位之研究》 John Hapkins Press 1931. 3 vol. 约翰 · 霍普金斯出版社 1931 年第 3 卷。
Mac Murray 马慕瑞	Treaties and agreements with and concerning China. 《列强对华条约汇编》 Carnegie endowment. 2 vol. 2 copies of each volume. 卡内基基金会，2 卷，每卷 2 份。
China Year Book 1931. 《中国年鉴：1931 年》	
Coudliffe 库德利夫	Problems of the Pacific. 1929. Proceedings of the Third Conference of the Institute of Pacific Relations. Kyoto 1929. 太平洋问题。1929 年。太平洋关系研究会第三次会议记录。京都 1929。
The annals of the American Academy of Political and Social Science Nov. 1930. 《美国政治与社会科学学院年鉴》1930 年 11 月	
Willoughby 韦罗贝	Foreign Rights and Interests in China. 《外国在华特权和利益》 John Hapkins Press 1927. 约翰·霍普金斯出版社 1927 年。

---

① 译者注：为便于读者进一步查阅相关信息，本文件主体内容保留英文原文。

S49－22

1. 派尔脱致杜培克函电（1932 年 3 月）①

电报

北平荷兰公使馆杜培克（Thorbecke）：

　　星期六上午离开上海前往南京，在大桥旅馆（Bridge Hotel）住到 4 月 1 日。电报请发给卡尔利。如果由南京直往北平，则 4 月 3 日到达。如果途经汉口，则 4 月 10 日到达。李顿已经发电报给海牙，要求给予开脱·盎葛林诺调查团专家身份。非常感谢您转发您收到的关于此主题的任何电报。很期待见到杜培克夫人与您本人。

派尔脱

2. 麦考益将军的笔记（1932 年）②

　　开脱·盎葛林诺先生，鹿特丹大学经济与金融研究荣誉博士，是荷兰最知名的远东事务专家之一，尤其精通中国事务。大约 42 岁的开脱·盎葛林诺博士曾在莱顿大学和柏林大学学习中国和日本的历史、文学和哲学，后来加入了荷兰外交部门的特别翻译团。为此，他曾在北京和东京公使馆任职数年。他能流利地用汉语和日语交流。在他职业生涯的后期，他被调到殖民部门，并被任命为荷属东印度政府负责中国事务（巴达维亚）的副主管。他作为荷兰代表团的专家参加了华盛顿海军会议，并于 1925 年作为荷兰政府的首席代表参加了北京海关会议。去年，他作为观察员参加了太平洋关系研究会会议。

　　最近，开脱·盎葛林诺博士作为远东事务方面的作家而声名鹊起，他写了一本关于殖民问题的权威著作（荷兰语和英语版本）。

　　关于开脱·盎葛林诺博士的进一步信息可以由渥尔脱·杨格先生、勃来

---

　　①　编者按：原件无日期。
　　②　编者按：原件无日期。

克斯雷博士和国务院亨培克(Hornbeak)先生等人提供。

3. 李顿致罗文干函电(1932 年 2 月 28 日)

1932 年 2 月 28 日

上海外交部长罗文干阁下:

谨致谢阁下电报。我们很高兴获悉顾维钧博士被任命为我调查团的中方顾问。我们期待在中国期间得到他的帮助,并与之合作。

李顿

4. 罗文干致李顿函电(1932 年 2 月 27 日)

2 月 27 日上午 9:45,上海

"柯立芝总统"号上调查团主席李顿勋爵:

中国政府已委任顾维钧博士为中方顾问。因为调查团的主要职责是实地调查研究,中国政府认为其代表目前不宜出国,而应在调查团抵达中国后再与他们会面,并与之通力合作。

中华民国国民政府外交部长罗文干

27 日 18 时 55 分

5. 哈斯致艾冯诺函电(1932 年 1 月 11 日)

1932 年 1 月 11 日,上海

日内瓦国联艾冯诺:

泰勒当然是有用的,如果可能的话,也许可以提供额外的帮助,但不能指望他,因为可能需要他出席这里的专家会议和国家经济委员会会议。我很高兴知道正在等待安排文书人员,我也许可以在公使馆的帮助下在当地安排。

我想调查团会有一名翻译陪同,除非意大利和法国成员对英语有相当的了解。我们可能需要一名中文翻译,这可以从各使馆找到。我注意到调查团成员似乎都没有铁路知识,你认为有一名铁路人员作为专家加入调查团或担任调查团秘书是不可能的吗?我相信希爱慕会接受。我认为调查团第一部分工作的合理计划是先去东京,然后去上海、南京,有可能的话接着去北京,最后去满洲。

哈斯

S49 - 23

1. 李顿致史汀生函电①（1932 年 2 月 13 日）

1932 年 2 月 13 日

亲爱的国务卿先生：

　　在国际联盟远东调查团离开美国前夕，作为该调查团的主席我谨向你致以特别的问候，在贵国短暂停留期间国务院给予我们许多礼遇，我们对此表示感谢。从我们抵达纽约港到我们在旧金山上船，贵国务院为方便我们的旅程和为我们保障舒适所作的周密筹备，我们大家对此都有目共睹。在纽约，罗宾斯（Robbins）先生和雷尼尔（Regnier）上尉特别有礼貌并乐于助人，我希望你向他们转达我们真诚的感谢，同时感谢你从华盛顿派他们来迎接我们。在纽约，贵国务院的班纳曼（Bannerman）先生、布尔（Bure）先生、威拉德（Willard）先生和马林斯（Mullins）上尉等，也在接待工作中发挥了重要作用。如果你能向他们转达我们诚挚的感谢，我将不胜感激。

　　在横跨大陆的铁路旅程中，铁路公司一直关心我们是否舒适，并关注我们的进程。我知道，这周到的服务在很大程度上要归功于前期你们周到的安排，但我还是冒昧地向我们经过的几条铁路的总裁写了一封感谢信。

　　我们这次访问的唯一遗憾是时间太短，这使我们没有时间更深入地了解贵国，特别是无法到华盛顿拜见你和其他政府官员。我希望，这一特殊待遇留给我们所有人，以备未来之用。

　　我们调查团全体成员在此表示最崇高的敬意和良好的祝愿。

我是，

华盛顿特区国务卿亨利 · L · 史汀生阁下

---

① 编者按：原件未署名，据其内容判断应为李顿。

2. 李顿致史汀生函电（1932 年 2 月 8 日）

1932 年 2 月 8 日正午

华盛顿国务卿史汀生：

我和我的同事们非常感谢您发来热情欢迎的电报。我们也很遗憾，由于任务紧迫，我们无法愉快地访问华盛顿。我们非常感谢贵国务院提供的特殊便利。

李顿

3. 李顿致美国国务院函电（1932 年 2 月 8 日）

1932 年 2 月 8 日正午

华盛顿国务院：

转致麦考益将军：我们同意您关于入境检疫时接待人数有限的媒体代表的提议。我们将很高兴代表调查团接待能方便参加会议的媒体代表，并希望在采访时得到您的协助。

李顿

4. 史汀生致李顿函电（1932 年 2 月 7 日）

收电：查塔姆 WCC

1932 年 2 月 7 日 16：10

电报性质	发自何处	编号	字数	发电日期	发电时间	服务要求
政府	华盛顿特区	4	117			

查塔姆（Chatham）"巴黎"号李顿勋爵：

转自麦考益将军：很高兴得知所做的安排得到了您的认可。还有新闻媒体的问题，我相信您已经考虑过了。您可能很难避开新闻媒体，因为当"巴黎"

号在入境检疫时，所有新闻媒体都要求对调查团成员进行采访、拍照等。这将涉及我们是否允许他们登船。我倾向于允许一定数量的人上船，但又犹豫不决；如果您能在这方面表达一下您的意愿，我将不胜感激。

史汀生

5. 史汀生致李顿函电（1932 年 2 月 7 日）

收电：查塔姆 WCC
1932 年 2 月 7 日 16:04

电报性质	发自何处	编号	字数	发电日期	发电时间	服务要求
	华盛顿特区	3	94			

查塔姆"巴黎"号李顿勋爵：

向你和你的团队成员致以最诚挚的问候。我们理解你们使命的紧迫性，遗憾的是，你们在美国的短暂停留使我无法有幸与代表团成员会面。国务院礼宾司司长沃伦·罗宾斯先生（Warren Robbins）和我的助手雷尼尔上尉将在检疫处与你们在船上见面。我相信麦考益将军所做的安排会令你们完全满意，你们在我国的旅行将是愉快和舒适的。

史汀生

6. 派尔脱致史汀生函电（1932 年 2 月 7 日）

1932 年 2 月 7 日

华盛顿国务卿：

转致麦考益将军：由十一人组成的队伍跟随李顿勋爵，亨利·克劳德将军、马柯迪伯爵、恩利克·希尼博士、阿德里安·派尔脱（Adrien Pelt）、汉斯·万考芝（Hans von Kotze）、弗拉基米尔·派斯塔柯夫（Vladimir Pastuhov）、威廉·爱斯托（William Astor）、大卫·罗伯茨、欧内斯特·列日、皮埃尔·助佛兰（Pierre Jouvelet）医生。行李共有 32 只皮箱和大约 40 个手提包。日内瓦秘书处为行李提供了全球保险,你的行李也包括在内。

副秘书长派尔脱

7. 李顿致史汀生函电(1932年2月6日)

1932年2月6日上午11点

华盛顿国务卿:

　　转致麦考益将军:我代表调查团谨向你所作的安排表示最热烈的感谢,同时也向国务院提供的便利表示最热烈的感谢。这些安排完全令人满意。因为天气晴朗,"巴黎"号航行正常,我希望于2月9日下午抵达纽约。"巴黎"号上的金元航运公司代理人已经在"柯立芝总统"号上安排了住宿,但也许需要核实一下通过特别电报发送的名单上的人员姓名。

李顿

8. 史汀生致李顿函电(1932年2月6日)

收:查塔姆WCC
1932年2月6日2:08

电报性质	发自何处	编号	字数	发电日期	发电时间	服务要求
	华盛顿特区	1	198			

查塔姆海上"巴黎"号李顿勋爵:

　　转自麦考益将军:以下信息供您参考:已安排私人车厢和行李车,按下列时间表前往旧金山,2月9日下午11点30分从纽约出发,2月13日上午8点30分抵达旧金山。"柯立芝总统"号将停留至2月13日(星期六)上午9点,以待调查团一行人登船。以上安排仅以9日下午"巴黎"号靠岸为准。为了方便你们的行动,国务院已安排将你们一行人及行李从检疫区"巴黎"号上转移。该港口扩大了自由度。已经在华尔道夫酒店预订住宿,以满足调查团在纽约逗留期间的需要。相信以上安排会在所有细节上令人满意。你现在持有的票券已经足够，国务院要求提供一份完整的调查团名单。如有需要，可由华盛顿安排在"柯立芝总统"号轮船上的住宿。在这种情况下，如能得到你们所要求的指示，将大有帮助。以上为暂定的安排，是否妥当，请告知。

亨利•L.史汀生

9. 派尔脱致史汀生函电（1932 年 4 月 5 日）

电报性质	发自何处	编号	字数	发电时间	发电日期	服务要求
	巴黎		198	中午	1932 年 4 月 5 日①	

地址：华盛顿国务卿

文本：转致麦考益将军：请参考李顿勋爵昨天的电报。关于最终的铁路安排，你应该知道我们已经安排了 13 张直达旧金山或西雅图的车票。

副秘书长派尔脱

10. 李顿致史汀生函电②（1932 年 2 月）

华盛顿国务卿：

以下内容转致麦考益将军：谢谢你的电报。调查团认为必须尽可能减少拖延，因此我们欢迎你的建议，9 日晚乘火车离开纽约，13 日上午在旧金山赶上"柯立芝总统"号。如果天气允许，我们应该在 9 日下午早些时候到达。11 日的聚会没有你。如果可能的话，我想为聚会提供私人火车车厢，请用无线电告知这些安排是否可行。

李顿

---

① 编者按：原文如此，疑为 1932 年 2 月 4 日之误写。
② 编者按：原件无日期。

11. 史汀生致李顿函电（1932 年 2 月 3 日）

收电：查塔姆

纽约时间 1932 年 2 月 3 日 18：40

电报性质	发自何处	编号	字数	发电日期	发电时间	服务要求
政府	华盛顿特区	1	124			

查塔姆"巴黎"号李顿勋爵：

转自麦考益将军：我希望能在纽约与调查团会面，并陪同其穿越大陆到港口并登船。如果天气允许，也可能在 2 月 12 日飞往旧金山，赶上"柯立芝总统"号。但考虑到不确定的天气和你们的行李托运等方面的尴尬，我认为铁路旅行更可取。如果"柯立芝总统"号能等到 2 月 13 日星期六上午出发，并且"巴黎"号能及时到达纽约，那么就可以从纽约乘坐 2 月 9 日晚上 11 点半到旧金山的火车。现在正在进行查询，将及时通报结果，请发电报告诉我，你对这个问题的看法，你们一行人的总人数，以及你希望我做哪些保留和安排。

亨利·L. 史汀生

S49 - 24

1. 日本帝国大学中国校友致国联调查团的呼吁书①
(1932 年 3 月)

我们这群人在日本生活多年,通过与日本人民的密切接触,对日本的情况非常了解。因此,我们将我们的意见提交给诸君。

日本以抵制运动为借口挑起了上海事件。可以指出的是,抵制运动是对日本侵略中国的自然反应。在万宝山事件和朝鲜排华事件之后,中国人民才决定抵制日货。自去年 9 月以来,日本在东北三省展开了大规模的军事行动,所以抵制运动一直没有结束。但是,在上海的日本军事当局提出要求时,上海市长给予了令其满意的答复,日本人因此平息了怨气。所以,日本动用其全部空军、海军和陆军发动突袭,只能说明日本无论有无任何借口,已经决定发动挑衅,其双重目的是不言而喻的。第一,日本要摧毁这个国家的经济中心上海,让中国经济破产,使其没有足够的资源来抵抗日本的侵略。第二,摧毁上海,破坏中国这个目前唯一的世界市场,以加剧欧美的经济萧条,从而使日本完全可以实施其称霸亚洲的计划。

关于满洲事件②,日本声称中国军队对南满铁路的破坏是造成一连串不幸事件的原因。事实证明,这纯属捏造。即使这是真的,日本也应该尝试通过外交途径,按照适当的外交程序来解决这个问题。日本诉诸武力而不是采取和平解决办法,这不能不受到开明的公众舆论的谴责。日本不仅占领了沈阳而且占领了整个满洲,而日本还要证明这是一种自卫手段,就更令人费解了。

日本一再宣称对满洲没有领土野心。但历史记载,朝鲜在被日本吞并之前根本没有独立性可言;毫无疑问,满洲也会遭受同样的命运。据报道,由于满洲的中国人不愿意支持与中央政府断绝关系的运动,日本招募了大量日本人和朝鲜人伪装成中国人,以便在国联调查团到达时,向他们报告"中国人民建立独立政府的一致愿望"。

---

① 编者按:原件无日期。
② 编者按:指九一八事变。

日本还大肆宣扬中国不是一个有组织的国家,《国联盟约》不适用于中国。但是在日本,有两个政府机构在履行同样的外交职能,并在工作中相互掣肘,即参谋本部和外务省。此外,与天皇关系密切的枢密院也经常和日本议会发生争执。人们很可能会问,这是否是一个组织完善的国家的特征。

另一方面,不可否认的是中国具有一个有组织国家的所有属性。由国民政府制定的一系列法律在各地适用和施行。再次,全国各地实行统一的行政制度,遵守中央政府与外国缔结的条约。

由此可知,过去二十年来,日本总是千方百计阻挠中国走向统一,日本参谋本部利用各种手段在中国制造麻烦,事实证明,中国的每一次政治危机都与日本的阴谋有关。因此,日本的政策就是阻止中国统一,以便浑水摸鱼。

再者,日本指责中国政府在学校里使用反日教科书。但是,中国学校的教科书只包含历史事实,歪曲历史事实与追求真理的教育宗旨是截然相反的。另一方面,在日本的学校里,老师们不遗余力地向日本的学生们灌输征服中国的神圣使命。我们在日本生活了多年,亲眼目睹了日本人在他们的学校里所做的一切。

日本还试图以人口压力和粮食供应不足为理由,为其对满洲的统治辩护。即使是见多识广的西方人有时也会被这样的宣传所欺骗,这是不可理喻的,如以下论点所示:

(1)日本认为其人口过于密集,以致日本人难以谋生。然而,据统计,相对国土面积,比利时的人口密度排名第一,其次是日本。为什么比利时从未诉诸领土侵略?

(2)日本在自己的领土和国际联盟的委任统治地上有大量的未开垦土地,如北海道、台湾、南库页岛和雅浦岛。

(3)日本国民财富的增长是二十年前的四到五倍,而人口的增长只有三分之一。显然,粮食供应不足并不是一个紧迫的问题。

(4)即使满洲被日本垄断,其人口问题也不会得到解决。因为移民迁入总是发生在那些工资高的地区。朝鲜已经成为日本的一部分很多年了,但来自日本的移民依然是微不足道。

因此,日本宣传的主要目的是为其侵略政策和所谓的"终极目标"辩护,这个词经常出现在日本的秘密文件中。以下段落摘自著名的"田中奏折":

"然欲以铁与血主义而保东三省,则第三国之阿美利加,必受支那以夷制夷之煽动而制我。斯时也,我之对美角逐,势不容辞。……向之日俄战争,实际即日支之战,将来欲制支那,必以打倒美国势力为先决问题,与日俄战争之意,大同小异。惟欲征服支那,必征服满蒙;如欲征服世界,必先征服支那。倘支那完全可被我国征服,其他如小中亚细亚及印度、南洋等异服之民族必畏而降于我,使世界知东亚为我国之东亚,永不敢向我侵犯。此乃明治大帝之遗策,是亦我日本帝国之存立上之必要之事也。"[①]

由此可见,日本的"终极目标"是彻底征服整个亚太地区,并不限于解决粮食和人口过剩的问题。实现这一目标的步骤包含在以下段落中,这段话同样摘自"田中奏折":

"按明治大帝之遗策,第一期征服台湾,第二期征服朝鲜等,皆既实现,唯第三期之灭亡满蒙以便征服支那全土,使异服之南洋及亚细亚洲全带,无不畏我服我而仰我鼻息云云之大业,尚未能实现。"

因此,入侵满洲就是实现日本帝国主义计划的第三步,其目的是消除美利坚合众国在太平洋的影响,使日本成为全世界的主导力量。日本最近对满洲的军事侵略不仅扰乱了远东和平,而且其征服和发展满蒙的计划实现之后,最终将导致另一场世界大战。

虽然日本宣称要把满洲变成全世界的人间天堂,并坚持"门户开放"的政策,但其行动与声明完全相悖。日本强烈反对建设锦瑷铁路,这是其排斥其他国家参与满洲发展的明确证据。

同样,日本去年在东北三省发动战争的主要原因是该地区的工业发展。在过去的几年里,中国在满洲兴建了许多铁路,葫芦岛港口也在建设中,并将很快完工。在两条干线和港口建成后,南满铁路在东北三省交通中的重要地位将不复存在,大连也不能再垄断满洲的进出口贸易运输。因此,近几年来,日本一方面援引 1905 年的谅解备忘录,即中国不得在南满铁路的邻近地区修建有碍其利益的平行线,以此来抗议中国的铁路建设,另一方面又不择手段地阻挠中国铁路建设计划的实现。当日本的阴谋诡计失败后,它就诉诸武力来达到自己的目的。由此可见,日本不仅企图阻止其他国家参与满洲的发展,而

---

① 编者按:该段内容依中文原文照录。下同。

且还企图阻止中国发展自己的国家,其唯一目的是统治满蒙,排斥所有国家。①

　　日本的历史背景和政治制度解释了日本的侵略政策。让我们考查一下事实。

　　在明治维新之前的 700 年里,日本政府完全处于军国主义的控制之下。由于两大竞争对手源氏和平氏(都戴着武士的头巾)争夺霸权,武士阶层的影响力超过了文官当局。当源氏在镰仓建立"幕府"时,日本天皇只是名义上的政府首脑,而不是实际上的政府首脑。"幕府将军"是武士的首领,是最高权威。将军之一的北条氏掌权后,他成为了当时日本天皇的对手,后者的军队被打败了,任由北条氏摆布。从那时起,不仅所有掌握权力的人都来自武士阶层,而且政府职位都由军方填补,结果武士成为了一个特权阶层,他们积极参与政治,并认为追求其他职业有损于他们的尊严。至于平民,他们被剥夺了追求政治利益的权利,他们的职责就是纳税和服从。镰仓幕府后来被江户幕府所取代,后者分裂成交战的两个王国,然后在小田和丰臣两个军阀的统治下统一,最后以德川幕府结束。虽然统治机构不断变化,但统治者总是来自武士阶层。在幕府时期,武士的制度有了明确的形式。在武士和平民之间,仍然存在着一条巨大的鸿沟。在维新时代之后,政治权力重新回到人民手中,但军国主义分子仍然统治着这个国家。每一个了解明治统治时期真实情况的人,都会意识到山县有朋元帅对日本政坛的统治。②

――――――――――――――

　　① 原文注:自中国修建打虎山—通辽、吉林—会宁铁路以来,日本一直指责中国政府违反所谓的 1905 年谅解。但是 1905 年的谅解中并没有任何阻止中国修筑平行线路的条款。日本提出的所谓谅解只在 1905 年北京会议的会议记录中有记载,从未得到中国政府的批准。因此,根据国际法,它是没有约束力的。需要指出的是,南满铁路是根据《朴次茅斯条约》由俄国转让给日本的,条约中没有任何禁止中国修筑平行线的条款。即使日本对所谓谅解的解释是正确的,上述两条铁路距离南满铁路也有 100 多里,而日本声称在该区域内不能修筑平行线。

　　② 原文注:德川幕府时期,武士只能参加政治和战斗,禁止从事其他职业。在很长一段时间后,武士变得对其他职业的性质如此无知,以至于他们无法做任何其他事情。维新以后,他们被允许从事任何职业,但长期以来,他们能从事哪些活动是有明确规定的,社会传统不允许他们将这些抛之脑后,以至于军人失去地位后无法谋生。在其军事当局的保护下,他们诉诸于向中国走私鸦片和吗啡,以及伪造中国货币和其他犯罪行为。他们中的一些人被中国军方聘请为军事学校的顾问和教师,他们大多是日本参谋本部的间谍官员,到中国来制造麻烦。

因此，在过去的 700 年里，日本军国主义者巩固了他们的力量。日本对中俄的胜利刺激了其头脑，因此直到 1932 年，日本仍然是一个军事国家，不知和平之宝贵。

此外，日本虽然有一个宪政政府，但其政治组织完全不同于任何欧美政府，这种差异是由于军国主义者垄断了政治权力。表面上，内阁是共同负责的，但实际上，军部有权直接向上奏天皇，而不需要内阁的同意或知情。有五个政府机构享有这一特权：

(1) 参谋本部

(2) 海军军令部

(3) 元帅府

(4) 军事参议院

(5) 陆军大臣、海军大臣

陆军大臣和海军大臣虽然是内阁成员，但他们的政策和其他 4 个部门的政策并不提交给内阁。现在每当组建内阁时，呈请的候选人必须由皇道派（Cho clique）或统制派（Satsu clique）（传统的军事集团）推荐，而首相在这件事上没有发言权。在第一次世界大战之前，皇帝的两名侍从是武官和文官各一人。但欧战期间，日本在进攻青岛时，以军事保密需要为借口，取消了文官，使日本天皇现在完全处于军国主义者的控制之下。任何军事计划，只要由参谋总长或海军参谋总长呈给天皇，得到他的批准，就可以执行，无需内阁审议，也无需国会讨论。日本军国主义者经常夸耀他们的远征和军事行动的效率，这是因为军事计划实际上是由军事当局决定的，天皇仅是在他们呈奏的报告上形式性签字而已。

由于他们直接接触政府首脑，军部甚至可以发起外交谈判。不仅外务大臣对他们的行为无能为力，就连整个内阁也无能为力。最大限度享受这种特权的机关是参谋本部，它不仅经常派间谍人员在中国挑拨一个政治集团反对另一个政治集团，以便挑起事端，而且经常干涉外交，采取与外务省对立的咄咄逼人的政策，并总是战胜外务省。这种外交机关的重复工作是日本特有的，并受到日本开明人士的批评。但传统的重压使改革难以实现。1925 年，日本军部支持张作霖对郭松龄的作战，虽然时任外相石原诚司（Shidehara）强烈反对，但还是无法阻止日本军队的动员。据报道，在去年中日冲突发生时，石原也对日本军国主义者的活动表示了反对，但情况变得更糟，日本军队在若槻礼次郎(Wakatsuki)内阁倒台后将军事行动扩大至上海。

由此可见,日本的社会传统和政治制度建立在对武力和强权的崇拜之上,这种崇拜在战场上的连续胜利中得到了强化。吞并满蒙,征服中国,称霸亚太,日本臣民认为这是明治天皇最好之遗策,并铭记在心。因此,对北亚的军事征服是日本的既定政策,而其论点和理由更多的是用来实现这一目的的工具。中日冲突以来,全世界都认识到日本军事侵略的险恶动机,但只有对日本的过去和现在有深入了解的人才能清楚地说明日本作为一个军国主义国家的演变过程。

国际联盟成立的原则是实现国际和平与安全,但日本的最终目标是彻底征服亚洲,这两个目标之间的根本对立是不言而喻。为了消除这种对立,实现国联的目标,国联方面必须有坚定的决心,当务之急是将这种决心转化为有效的行动。由于诸君之任务是调查中日事件的真相,我们热切地希望,在诸君返回日内瓦后,向国际联盟和欧美人民公开本呼吁书中所阐述的内容。

2. 日本问题研究会致国联调查团的呼吁书[①]
(1932 年 3 月)

日本问题研究会是由在日本留学多年,回到中国后仍对日本的情况感兴趣的人士组成,在此谨向诸君呈交呼吁书。

诸君莅止吾国之任务是调查中日争端之真相,以便国际联盟能够促进两国之间诸多悬案根本解决。鉴于诸君使命之重大,且在中国大部领土被日军侵占之时,吾人愿提供对日本问题持续研究之结论,同时向诸君表示衷心之欢迎。

吾人深信,诸君在热爱和平之精神激励下,在伟大之公正正义的鼓舞下,必能判断争端之是非曲直,以便国际联盟能够以其权威和影响力,使目前威胁远东乃至整个世界和平之冲突得到圆满解决。然而,吾人要提请诸君注意,日本自古以来就怀有征服中国之野心,为此不惜用虚假之证据和似是而非的论

---

① 编者按:原件无日期。

点来欺骗欧美人民。

　　日本为了证明其侵略中国的正当性，总是提出两种谬论，即满蒙不是中国领土，满蒙为日本民族之生命线。前者为矢野（Yano）所主张，后者为松冈（Matsuoka）所宣扬，松冈是犬养毅首相在上海的私人代表，毫无疑问，他在诸君访问上海期间必将试图说服诸君认同其观点。

　　矢野关于满蒙非中国领土之谬论完全有悖于历史事实。日本对俄宣战时曾承认满洲为中国之领土，且中国领土之完整亦得到《九国公约》等协议的明确保障。此外，满洲 90% 以上的人口是中国人。如果满洲像日本所主张的那样不是中国的领土，那么同样的道理，爱尔兰就不是大不列颠的一部分，加利福尼亚也不属于美利坚合众国的领土。

　　第二种谬论认为满洲是日本之生命线，亦对世界和平与安全构成威胁。该论首次出现于 1920 年 3 月 2 日日本驻华盛顿大使致美国政府的照会中。该照会第一段指出，由于南满和东蒙毗邻朝鲜，这两个地区对日本的国防和经济生活至关重要，它们的发展和繁荣与日本的国家安全密切相关。因此，日本在南满和东蒙具有特殊的利权。日本照会的意思是，毗邻朝鲜的南满和东蒙应该处于日本的统治之下，以便为其经济和军事发展做出贡献。然而，美国政府意识到日本政府的企图，在其答复日本的照会中拒绝承认日本的主张。后来，日本政府多次试图说服世界认可其立场，但结果是，出席华盛顿会议的大国非但不赞同其观点，反而采纳了《九国公约》所体现的原则，即保障中国独立、领土和行政完整。因此，日本在满蒙的特殊利权主张，是基于欧战期间对中国提出的"二十一条"，但该约在当时从未得到中国国会的批准，并被《九国公约》签字国所否定。

　　由此可见，日本对东北三省的入侵是要把不断宣扬的东西付诸实践，彻底执行田中征服满蒙以及世界其他地区的政策。根据日本之宣传，去年 9 月以来所发生的事件源于中国士兵破坏了南满铁路，日本军队采取的行动是合法的自卫措施。但事实是，在 9 月 18 日之前，日本政府已经在积极准备，日本的外交和军事行动都清楚地表明，挑衅之后马上就会有侵略。一切准备工作完成后，日军在夜色的掩护下捏造证据，不经外交谈判，占领沈阳、长春，将其军事行动范围扩大至满洲全境。他们甚至试图征服热河省。如果中国军队真的像日本人所说的那样破坏了南满铁路，并意图挑衅日军，那么按理说，中国军队就不会在毫无抵抗的情况下，使日军在几小时内占领沈阳等重要城镇。

现在东北三省完全处于日本的军事控制之下，那里的中国人民处于日本的胁迫和奴役之下。虽然日本已经向世界宣布在满洲没有领土野心，但最近在长春建立的傀儡政府完全是由日本一手扶植。如果这个傀儡政府不立即被摧毁，毫无疑问，满洲将遭受像朝鲜一样的命运，朝鲜在被日本吞并之前几乎没有独立性可言。日本政府宣称，满洲傀儡政府是中国东三省人民自发的且一致的愿望的具体体现。在日军统治和压迫下，这些地区的中国人是否可以自由地表达自己的观点和意见？他们如果这样做，能逃脱谋杀或监禁吗？先生们，吾人向诸君保证，诸君一到满洲，就会有许多日本人和朝鲜人乔装成中国人来欢迎你们，并为傀儡政府唱赞歌。

吾人对国际联盟解决目前争端的努力抱有一定期待，即维护我国之独立与领土、行政之完整。吾人坚信，只有严格遵守《国联盟约》《九国公约》和《巴黎公约》之精神，才能确保实现吾人之愿望。为促进人类之福祉与繁荣，吾人完全有理由在平等和互惠的基础上与国际大家庭的任何成员进行合作。但吾人决心不惜一切代价抵制"企图用武力威胁我国领土完整之国家"。鉴于中日两国之间密切的经济和文化关系，中国人民过去和现在都希望日本与中国进行合作。但日本被其军事野心和自我膨胀的政策所支配，认为中国的复兴是其生存的障碍，并诉诸武力来胁迫中国，践踏一切维护和平的国际协定，无视使用外交渠道与和平手段解决悬而未决的问题。如果日本不放弃侵略政策，不改变对中国的态度，不仅目前的争端将得不到解决，而且整个世界之和平亦将受到威胁。

先生们！吾人热切地期待诸君之公正裁决，吾人决心不惜一切代价维护国际正义。

S49－26

1. 李顿致德拉蒙德的函电①（1932 年 2 月）

4627 内华斯 469.37.302.18,28。

日内瓦国际联盟秘书长：

晚报报道说中国已经宣战。外交部无法证实。请告诉我理事会正在采取什么行动,以及最新的事态发展是否会影响我们的使命。

李顿

2. 英国外交部致德拉蒙德函电（1932 年 2 月 1 日）

以下是外交部致埃里克·德拉蒙德爵士之函电：

国王陛下的驻华公使报告说,目前没有希望恢复经西伯利亚的交通。哈尔滨和长春之间的线路已经被中国人切断。

1932 年 2 月 1 日

副本送至:艾冯诺先生

维吉尔先生

派尔脱先生

3. 德拉蒙德致李顿函电（1932 年 1 月 29 日）

内华斯李顿：

我建议你用电报通知你的欧洲同事,鉴于最近发生的事件,你要求他们经西伯利亚铁路直接前往上海,并且你已要求我做出必要的安排。我将电告麦考益将军。

---

① 编者按:原件无日期,据其内容判断似应为 1932 年 2 月。

德拉蒙德

1932 年 1 月 29 日

4. 奈杰尔·罗纳德致德拉蒙德函电
（1931 年 12 月 30 日）

副本 1A/336 39/ 33027

外交部

伦敦，S. W. 1

1931 年 12 月 30 日

亲爱的埃里克爵士：

　　根据理事会 12 月 10 日的决议，国务大臣一直在仔细考虑挑选一位合适的英国候选人作为国际联盟满洲调查团的成员。约翰·西蒙(John Simon)爵士现在强烈建议我任命李顿伯爵为调查团成员之一。据了解，如果能给他年薪 1 600 英镑，他愿意接受。由于个人原因，李顿非常遗憾地发现，如果他不能得到这一报酬，他将无法接受调查团的成员资格。

　　如果您能仔细考虑这个建议，约翰爵士将不胜感激。如果您觉得可以接受，您可以直接与在赫特福德郡内华斯庄园的李顿勋爵联系。也许你可以写信给他，告诉他调查团计划什么时候动身去中国。

　　如果获得任命，我想您会尽快向新闻界发布消息，因为我们不断收到许多来自当地新闻界代表的询问。

你真诚的

奈杰尔·罗纳德(Nigel Ronald)

日内瓦国际联盟秘书长

S49 – 27

1. 颜惠庆致李顿函电（1932 年 1 月 27 日）

Ref. /181.

日内瓦查尔斯·加兰街 18 号

1932 年 1 月 27 日

阁下：

关于我们在日内瓦的谈话，谨随函附上五份备忘录，阐述中国对中日冲突之主张。请你自己保留一份，余者可否请你转交给你的调查团同事？

我已请国联秘书处将其翻译成英文，并分发给你们调查团的所有成员。

阁下，请接受我最崇高的敬意。

颜惠庆

尊敬的李顿伯爵
英国伦敦外交部

2. 中国对中日冲突之主张[①]（1932 年 1 月）

9 月 18 日晚上 10 点 30 分左右，沈阳居民听到了爆炸声，紧接着是炮声和步枪的开火声。这是日军在进攻沈阳北大营，那里有驻守该城的中国驻军 2 万余人。中国当局命令所属各部不得反抗，故日军不费吹灰之力就占领了该地。日本人随后转向沈阳，并在占领北大营后不久侵入该城。他们轰炸并摧毁了远东最大的沈阳兵工厂。他们占领了无线电台和机场，夺取了中国东北军所有的飞机，其中机库里有 100 多架飞机。他们抢劫了军火库、公共财产和私人住宅。东北大学被洗劫一空，教授和学生被驱散。与此同时，日本人在长春（沈阳以北 350 公里）和营口（沈阳以南 300 公里）及其他地方发动了类似

---

① 编者按：原件无日期，为颜惠庆致李顿函电之附件。

的袭击,日本人掌控了南满铁路沿线北至宽城子南至营口的战略要地。

行动的迅速性、对几个地点的同时攻击,以及 9 月前后在朝鲜和满洲发生的集中行动,这些都清楚地表明,日军正在按照一个有预谋和经过深思熟虑的计划行动。此外,日本在占领后立即努力巩固其地位;中国市政当局遭到镇压,主要官员和当地名流遭到监禁;日本人强迫中国官员放弃其职责,如此以来,他们便声称,由于没有中国当局之存在,他们有义务接管地方行政;中国警察被解除武装并遭遣散;一名日本人被任命为沈阳市长,并成立了一个由日本人组成的治安维持会。日本人建立了严格的邮政和电报审查制度,以隔绝占领地与世界之联系,防止其活动为中国和世界所知。然而,关于沈阳的消息还是从沈阳成功逃离的外国人和中国人那里传了出来。日军纵容一切可能的过分行为,这一点可以通过现场的调查得到证实。不仅是中国人的生命永远处于危险之中,而且外国人也不得不忍受日军的骚扰。

日军企图通过恐怖统治巩固其在占领地的地位,与此同时,还将其占领范围向东扩展到吉林和通化,向西扩展到郑家屯和新民。

就这样,日本根据其预谋的计划,侵犯了中国的领土和行政主权完整,并无视一切法律,以武力占领了比法国还大的中国领土。

这是对国际条约的公然违反。《国联盟约》第 10 条规定,联盟成员国承诺尊重联盟所有成员的领土完整和政治独立。《巴黎公约》第 2 条声明,缔约各方承诺不把诉诸战争作为国家政策的一部分。《华盛顿九国公约》第 1 条还规定,中国以外的缔约国同意尊重中国的主权、独立、领土和行政完整。此外,日本不采用和平手段解决与中国的所谓争端,也违反了《国联盟约》第 12、13 和15 条。

这些违法行为是如此明显,以至于任何论据,无论多么巧妙,都不能为日本的侵略行为开脱。尽管总是很容易找到各种借口,但在目前的国际法中,日本已经故意将自己置于法律之外,并违反了条约。问题是文明世界是否能够容忍这种情况,或者更确切地说,它是否能够放弃自第一次世界大战以来为结束国际关系中滥用武力所作的一切努力。安全与裁军问题在这一个具体而典型的案例中处于危急关头。

日本人为其侵略辩护的最初借口是很有意思的。据称,中国士兵对南满铁路犯下了"暴行",日本凭借合法的自卫权占领了中国领土。在冲突开始时,中国曾向国联理事会提议对日军进攻的所有情况,包括这一所谓的暴行,进行中立调查，但日本人始终拒绝这一调查。居住在沈阳的中国人和外国人都说，铁路是被日本人破坏的，他们想制造一个入侵的借口。

向北大营发射的第一枚炮弹紧随着摧毁铁路的爆炸之后，发射这枚炮弹的人无疑是预先得到了爆炸的警告。此外，即使接受日本人之虚构，即中国人破坏了铁路，对北大营和沈阳的攻击也是没有道理的，不能被视为一种合法的防御措施，这种防御与其所掩饰的侵略并不相称。

日本占领吉林等地，是因为日本声称那里的局势对其国民很危险，中国军队持威胁的态度，为了保护日本人和日本军队的安全，它不得不进攻。这种危险纯粹是想象的。9 月 21 日上午，来自朝鲜的日本旅团接到进攻吉林的命令后，于当天晚上就侵入该省省会而未遭到任何打击。中国人没有做出任何抵抗，这清楚地证明他们没有准备进攻，而是希望防止中日军队发生冲突。

日本人还说，占领沈阳和吉林对他们的防御是必要的，而日本只能带 1 万人来对抗"22 万"中国东北军，由于双方兵力对比悬殊，日本为了自己的正当防卫，有义务采取攻势，通过占领沈阳和吉林来化解危险。这一主张根本经不起任何严谨的考查。两国军队共处多年，日本人从未感到过任何忧虑。此外，如果中国军队真的有挑衅之心，它就会自卫抵抗日本之攻击，1 万名日本士兵当然不可能在 6.5 小时内从法国这么大的领土上横扫"22 万"人的军队。这是最好的证据，不仅证明了日本人所声称的危险是虚构的，而且日本人自己也不相信它。如果他们真的相信，在这种危险中，他们肯定不会带着 1 万人攻击中国军队。此外，即使他们相信有危险，这也不能成为他们侵略的借口，不能为了保护自己免受想象中的危险而违反国际法。

面对日本的侵略，中国的态度概括如下：

尽管日本媒体在 1931 年 7 月、8 月和 9 月宣称，日本准备对中国发动攻击，以落实日本在满洲的"积极政策"，但中国政府不相信日本将在当前的世界形势下发动军事冒险，也不相信日本会利用中国所遭受之前所未有的洪灾。但是，为了消除任何形式的冲突借口，中国政府指示其官员和民众避免与日本发生任何摩擦，尽管后者多次挑衅，如在朝鲜对中国人的大屠杀，造成 100 多人遇害，日本警察在万宝山向中国农民开枪扫射，将许多中国人驱逐出日本，等等。

当日本对中国发动攻击时，中国对公约的保证充满信心，命令军队即使解除武装也不要抵抗，以免中日冲突演变成全面战争，并确保公约有时间发挥作用。中国作为国际联盟成员国和《白里安—凯洛格公约》的签字国,认为在采取舆论一致要求的合法防御措施之前,有责任用尽条约所规定的一切和平手段来维护其领土完整。中国深信,《白里安—凯洛格公约》的其他签字国和国际联盟其他成员国将会履行其职责,并将履行这些条约中明确规定的义务。

中国只援引《国联盟约》第 11 条向理事会提出申诉,目的是为了尽可能地便利理事会完成繁重的任务。中国以和解态度,允许日本自行修正其违反条约之行为,并使日本本来已经摇摇欲坠的履行国际义务的大国信誉得到重塑,从而使理事会能够保全天皇帝国的脸面。在国际联盟理事会上,中国要求日本立即撤军,要求国际联盟确定这场冲突的责任,并赔偿被侵略的受害者。因此,中国只要求恢复原状,即对其所遭受的不公正进行赔偿。与日本的含沙射影相反,中国没有企图利用九一八事变来谴责日本在过去几年里所做的一切损害中国利益的违约行为,也没有企图以此来解决日本故意搁置的所有中日争端;因为这将使理事会的任务变得无比沉重和困难。所以,出席理事会之中国代表接受了 9 月 30 日决议,该决议要求日军应撤回至铁路区。中国代表的这种态度,绝不意味着接受日军有权进入上述区域的观点,而只是解释为日军在 9 月 16 日之前已经在南满铁路沿线。中国不希望提出在当前冲突之前的问题,从而使理事会难堪。

理事会得到了日本代表的口头保证,即日军将在 10 月 14 日理事会会议之前停止对被占领土的入侵。理事会认为,最好不要对中国提出的确定评估日期和在满洲任命一个中立调查委员会的要求采取行动,尽管这些要求是基于众所周知的先例。根据 9 月 30 日决议,国民政府进一步加强了维护秩序和保护在华日本人的措施,日本领事致中国当局的感谢信证明了这种保护的有效性。尽管日本的侵略激起了中国人民的愤怒,但中国人民表现出了非凡的耐心,他们服从政府的呼吁,避免局势恶化。尽管居住在中国的日本人每天都有挑衅行为,但在中国当局管辖的领土上,日本人没有受到骚扰。只要回顾 10 月 11 日发生在天津和上海的事件,就足以证明日本人的蓄意挑衅。我们不需要在这里描述这些事件,中国代表在几份照会中已经述及。

尽管日本人有阴谋诡计,中国还是为他们提供了充分和全面的保护。中国在各个方面均按理事会决议行事。

日本方面的情况则并非如此,他们不仅没有撤出被占领土,而且使局势更趋恶化。他们不仅违反了冲突前签署的条约,而且违背了他们正式接受的理事会决议。

他们把占领范围扩大至西部和北部，远至通辽和洮南，并在推进的过程中散布恐惧和惊慌。他们系统地摧毁了所有正规的中国权力机构，并以他们自己的傀儡取而代之，他们通过各种可能的手段确保这些傀儡的协助。他们解除了中国警察和驻军的武装，并向他们煽动叛乱的团伙和蒙古部落提供武器。

日本人努力在中国东北三省发起"独立运动"。大家都知道，这些省份的人口有十分之九是中国人。这些省份是中国不可分割的一部分，当地居民并不想建立一个独立的国家，也不想与他们的兄弟分离。日本人只是努力把中国的一部分领土分割出去，以便日后能够吞并它们。"满洲独立"的虚假存在只能靠日本的刺刀来维持。面对世界舆论的谴责，日本在继续筹备建立"满洲共和国或帝国"，并进行一系列支持这一计划的新闻宣传活动的同时，推迟了宣布"满洲独立"的进程。

除了扩大所谓的占领范围，日本人还在占领区周围制造了一个恐怖地带，或者修筑铁路，或者投掷炸弹。

鉴于日本人造成的局势恶化，特别是他们对锦州的轰炸，理事会将其会议提前至 10 月 13 日。

对于轰炸锦州（自沈阳被占领以来，锦州已成为辽宁省的临时省会）一事，日本做出经不起认真推敲的解释后，坚持认为是中国抵制日货，使在华日本人遭受了所谓的痛苦，使局势更加恶化。日本提交了一些统计数据，显示其国民在中国人手中所遭受的暴行、侮辱和骚扰，企图通过这些数据给人留下深刻印象。

中国没有提及中国人在日本和朝鲜每天遭受的侮辱和暴行（这使得成千上万的中国人不得不被遣返），因为这些案件与日本占领当局对中国领土的轰炸、对平民的屠杀和实行的恐怖统治相比微不足道。

至于抵制，这是中国人民对日本侵略的自发反应，是这次侵略的结果，而不是原因。由于日本的侵略行为，中国人对日本人的一切感到自然的厌恶。世界上没有任何法律强迫消费者购买他们不想要的任何产品，也没有任何国际法条款禁止抵制行为。

日本代表还谈到了据称中国当局违反条约、损害日本人利益的行为，据说这些行为危及日本国民的生命和财产安全。日本坚持认为，为了给予日本人全面保护，中国必须通过直接谈判解决两国之间的悬案。日本还希望，以直接谈判的成功作为日军撤离的条件。因此,日本的企图是,在军事占领的压力下从中国获得新的特权。

日本还力图将自己的军事侵略和违反国际协定的行为归为次要,而只谈中日关系问题。最后,日本试图通过这种拖延的方式来维持和巩固其对领土的占领。

尽管中国人相信他们是正确的,他们从来没有违反条约之规定,尽管他们希望一劳永逸地解决日本遗留下来的所有问题,但中国拒绝任何将9月18日之前的中日关系问题与9月18日之后的满洲被占领问题联系起来的想法。

如果把这两个问题混为一谈,无异于说日军将推迟撤离,从而延长了被占领区人民之痛苦。第二个问题已经直接提交给了国联,不能推迟到前一个问题接受调查之后。中国不能将日本公然违反国际协议视为所谓中国违反其他条约的理由。

日本声称,中国不愿意承认其签署的条约,不愿履行其条约义务,也不承认某些条约赋予日本的权利。

相反,中国坚持认为,是日本违反了条约义务,主张了违反条约规定的特权,侵犯了中国的权利。

中国认为,所有这些问题都可以按照盟约的规定,通过仲裁或司法途径来解决。因此,中国准备将这些问题提交仲裁或司法解决,但拒绝将它们与撤离被占领领土的问题联系起来。然而,日本违反盟约关于和平解决争端的规定,拒绝了这一仲裁提议,并继续要求在撤军之前进行直接谈判。

理事会支持中国主张,即解决在占领满洲之前悬而未决的中日争端问题不应与占领所产生的问题,包括日本撤军联系在一起。10月24日决议草案体现了这一点。

虽然由于日本代表的反对,这项决议草案没有获得一致通过,因此没有约束力,但它仍然具有理事会所有成员都强调的道德力量。人们认为,鉴于这种道德压力,日本最终将从中国领土上撤军,并将遵守决议草案。为了执行这项决议草案,中国任命了一个委员会来负责(日本)撤离后的领土。

日本不仅无视10月24日决议草案,而且继续违反其在9月30日决议中应承担的义务。日本不仅没有开始撤军,而且还将占领区向西北方向进一步扩大,向嫩江和黑龙江省会齐齐哈尔市进发。

为了完成对东三省的征服,已经占领沈阳和吉林的日本军队于11月18

日占领了齐齐哈尔,尽管当时理事会实际上正在巴黎开会,而且日本代表几天前还保证不会发生这种占领。

除了扩大占领区之外,日本人还把满洲当作被吞并的领土,使局势更加恶化。日本人擅自更改财产权契,没收属于中国人的土地,而不给予任何补偿。他们查封了中国公司经营的矿山,任命日本人监督中国的银行和企业,等等。

在理事会召开之际,日本发起了一场世界性的新闻宣传运动,声称中国不能被视为一个有组织的国家,中国没有政府,因此,国际法和条约的一般规则不能适用于中国。日本的意见当然不能对中国的国际地位产生任何影响。就在1931年9月,国际联盟一致选举中国为理事会成员国,这足以证明,国际联盟任何成员国都没有丝毫歧视中国在国际社会中的司法地位的意图。

此外,日本自己与中国缔结条约,这表明日本认为中国是一个有组织的国家。日本希望并仍然希望与中国政府直接谈判,以诱使中国政府缔结承认其某些主张的新条约。这一事实证明,日本视中国政府是整个中国的代表,能够履行其国际义务。

如果一个国家在签署条约后,可以在他认为合适的时候,以任何借口拒绝将该条约赋予所有签署国的权利赋予另一个签署国,那么条约不会有任何作用。

12月10日,理事会在巴黎通过了一项决议,重申了9月30日决议的原则,并成立了一个调查团。该决议谨慎地指明"调查团之委派及其考量,不以任何方式妨碍日本撤军",这相当明确地表明,撤军将根据9月30日的决议进行,与调查团之考量无关。

在表决之前,日本代表对该决议第二节提出了保留意见,该节内容为请双方采取一切必要办法,防止情势之再行扩大,并避免任何行动,致再令发生战争及丧失生命之事。日本保留之权利,即采取任何必要措施以制止满洲各地"盗匪"和其他不法分子之活动。

自12月10日决议通过以来所发生之事件表明,日本提出这一保留的意图是什么。日本希望进一步自由地扩大其军事占领,摧毁中国一般行政机关,掌握中国之一切收入来源,如盐税、海关、税赋、铁路收入等,以维持一个恐怖主义政权,轰炸中国城镇和领土等,日本做一切之借口即为镇压"盗匪"。

我们知道日本人口中之"盗匪"所指为何。他们把所有反抗日本占领的人,以及被日军掠夺和屠杀的人称为"盗匪"。他们还将他们幻象中的幽灵描述为"盗匪",这些幽灵恰恰出现在他们希望占领的地方,尽管中立观察员并没有在那里看到"盗匪"之行为。

日本人口中之"盗匪行为"是其侵略的后果,这种情况将持续到日本撤军为止。日本为了使世界普遍相信其占领对维持秩序是必要的,就故意挑起冲突,从而希望获得在中国东北各省永久驻军之权利。

9月18日以前,那些后来被日本侵占的领土之公共秩序和安全是有保证的。无论是外国人还是中国人对此都表示认同。但被日本占领之后,这些领土才变得"盗匪横行"。这是由于几个方面的原因所造成的。当日本人占领一个城镇或一块领土时,他们就系统地摧毁了能够维持公共秩序的中国当局。

日本人还鼓励捣乱分子,给他们补贴,给他们武器和弹药,在某些情况下组织他们走军事路线,尽管他们自己也经常反对日本人。

中国政府准备接受12月10日决议,条件是该决议必须更加精确并得到实际执行。因此,中国在接受这项决议时提出了八项正式保留意见;这些意见载于巴黎最后一次理事会会议记录中。

12月10日决议通过几天后,日本就开始准备进攻,以期拿下锦州。它的目标是将其在满洲的统治扩展至长城。1932年1月2日,中国向国联理事会主席提出申诉,但日本军队不顾大国的抗议,仍然进占锦州。因此,日本再次违反了自己的国际承诺,包括12月10日的新决议,目前占领了中国大约20万平方英里的领土,占领军估计有5万人。1932年1月7日美国给中国和日本的照会指出,中国在满洲的行政当局已被完全摧毁,并声明美国政府不承认任何事实上之情势为合法,亦不承认任何可能损害美国权利或违反《巴黎公约》订立之条约或协定。中国政府在回复美国该照会时声明,中国不会签署任何美国照会中提到的协议或条约。

S49－28

1. 艾冯诺致派尔脱函电（1932 年 1 月 28 日）

派尔脱先生：

我们请求罗马国际教育电影研究院（the International Educational Cinematographic Institute at Rome）为赴满洲的任务准备一台电影摄影设备。他们刚刚告诉我们，这是不可能的，因为没有一家公司愿意提供设备，除非他们自己的人操作它。

然而，我们了解到，即将参加调查团的卡尔利随身携带了一台机器，虽然不是很新，但可能足以记录有关调查团的工作档案。我们认为，在这种情况下，应当指示他拍摄这类影片，而且在拍摄完毕后，立即寄给罗马研究院院长。我们将与院长商定，在收到这些影片后，由他充分利用这些影片，以期制作一部教育影片。

艾冯诺
1932 年 1 月 28 日

S49 – 29

1. 中国境内可接受访谈的人员名单①（1932 年 2 月）

美国和远东友好促进委员会（the Committee on the Promotion of Friendship between America and the Far East）秘书弗莱彻·B. 布罗克曼（Fletcher B. Brockman）先生在 1932 年 2 月 6 日给麦考益将军的信中推荐的名单。

王正廷（C. T. Wang）先生，前外交部部长，毕业于耶鲁大学；孔祥熙（H. H. Kung）先生，前实业部部长，毕业于欧伯林学院。上海。此二人均是虔诚的基督徒，完全值得信赖，消息灵通。他们对中国目前局势包括政府和其他事务的评判深具权威性，而且如人们所期望的那样不带有任何偏见。

余日章（David Z. T. Yui）博士。长期担任中华基督教青年会全国协会总干事。上海。他是中国最能干、最有见识、最值得信赖的人之一。据我所知，每届内阁都曾向他提供过职位。他是出席华盛顿会议的中国代表之一。他身体欠佳，因此你可能很难见到他。

梁小初（S. C. Leung）。中华基督教青年会全国协会副总干事。上海。毕业于范德堡大学。他极有价值，聪明，公正，与全国各地有着密切的联系。他走南闯北，足迹遍布各地。他是土生土长的广东人，了解那里的情况。他可以给你建议并帮助你联系去见谁。在中国，你完全可以让他做你的得力助手，就像在日本的斋藤一样。

邝富灼（Fong See）博士，上海。毕业于加利福尼亚大学。原商务印书馆英文部主任，已经退休。他是一位谦虚、和蔼可亲、知识渊博、没有偏见、能干的人。

顾子仁（T. E. Foo）博士，独立的基督教工作者，对国家了如指掌，是一位优秀的顾问。

陈立廷（L. T. Chen）。中华基督教青年会上海青年会总干事，毕业于耶鲁大学，学者；曾将梁启超的著作翻译成英文。他有影响力，见多识广。

---

① 编者按：原件无日期。

诚静怡(C. Y. Cheng)博士。中华基督教会总会会长、中华全国基督教协进会总干事。他是中国最有影响力的传教士，多年来一直在全国各地巡回传教。为人公正，完全值得信赖。

刘湛恩(Herman C. H. Liu)博士，沪江大学校长，毕业于美国的大学。能干，多才多艺，见多识广。

宋子文(T. V. Soong)。财政部部长。毕业于哈佛大学。在许多方面，他是中国所有政治家中最能干、最有影响力的人。

鲍乃德(Eugene H. Barnett)，上海。美国基督教青年会驻中国高级代表。毕业于北卡罗来纳大学。他能说一口流利的中文，是中国文学爱好者，对中国消息最灵通的外国人之一。能力强，公正，是一个无价的顾问。多年来，为了工作他的足迹遍布满洲各地。

罗炳生(E. C. Lobenstine)，上海。中华全国基督教协进会创始人之一。毕业于耶鲁大学。他安静，朴实，但能干。他是一个非常认真的学生，多年来在中国各地旅行。他和鲍乃德是你需要了解的所有外国人，因为他们可以把你和其他人以及中国人联系起来。

厄尔·贝克(Earl Baker)，长期担任铁道部政府官员，饥荒治理专家；是一个能干的好人。

司徒雷登(J. Leighton Stuart)博士，北平燕京大学校长。出色的中国学者。出生于中国，对中国的情况了如指掌。

由布莱克斯利(G. H. Blakrslee)博士推荐的名单。

1. 南方代言人

伍朝枢(C. C. Wu)，中国驻华盛顿公使；前外交部长，南京，1927 年；前驻华盛顿公使伍廷芳(Wu Ting-fang)之子。去年他加入了广东政府。他与蒋介石将军的私人关系并不友好。律师，毕业于林肯法学院。

汪精卫，国民党左派领导人。1927 年 7 月前，与苏联顾问关系密切，后来转而反对他们。现在是广东派或南方派的领袖之一。最近加入了由广东和南京领导人联合组成的政府。他在自由派团体中有很大的影响力。

孙科，孙中山先生之子。数月前，他辞去南京政府铁道部部长一职，转而成为广东反对派政府的领导人之一。在过去几年里，他在中国政坛一直很出色，但似乎被认为能力和影响力都不如伍朝枢或汪精卫。毕业于哥伦比亚大学。

胡汉民,被称为国民党的"精神领袖",属于广东集团,孙中山先生的亲密朋友。毕业于日本法政大学。1928年10月至1931年,任南京政府立法院院长(相当于国会)。蒋介石将军因政治分歧将其罢免,并将其囚禁在南京。他的被捕是最近广州反叛的原因之一。他深受尊重,有影响力。

王宠惠。中国著名法学家,现为国际法庭法官之一。他从一开始就是民族主义运动的政治领袖,尽管他也曾在北京任职。毕业于耶鲁大学,在伦敦学习法律。出生于南方。他被认为同情最近的广州反叛。目前他很有可能在欧洲。

2. 上海

胡适,可能是中国最重要的现代思想家;常被称为"中国文艺复兴之父",在知识分子和现代社会中颇具影响力。毕业于康奈尔大学和哥伦比亚大学,大学教授、作家。

顾维钧博士,曾任驻美国、英国公使,国际联盟理事会中国代表,外交部部长,北京政府国务总理。最近任南京政府外交部部长。毕业于哥伦比亚大学。

查尔斯·R. 贝纳特(Charles R. Bennett.)。现任上海花旗银行经理。曾任北平花旗银行经理数年。深受中外人士之高度评价。尤其擅长金融。

松冈洋右,外务大臣芳泽谦吉的私人代表,国会议员,前南满洲铁道株式会社副总裁,曾留学美国。

驻华美国商会执行委员会,上海。代表美国在华商界领袖的观点。

3. 华北地区代言人。

晏阳初(James V. C. Yen)博士,"平民教育"运动领导人。毕业于耶鲁大学。在北平。

蔡廷干(Tsai Ting-kan)将军,前外交部长,现已退休,曾留学美国。为近来在上海及周边地区指挥中国军队的将军之父。① 他现在可能在大连。

冯玉祥元帅,北方半独立军阀,有时支持有时反对南京政府。

阎锡山省长,被称为模范省长,北方半独立军阀。1930年冯元帅与南京对抗期间的盟友。

张学良元帅,张作霖之子,北平。华北地区的军阀,掌控平津地区。南京

---

① 编者按:此处似指蔡廷干为蔡廷锴之父,应为误会。

盟友。

张伯苓博士，中国私立大学南开大学校长，天津。他是有影响力和独立的人。毕业于哥伦比亚大学。

王景春博士，前中东铁路督办、京奉路局长；毕业于耶鲁大学和伊利诺伊大学。目前他若在中国，可能在北平。在过去的二、三年间，他写了几篇关于北满铁路局势的文章。

王正黼，奉天矿务局总办，沈阳。最近出任外交部长的王正廷的兄弟。毕业于耶鲁大学。现在可能在北平。

S49 – 30

1. 休斯顿致派尔脱函电(1932 年 2 月 9 日)

收电：塞维尔(Sayville)WSL

1932 年 2 月 9 日 16：30

电报性质	发自何处	编号	字数	发电日期	发电时间	服务要求
	纽约	4	41			

塞维尔"巴黎"号派尔脱：

我将在华尔道夫酒店与你见面。由于到达时间较晚,今晚无法对安德伍德打字机进行维修,但建议你把机器留在我这里,安德伍德公司会把新机器送到酒店或旧金山的船上。

休斯顿

2. 派尔脱致休斯顿函电(1932 年 2 月 8 日)

1932 年 2 月 8 日 15：30

纽约利米内特罗(Limenitro)休斯顿：

雷明顿打字机需要最新型号的无噪音便携式法文派卡键盘。安德伍德类型派卡遵循必要的 qwertz 而非 azerty 更改。asdfghjkl 代替 qsdfghjklm, yccvbnm 代替 wxcvbnn。

派尔脱

3. 休斯顿致派尔脱函电（1932 年 2 月 8 日）

收电：塞维尔

1932 年 2 月 8 日 13：12

电报性质	发自何处	编号	字数	发电日期	发电时间	服务要求
	纽约	1	49			

塞维尔"巴黎"号派尔脱：

如果需要雷明顿法语键盘，必须立即知道。另外，是否需要大型的便携式，以及所需的风格类型。可以安排机械师在华尔道夫酒店等待，以更换安德伍德的键盘。请告知需要什么类型的修改，以及是否需要派卡或 Elite，确保文件安全。

休斯顿

4. 派尔脱致休斯顿函电（1932 年 2 月 7 日）

1932 年 2 月 7 日 20 时

纽约利米内特罗休斯顿：

请采购文件柜、普通联盟档案盒和一个抽屉保险锁。另外，请安排更换全新的安德伍德打字机大陆键盘，并将 FC 同款通用键盘，连同一个最新型号的无噪音雷明顿便携式法语键盘一起交付华尔道夫酒店。

派尔脱

5. 派尔脱致库波函电（1932 年 2 月 7 日）

1932 年 2 月 7 日 19 时

纽约库波（Coupo）

请于星期二领取由书商斯特克特（Stechert）以派斯塔柯夫的名义存放在

捷克斯洛伐克领事馆的调查团书籍,并送至华尔道夫酒店。

副秘书长派尔脱

6. 派尔脱致国联调查团成员之注意事项
(1932 年 2 月 12 日)

1932 年 2 月 12 日

调查团成员注意:

随函附上金元航运公司发来的电报,其中列出了代表团成员在"柯立芝总统"号上的舱位号码。

行李标签将在行李车厢提供。为了填写行李标签,行李车厢今天下午 2 点到 4 点开放。每个标签都必须标明行李主人的姓名和船上的舱位号码,以及是否希望将有关行李放在他的舱位上或放在班轮上的行李房里。现在卧铺车厢的手提行李也必须贴上标签,行李车厢内有必要的标签。

明天早上,到达旧金山时,所有行李——包括手提行李和其他行李——都将被装上卡车直接运往码头。三辆豪华轿车将供调查团成员使用。

阿德里安·派尔脱(Adrien Pelt)

7. 李顿致旧金山市长罗斯函电(1932 年 2 月 19 日)

1932 年 2 月 19 日

亲爱的市长先生:

在国际联盟远东调查团对旧金山进行短暂访问之际,能够得到您、警察局长及其他官员的会见,并护送我们上船,总体上满足我们的需要,我们深感荣幸。

对您给予我们的礼遇,我作为调查团主席愿借此机会,谨代表调查团所有成员向您表示诚挚感谢,我们很高兴在贵市的短暂停留。

向您致以最诚挚的问候,

我是，

您忠实的

李顿

旧金山市政厅

A. 罗斯(A. Ross)市长

8. 李顿致华尔道夫-阿斯托利亚酒店经理函电①
(1932 年 2 月 12 日)

1932 年 2 月 12 日

亲爱的先生：

在我们最近对纽约的短暂访问期间,调查团和我们一行所有成员在华尔道夫-阿斯托里亚酒店(the Hotel Waldorf Astoria)感受到了最有效率、最有礼貌的服务,作为国际联盟远东问题调查团的主席,我代表所有成员对此表示衷心感谢。你们所有的员工都非常热心,尤其是兰沃西(Langworthy)中校,他周到地到船上接待了我们,并一直陪伴我们,直到我们晚上离开酒店。我们都希望能有幸再次成为你们的客人。

您真诚的

华尔道夫-阿斯托利亚酒店经理

纽约派克大道第 49 街

---

① 编者按：原件未署名,但据其内容判断,应为李顿。以下 7 份函电与此相同,不再一一注明。

9. 李顿致阿特伯里将军函电（1932 年 2 月 12 日）

1932 年 2 月 12 日

亲爱的阿特伯里将军：

为配合国际联盟远东调查团横跨北美大陆的旅行，宾夕法尼亚铁路公司（the Pennsylvania Railroad）在纽约和芝加哥之间提供了最有效率、最有礼貌的服务。你们的所有官员都给予了我们极大的帮助，尤其是华盛顿特区客运总代理 A. B. 史密斯（A. B. Smith）先生，他安排了我们的所有旅程，并陪同我们旅行了一段时间。

作为调查团主席，我希望表达所有委员和调查团一行其他成员的真诚感谢。

相信我

您真诚的

宾夕法尼亚铁路总裁 W. W. 阿特伯里（W. W. Atterbury）将军

费城宽街车站大楼（Broad St. station Building）

10. 李顿致萨金特先生函电（1932 年 2 月 12 日）

1932 年 2 月 12 日

亲爱的萨金特先生：

为配合国际联盟远东调查团横跨北美大陆的旅行，芝加哥和西北铁路公司（the Chicago and North Western Railroad）在芝加哥和奥马哈之间提供了最有效率、最有礼貌的服务。你们的所有员工都给予了我们极大的帮助，尤其芝加哥市旅客代理 W. W. 庞修斯（W. W. Pontious）先生，他安排了我们的所有旅程，并陪同我们旅行了一段时间。

作为调查团主席，我希望表达所有委员和调查团一行其他成员的真诚感谢。

相信我

您真诚的

芝加哥和西北铁路总裁弗雷德·W.萨金特(Fred W. Sargent)先生

伊利诺伊州芝加哥西麦迪逊大街(West Madison St.)400 号

11. 李顿致格雷函电(1932 年 2 月 12 日)

副本 　　　　　　　　　　　　　　　　　　1932 年 2 月 12 日

亲爱的格雷先生:

　　为配合国际联盟远东调查团横跨北美大陆的旅行,联合太平洋铁路公司(the Union Pacific Railroad)在奥马哈和奥格登之间提供了最有效率、最有礼貌的服务。你们的所有员工都给予了我们极大的帮助,尤其是奥马哈的客运总代理 J. P. 康明斯(J. P. Cummins)先生,他安排了我们的所有旅程,以及客运部的 R. C. 白金汉(R. C. Buckingham)先生,他陪同我们旅行了一段时间。

　　作为调查团主席,我希望表达所有委员和调查团一行其他成员的真诚感谢。

相信我
您真诚的

联合太平洋铁路公司总裁卡尔·R. 格雷(Carl R. Gray)先生

奥马哈

12. 李顿致舒普函电(1932 年 2 月 13 日)

1932 年 2 月 13 日

亲爱的舒普先生:

　　为配合国际联盟远东调查团横跨北美大陆的旅行,南太平洋铁路(the Southern Pacific Railway)在奥格登和旧金山之间提供了最有效率、最有礼貌的服务。你们的所有员工都给予了我们极大的帮助,尤其是旧金山的助理客运经理加内特·金(Garnett King)先生,他安排了我们的所有旅程,并陪同我们一起旅行;还有奥格登的 F. G. 鲁瑟罗夫(F. G. Ruthrauff)先生和 H. H. 科登(H. H. Cordon)先生,他们都提供了协助工作。

作为调查团主席,我希望表达所有委员和调查团一行其他成员的真诚感谢。

相信我

您真诚的

南太平洋铁路总裁保罗·舒普先生
加利福尼亚旧金山市场街 65 号

13. 李顿致克劳福德先生函电(1932 年 2 月 13 日)

1932 年 2 月 13 日

亲爱的克劳福德先生:

为配合国际联盟远东调查团横跨北美大陆的旅行,普尔曼公司(the Pullman Company)在纽约和旧金山之间提供了令人非常满意的包厢以及最有效率、最有礼貌的服务。

作为调查团主席,我希望表达所有委员和调查团一行其他成员的真诚感谢。

相信我

您真诚的

普尔曼公司总裁 D A. 克劳福德(D A. Crawford)先生
伊利诺伊州芝加哥普尔曼大楼

14. 李顿致多拉尔函电(1932年2月13日)

副本

1932年2月13日

亲爱的多拉尔先生：

为了能让国际联盟远东调查团登船，贵公司极其宽容地安排"柯立芝总统"号轮船停泊了约18小时。

作为调查团主席，我希望表达所有委员和调查团一行其他成员的真诚感谢。

相信我

您真诚的

R. 斯坦利·多拉尔(R. Stanley Dollar)先生

旧金山罗伯特·多拉尔大厦

15. 李顿致特雷西函电(1932年2月12日)

1932年2月12日

亲爱的特雷西博士：

今天上午很荣幸能在奥格登见到你和你们有趣的国际俱乐部的成员。

关于诸君对我们工作的兴趣，作为远东国际联盟调查团主席，我谨对此表示我们的感谢，并确信贵机构的支持将是真正令人满意和欣慰的源泉。

您真诚的

韦伯学院校长亚伦·特雷西(Aaron Tracy)博士，

犹他州奥格登

16. 汉密尔顿致李顿函电(1932 年 2 月 11 日)

1932 年 2 月 11 日凌晨 1:40

尊敬的李顿伯爵：

注意：第 27 次陆路西行列车将于 2 月 11 日上午 10 时 10 分抵达内布拉斯加州奥马哈。

旧金山市市长代表市民和国际联盟协会执行委员会欢迎您来到旧金山，并护送您和国际联盟远东调查团成员从渡轮大厦(Ferry Building)到"柯立芝总统"号轮船，如果您同意的话，请您告诉我。

国际联盟协会秘书卡米拉 • L. 汉密尔顿(Camilla L. Hamilton)

旧金山施里夫大厦 619 号

17. 关于芝加哥时间变更等资料(1932 年 2 月 10 日)

1932 年 2 月 10 日

1. 我们现在是中部时间(不是东部时间)。因此，手表应该调慢 1 小时。下面提到的芝加哥时间为中部时间。

2. 本次列车于晚上 7 点 20 分抵达芝加哥联合车站(卡纳尔和亚当斯街)。我们的车将于晚上 9 点 35 分从西北车站(卡纳尔和亚当斯街)开出。乘坐第 27 次列车，是陆路高级快车。这两个车站相距不到 1 英里。

这趟车当然会在 9:35 之前的某个时间被移到新车站。乘客可以留在车上，也可以不在车上。如果他们下了车，他们可以在北车站上车。

3. 从芝加哥到旧金山的行李车很可能不会紧挨着车厢。然而，在必要时进入行李车是可能的，尽管不是那么方便。派尔脱先生有行李车的钥匙，还有芝加哥至旧金山的所有火车票。

18. 托马斯·库克旅行社美国部经理致西德尼·克尔的函电（1932 年 2 月 9 日）

纽约第五大道 587 号

1932 年 2 月 9 日

纽约市宾夕法尼亚车站宾夕法尼亚铁路公司

西德尼·克尔（Sidney Kerl）先生，站长

亲爱的先生：

　　根据与贵方奥珀曼（Opperman）先生的安排，我们现在给您寄去满洲调查团从当地一家书店订购的两包小册子。这些书显然是与他们的使命有关，价值不菲。

　　请安排在今晚 11 点 59 分出发的 61 次列车上把它们交给派斯塔柯夫先生。我们本不想在这件事上麻烦您，但是因为他们今天晚上匆忙地造访并离开了本市，所以我们想不出其他更可靠的办法来确认这些小册子是否已经送到派斯塔柯夫先生手中。

　　我们衷心感谢您在此事上的合作。

您真诚的

托马斯·库克旅行社美国部经理①

---

① 译者注：手写签名，无法识别。

S49－31

1. 派尔脱致日本国际商会全国委员会函电
（1932 年 2 月 10 日）

AP/DR

1932 年 2 月 10 日

亲爱的先生们：

我奉李顿勋爵之命，确认收到你们 1932 年 2 月 9 日的来信，以及随信所附的关于满洲和中国的书籍与小册子。

相信我，

你真诚的，

副秘书长

日本国际商会全国委员会

纽约宽街 90 号

2. 温琴佐·贝尔特罗内致李顿的函电
（1932 年 2 月 9 日）

1932 年 2 月 9 日，纽约

李顿勋爵

国际联盟远东调查团主席

纽约华尔道夫酒店

阁下：

我很高兴向您一行人员转达斧手阵线（Lictor Federation）及其分会的问候。

我们很高兴在组成调查团的名单中发现，我们的同胞路易吉·阿尔多夫兰迪·马柯迪伯爵代表意大利参加了国际联盟将为远东争端进行的调查。

我们确信，阁下和您的同僚很快就能找到中日紧张关系的根源，从而在这方面找到一个有益的解决办法。

如果阁下能向马柯迪伯爵转达我们最诚挚的问候，我们将不胜感激。

祝您一行人员圆满成功。

您真诚的

温琴佐·贝尔特罗内（Vincenzo Beltrone）

斧手阵线新闻局

3. 日本国际商会全国委员会纽约办事处致国联调查团函电
（1932 年 2 月 9 日）

1932 年 2 月 9 日

纽约宽街 90 号

国际联盟远东调查团

亲爱的先生们：

我谨代表日本国际商会全国委员会驻纽约办事处，分别以六个包裹向你们展示附件中所列的几本关于满洲和中国的书籍和小册子，希望这些书籍和小册子对你们远东之行有所帮助。

尊敬的各位

日本国际商会全国委员会纽约办事处

委员会委员①

---

① 译者注：手写签名，无法识别。

4. 图书清单（1932 年 2 月 9 日）

苦难中国（Tortured China）	哈雷特·阿班（Hallett Abend）	10 份
满洲年鉴	东亚经济调查局	10 份
第二次满洲调查报告（1930 年）	南满洲铁道株式会社	10 份
中国的抗日运动（Anti-Japanese Movement in China）	国际联盟日本协会	2 份
满洲的非法状况（Lawless Conditions in Manchuria）	国际联盟日本协会	5 份
中国侵犯日本在满洲之权益（Chinese Violations of Japanese Rights and Interests in Manchuria）	国际联盟日本协会	5 份
抗日法律：中国当局颁布的条例和指示（至九一八事变爆发）（Anti-Japanese Laws：Ordinances and Instructions Issued by the Chinese Authorities（Up to the Outbreak of Manchurian Incident））	国际联盟日本协会	5 份
中国新教科书中的反洋教义（Anti-Foreign Teachings in New Textbooks of China）	东京草国社	5 份

S49-32

1. 哈斯致科威尔转德拉蒙德函电
（1932 年 2 月 20 日）

第 279 号

日内瓦国联科威尔（Kewell）：

以下致秘书长：

给满洲调查团的信函中包含我的第 278 号电报，目的是从日内瓦转发给派尔脱，因为我没有办法用密电码与调查团通信。鉴于您向上海委员会提出的新要求，你认为只要上海或附近地区发生重要事件，我就留在这里，即使冒着不遵守调查团要求的风险，即在他们抵达日本时与他们会面，这是明智的吗？如果是这样，请直接通知李顿。

哈斯

1932 年 2 月 20 日下午 12 时 45 分（中午）

上海

2. 哈斯致科威尔转德拉蒙德函电
（1932 年 2 月 19 日）

第 278 号

日内瓦国联科威尔：

以下致秘书长：

感谢您的第 169 号电报。如能将以下信息转交调查团，我将不胜感激：

毫无疑问，如果情况与调查团离开之前的大部分时期相同，那么调查团在抵达日本后受益于顾问之帮助是可取的，但事态的发展仍然非常迅速。从心理上看，目前的情况相当于中日之间处于战争状态。且不问对错，中国政府和舆论认为，自上海事件发生以来，日本试图通过军事行动迫使中国与之谈判。

任何有身份的中国人,如果现在以任何形式的官方身份前往日本,都会受到质疑。任何有权威的中国人都不能接受这种情况,任何政府都不能批准。对日本政府和公众舆论来说,情况可能有所不同,因为思想和现实的斗争发生在中国,而不是在日本领土。任何就此问题向中国政府提出的正式要求都可能导致中国政府重申这一立场,这将使局势进一步恶化,并使调查团陷入尴尬的境地。我在此没有提出任何个人建议,只是根据调查团的要求,在上海与一位政府领导人交谈后提出观点。毋庸置疑,如果调查团在这里,给中国顾问去日本和日本顾问访问南京、北平提供合作机会,目前来看是不可行的。

哈斯

上海

1932 年 2 月 19 日晚上 9:30

3. 哈斯致科威尔转德拉蒙德函电
(1932 年 2 月 19 日)

第 276 号

日内瓦国联科威尔:

以下致秘书长:

已收到派尔脱发给秘书长的调查团关于顾问的电报复印件。顾维钧将担任中方顾问。宋子文认为,在目前情况下,中方顾问去日本或日方顾问去南京或洛阳,都是完全不可能的。我认为不可思议的是,调查团没有意识到,除了从法律的角度看之外,中国和日本之间实际上是战争状态。从最新消息来看,我认为几乎没有希望避免重演最激烈的冲突。

哈斯

上海

1932 年 2 月 19 日凌晨两点

4. 哈斯致科威尔转德拉蒙德函电
（1932 年 2 月 14 日）

第 274 号

日内瓦国联科威尔：

以下致秘书长：

日本公使已通知我，日本外相欢迎我在调查团到达前几天抵达日本。除非这里发生意外，否则我打算 2 月 19 日启程前往日本。我已与日本公使进行了沟通。

加密信息开始：

我完全同意你关于调查团首次在日本停留的意见。我认为，首次停留的目的是与日本政府和有关各界进行首次接触，以确定初步信息，特别是关于调查团的工作范围和程序，停留时间约为 10 天。然后调查团前往上海、南京、北平，在中国进行类似的接触。之后将前往满洲。至于顾问人员，已确定在目前情况下，让中国顾问去日本，以及让日本顾问随调查团去与中国当局进行第一次接触是不可行的。我并不感到遗憾，因为我认为，除非把他们关在房间里，否则中国顾问在日本参加调查团或日本人在中国参加调查团，将完全妨碍任何真诚的意见交流。当调查团前往满洲时，两位顾问都应加入。我打算周四给派尔脱发电报。调查团是否拥有代码或密码？

哈斯

上海

1932 年 2 月 14 日晚上 10 点

5. 哈斯致德拉蒙德函电
（1932 年 2 月 1 日）

第 260 号

日内瓦国联德拉蒙德：

　　是否已正式邀请希爱慕上校担任调查团专家？我得到非正式消息说，如果他的公司同意，他将接受。考虑到目前的情况，调查团最好先去日本和上海，然后再北上。

哈斯
上海
1932 年 2 月 1 日

6. 哈斯致希普转德拉蒙德函电
（1932 年 1 月 23 日）

第 256 号

日内瓦国联希普（Heap）：

　　以下致秘书长：

　　关于杨格，更倾向他当法律顾问，他觉得自己没有得到明确的命令，以及对任何人都不负责任的个性很尴尬。很高兴收到尽可能完整的来华人员名单。我打算在调查团到达之前几天去日本。还想知道调查团是否打算访问满洲的各个地方，在这种情况下，可以考虑乘坐卧铺火车。

哈斯
上海
1932 年 1 月 23 日

7. 哈斯致希普转德拉蒙德函电
（1932 年 1 月 21 日）

第 253 号

日内瓦国联希普：

　　以下致秘书长：

　　重要的是，如果渥尔脱·杨格（Walter Young）被选中，他只是调查团秘书处的法律顾问。此外，鉴于他对大多数问题已发表观点，他的任命不会在日本受到批评。了解到调查团的费用将由两国政府承担。

哈斯

上海

1932 年 1 月 21 日

8. 哈斯致艾冯诺函电
（1932 年 1 月 11 日）

第 250 号

日内瓦国联艾冯诺：

　　除非法国、意大利、德国成员的英语相当好，否则就需要翻译陪同。可能需要中文翻译，这可以从公使馆找到。请注意，调查团成员似乎都不了解铁路。如果希爱慕会接受，是否可以让铁路人员作为专家参加调查团或秘书处？假设方案是合理的，调查团第一步的工作可能是先去东京，接着前往上海，南京，然后可能是北平，最后是满洲。

哈斯

上海

1932 年 1 月 11 日

9. 哈斯致艾冯诺函电
（1932 年 1 月 8 日）

第 246 号

日内瓦国联艾冯诺：

秘书处今晚越洋发布新声明称，"满洲调查团可能会在下周经西伯利亚启程"。声明还提供了有关调查团秘书处的部分信息，并提到了我的名字。请紧急告知真实情况。

哈斯

上海

1932 年 1 月 8 日

10. 哈斯致派尔脱函电
（1932 年 2 月 28 日）

7 JOH AB 41 RDO

1932 年 2 月 28 日晚上 8 时 15 分，东京

落石无线电信局(Otchishi Radio)

"柯立芝总统"号乘客派尔脱：

外务省官员可能还有记者将在横滨检疫站迎接诸君。从横滨到东京的交通已安排妥当。住宿已经预定。我将亲自到码头迎接诸君。

哈斯

28 日 13 时 25 分

11. 哈斯致派尔脱函电
（1932 年 2 月 26 日）

6 JOC MX 32 RADIO

　　　　　　　　　　　　1932 年 2 月 26 日晚上 12：26，东京

落石无线电信局

"柯立芝总统"号乘客派尔脱：

　　鉴于这里的事项安排，请发电报告诉我，调查团成员和秘书处成员是否每天按定额津贴生活。

　　　　　　　　　　　　　　　　　　　　　　　　　　哈斯

　　　　　　　　　　　　　　　　　　　　　　　东京帝国酒店

12. 哈斯致派尔脱函电
（1932 年 2 月 22 日）

1 KAA AB 54 RDO

　　　　　　　　　　　　1932 年 2 月 22 日上午 11 点 19 分，上海

马尼拉（Manila）"柯立芝总统"号派尔脱：

　　"克利夫兰总统"号将于 23 日前往日本，我不得不离开上海，卡尔利代替我担任国际联盟上海委员会秘书。我提醒过希爱慕，他可能会在 3 月底当调查团到满洲的时候加入。我们在东京见面时将做出确切安排。

　　　　　　　　　　　　　　　　　　　　　　　　　　哈斯

　　　　　　　　　　　　　　　　　　　　22 日 11 时 14 分

13. 派尔脱致哈斯函电
（1932 年 2 月 20 日）

上海华懋饭店哈斯：

　　出于各种原因，如果卡尔利也能在东京与我们见面，我觉得很有必要。关于希爱慕，你们在这里有明确的安排吗？

派尔脱
A. 派尔脱在"柯立芝总统"号上
1932 年 2 月 20 日下午 5 时

14. 哈斯致派尔脱函电
（1932 年 2 月 17 日）

339VC

1932 年 2 月 17 日上午 5 点 55 分

上海 81 17 854P CTF5TH ADDS DBLE

檀香山"柯立芝总统"号乘客派尔脱：

　　我完全同意调查团关于希爱慕和杨格加入的时机。他们可以在调查团去满洲前在北平加入，大概是在临近三月底的时候。据了解，你已经从国联秘书长那里收到了我对初步方案的看法。

　　调查团和顾问及中国政府主要部门的会谈不会有任何困难，具体细节视情况而定。我将于 26 号抵达东京。

哈斯

15. 派尔脱致哈斯函电
（1932 年 2 月 27 日）

东京帝国酒店哈斯：

　　调查团接受计划，请根据情况安排与首相或外务大臣的会谈，或如果双方都同意，在调查团抵达当天再协商亦可。已通过金元航运公司收到中国公使馆晚宴的请求，根据计划，只有 3 月 2 日或 6 日是空闲的，请核实并在必要时作出安排。李顿已接受日本英国协会 3 日午宴的邀请。4 日作同样安排。

派尔脱

A. 派尔脱在"柯立芝总统"号上

1932 年 2 月 27 日晚上 8 点

16. 派尔脱致哈斯函电
（1932 年 2 月 26 日）

1932 年 2 月 26 日

东京帝国酒店哈斯：

　　关于生活津贴，五位成员、四位秘书处成员包括您本人为 62 法郎，速记员为 43 法郎，私人助理的旅费自理，住宿费按 60 法郎计。星期一抵达横滨，有大件行李 46 件和小件行李 66 件。请发电报告知接待计划安排。

派尔脱

17. 派尔脱致哈斯函电
（1932 年 2 月 17 日）

上海华懋饭店哈斯：

　　今晚已致电德拉蒙德说："调查团希望尽快知道中国顾问之姓名。调查团强烈地认为，从抵达东京开始，有两国顾问之协助是非常重要的，并希望将这个愿望转达给两国政府。如果他们像哈斯分析的那样表示不愿意，我们自然不会强求。我们已经决定乘'亚当斯总统'号在 3 月 11 日离开神户前往上海。李顿。"请将你离开上海前往日本的日期发给我。

派尔脱

A. 派尔脱在"柯立芝总统"号上

1932 年 2 月 17 日下午 7 时

18. 派尔脱致哈斯函电
（1932 年 2 月 13 日）

上海华懋饭店哈斯：

调查团组成如下：主席李顿勋爵，成员希尼博士、麦考益将军、马柯迪伯爵和克劳德将军。秘书及随员派尔脱、派斯塔柯夫和万考芝。副秘书长爱斯托兼李顿的秘书，皮特尔中尉为麦考益的私人助理，助佛兰少校为克劳德助理，后三位自费旅行或由各自政府支付薪资。速记员列日和罗伯茨。共 13 人，没有女性。当您通过日内瓦媒介回复我们提出的问题时，请说明您认为希爱慕应该何时启航。

派尔脱

发件人："柯立芝总统"号（A45 客舱）A. 派尔脱

日期：1932 年 2 月 13 日（晚上 10 时）

19. 哈斯致派尔脱函电
（1932 年 2 月 11 日）

CA394XGX AN

11 日下午 10 时 23 分，上海 18RCA

旧金山"柯立芝总统"号乘客派尔脱：

谢谢您的电报。请电告我完整的调查团秘书处名单。

哈斯

20. 派尔脱致哈斯函电
（1932 年 2 月 14 日）

上海华懋饭店哈斯：

调查团觉得杨格不会被邀请去日本，他应该和我们一起去沈阳，目前还不能说出确切的日期。调查团对希爱慕也有同样的看法。

派尔脱

"柯立芝总统"号（245 号舱）A. 派尔脱

1932 年 2 月 14 日上午 11：30

21. 哈斯致派尔脱函电
（1932 年 2 月 14 日）

3 KHP AB 37/36 RDO

1932 年 2 月 14 日下午 6 时 25 分，上海旧金山"柯立芝总统"号派尔脱：

除非有相反的电报，否则从 22 日开始我将住在东京帝国酒店，并通过电报回答调查团在檀香山提出的问题。请发紧急电报，说明调查团希望杨格加入的时间。

哈斯

14 日 16 时 56 分

22. 哈斯致派尔脱函电
（1932 年 2 月 6 日）

FU434 VIA RCA＝F SHANGHAI 84 1/150 6/NFT

1932 年 2 月 6 日下午 9 时 12 分

纽约"巴黎"号派尔脱：

从《北华捷报》(North China Daily News)一位神秘人士处了解到,该报收到了一位名叫爱斯托的人的来信。信中说李顿勋爵希望尽可能在檀香山收到一些小册子或报纸文章,但我没有收到相应的清单,请询问并告知我,调查团在到达之前有什么信息需要从远东地区发送,我将负责发送这些信息。建议你今后有什么需求就告知我。

哈斯

S49－33

1. 日本首相犬养毅致美国驻日大使福布斯照会

（1932 年 1 月 16 日）[①]

大使先生：

接准贵大使一月八日来照，业经日本政府予以最审慎注意。日本政府深悉时常可信赖美国政府，在其权力内尽力协助日本，完满遵行《华盛顿公约》与《凯洛格非战公约》各项详细节目。日政府接准此项重新证明，至为欣幸。

关于贵使特别指陈所谓之"门户开放"政策，日政府已时常申述，认此项政策为远东政治之枢轴。惟惜其效果，因中国全境不安定之状况，而严重减少。日政府于能获得效果之限度下，将时常维持满洲"门户开放"政策，一与在中国本部无异。

美国政府陈述，不能承认足以损及美国或其人民在华条约上之权利，以及违反一九二八年八月二十七日签字之《非战公约》方法所造成之情势为合法，日本政府已加注意。在某项事件中，方法之不适当是否时常不免令所获目的为无效，此节在学理上或为疑问，但因日本无采取不适当方法之意向，故此问题实际可不发生。

此外，关于中国诸条约之适用，必须时时对于该国状况，作适当之顾虑。现时中国不安紊乱之状况，非缔结《华盛顿条约》时各缔约国所能逆料。当时情形虽不尽满人意，但当时未呈露今日涣散与敌对状况。此层虽不能影响条约规定之拘束性，但在实际上或将转移其运用，因此种运用，必须顾及现存之事实状况。

我国政府并愿进一步指陈，满洲行政人选的任何更动，乃系当地居民之必要举动。即遇敌视的占领时（此次并非敌对占领），地方官吏对留任行使职权。在此次事件中，大半官吏均逃避或辞职，彼等行为系有意破坏政府机构之运用。日本政府以为中国人民并常与其他人民不同，缺乏自决权力，或为官吏遗

---

① 译者注：本译文主体内容摘自《大公报》（1932 年 1 月 19 日第 3 版），个别字句照英文原件翻译。

弃时，不能自行组织，以获得文明之条件。

日本在满洲无领土目的或野心，现虽无复述之需要，但贵使应知满洲之福利安全，以及其商务交通之便利，为最关重要之事件，于日本人民有特殊重要关系。美政府时常关切远东问题，其明白揭示亦不止一次。在现时牵涉吾国国策存在问题时，美政府以友谊精神，对于情势正确之领会，予以此等殷勤之注意，殊堪欣幸。

请贵大使将此照会转达贵国政府，本人不胜感激。

（签名）犬养毅(T. Inukai)

2. 吉尔伯特致艾冯诺函(1932 年 1 月 8 日)

美国领事馆

1931 年 1 月 8 日[①]，瑞士日内瓦

亲爱的艾冯诺先生：

奉国务卿指示，谨随函附上美国驻北平公使和美国驻东京代办分别向中国政府和日本政府递交的同一照会的副本。

相信我，亲爱的艾冯诺先生

非常诚挚的

普伦蒂斯·吉尔伯特

尊敬的 J. A. 艾冯诺

国际联盟代理秘书长

日内瓦

附照会[②]：

"最近锦州方面之军事行动业将一九三一年九月十八日以前中华民国政府在南满最后存留之行政权威破坏无遗，美国政府仍深信国联理事会近日所

---

① 编者按：原文如此，1931 年应为 1932 年之笔误。

② 译者按：本译文主体内容摘自《中央日报》(1932 年 1 月 9 日第一张第三版)，个别字句照英文原件翻译。

派之中立调查团必能使中日两国间现时困难易得最后之解决。但美国政府鉴于目前情形，及其自身之权利与义务，认为有对于日本帝国政府和中华民国政府，作下列通知之义务，即美国政府不能承认任何事实上之情势为合法，凡中日两国政府或其代表所订立之任何条约或协定，足以损及美国或其人民在华条约上之权利，或损及中华民国主权独立或领土及行政之完整，或违反国际间通常所谓'门户开放'政策者，美国政府均无意承认。又凡违反一九二八年八月二十七日，中日美三国在巴黎签字之《非战公约》之方法而造成之情势，或缔结之条约或协定，美国亦无意承认之。"

S49－34

1. 派尔脱致休斯顿函电(1932 年 2 月 6 日)

电报性质	发自何处	编号	字数	发电日期	发电时间	服务要求
	巴黎			1932 年 2 月 6 日	17 时 30 分	

纽约利米内特罗休斯顿：

　　非常感谢您的盛情邀请。很遗憾,我们停留的时间不会超过几个小时。我们 2 月 9 日下午到达,当天晚上 11 点半前往旧金山,以便在 2 月 13 日上午赶上"柯立芝总统"号轮船,为此我们特别缩短了行程。我个人非常高兴下午晚些时候能有机会与您及其他朋友交谈,在华尔道夫酒店为聚会预订了房间。

派尔脱

2. 休斯顿致派尔脱函电(1932 年 2 月 6 日)

收电:塞维尔

时间:1932 年 2 月 6 日 13 时 09 分

电报性质	发自何处	编号	字数	发电日期	发电时间	服务要求
	纽约	2	23			

塞维尔"巴黎"号派尔脱：

　　在纽约,包括福斯迪克·吉尔克里斯特(Fosdick Gilchrist)在内的一帮志趣相投者请求与您和调查团在任何一天共进午餐。请电告地址。

利米内特罗休斯顿

索　引

图书在版编目(CIP)数据

日方函电与国联调查团工作文件 / 屈胜飞，金楠，
杨文秀编. -- 南京：南京大学出版社，2024.1
(李顿调查团档案文献集 / 张生主编)
ISBN 978-7-305-28020-7

Ⅰ. ①日… Ⅱ. ①屈… ②金… ③杨… Ⅲ. ①李顿调
查团-九·一八事变-调查报告 Ⅳ. ①K264.2

中国国家版本馆 CIP 数据核字(2024)第 038523 号

项目统筹	杨金荣
装帧设计	清　早
印制监督	冯晓哲

出版发行　南京大学出版社
社　　址　南京市汉口路 22 号　　　　邮　编　210093
丛 书 名　李顿调查团档案文献集
丛书主编　张　生
书　　名　**日方函电与国联调查团工作文件**
　　　　　RIFANGHANDIAN YU GUOLIAN DIAOCHATUAN GONGZUO WENJIAN
编　　者　屈胜飞　金　楠　杨文秀
责任编辑　官欣欣　　　　　　　　编辑热线　025-83594071
照　　排　南京南琳图文制作有限公司
印　　刷　南京爱德印刷有限公司
开　　本　718 mm×1000 mm　1/16　印张 25.75　字数 403 千
版　　次　2024 年 1 月第 1 版　2024 年 1 月第 1 次印刷
ISBN 978-7-305-28020-7
定　　价　150.00 元

网址：http://www.njupco.com
官方微博：http://weibo.com/njupco
官方微信号：njupress
销售咨询热线：(025)83594756

ISBN 978-7-305-28020-7

9 787305 280207 >

定价:150.00元